Épocas y avances

Lengua en su contexto cultural

Scott Gravina
Brandeis University

Isabel Jaén-Portillo
Yale University

Claudia Mendez
University of Pennsylvania

Regina Schroeder
Yale University

Yale University Press
New Haven and London

Publisher: Mary Jane Peluso

Development Editor: Brie Kluytenaar

Manuscript Editor: Deborah Bruce

Production Editor: Ann-Marie Imbornoni

Production Controller: Aldo Cupo

Marketing Manager: Timothy Shea

Cover design: Word and Image Design Studio Inc.

Design and Composition: Word and Image Design Studio Inc.

Printed in the United States of America.

ISBN 978-0-300-10836-1 (student)

ISBN 978-0-300-10838-5 (instructor)

Library of Congress Control Number 2006933916

A catalogue record for this book is available from the British Library.

The paper in this book meets the guidelines for permanence and durability of the Committee on Production Guidelines for Book Longevity of the Council on Library Resources.

10 9 8 7 6 5 4 3 2 1

CONTENTS

SCOPE AND SEQUENCE

PREFACE

Welcome to the first edition of *Épocas y avances: Lengua en su contexto cultural.* Designed to present a broad spectrum of content-rich materials for the study of the language and culture of the Spanish-speaking world, *Épocas y avances* offers a communicative-humanistic approach to second language acquisition. *Épocas* will provide every student with a better understanding of the cultures and events that have influenced the social and political landscapes of these regions. By encompassing a multi-disciplinary approach, this course emphasizes and outlines particular aspects of the history, literature, art, society and geography of Spain and Latin America through a series of original readings and content-based activities that are specifically designed to encourage and enhance linguistic proficiency.

FEATURES

While *Épocas y avances* strongly values the use of history as a teaching tool for language learning, it is not intended to be a history text per se. Rather, the interdisciplinary content and activities have been designed to:

- provide specific and simplified tools to generate optimized language production;

- further emphasize the basic skills of language learning;

- enable students to induct, examine, acquire and reinforce Spanish linguistic structures;

- show the importance of some of the major civilizations and social processes throughout history that have been influential in shaping the language and culture of Spain and Latin America as we know them today;

- offer a complete, intellectually stimulating and academically challenging interface to awaken a general interest in the humanities and enrich the student's personal interaction with other cultures;

- give students ample opportunity to explore the diversity of other peoples and cultures in more detail, thus preparing them for their role as global citizens.

Épocas y avances progresses chronologically through the centuries, from the height of tenth-century Mayan civilization in the Yucatan Peninsula to modern-day Spain and Latin America. Based on original texts and carefully selected images, the course is structured to give students a general understanding of a designated time period or geographical area, as well as a more specific portrayal of the cultural heritage of the regions where Spanish is spoken today. Cultural and linguistic content is organized following historical and thematic parameters. Grammatical and lexical sections expand into communicative activities that are designed to enhance language production, while exercising all main language skills. Moreover, a series of literary selections (passages from short stories, essays, poetry and novels) will provide the student with authentic material to broaden his or her knowledge and understanding of the language and civilization.

Flexibility

Épocas y avances offers all the necessary tools to successfully develop students' linguistic proficiency in the four main skills (oral/written comprehension and oral/written production). With a variety of activities to choose from, the instructor will gain a certain level of control by custom tailoring the text to individual class needs and demands. This flexibility provides for an eclectic range of teaching styles, allowing the instructor to use the majority of activities as in-class communicative exercises or as homework, based on the number of available instruction hours.

Graduated Activities

The activities in the text are organized gradually, beginning with simple vocabulary-building exercises and expanding to thought-provoking cultural reflections. Grammar exercises are planned according to their level of difficulty, starting with a straightforward practice of grammatical structures and progressing to more elaborate syntactic production. Throughout the text, grammar topics are continually reinforced and recycled to help substantiate these important building blocks in the learning process.

Functional Images

Épocas y avances offers an innovative approach to the use of visual aids. Rather than being employed only as content description tools, images in the text function as cues for oral and written production, as well as for structure analysis and grammar induction. These images also serve as catalysts that lead students to form hypotheses, draw conclusions and make inferences.

Multiple Learning Styles

Épocas y avances allows for various analytical and global approaches where every student is given the best chance for success. Activities are designed to appeal to multiple learning styles and intelligences. Whether the student is more visual, oral or kinetic, she or he will find ample opportunity to participate and learn at all levels.

PHILOSOPHY AND RATIONALE

The Communicative-Humanistic Method

Épocas y avances offers a novel approach to second language acquisition by emphasizing a communicative-humanistic perspective on foreign language teaching and learning. While its humanistic content provides students with a solid cultural background, it is important to stress the pragmatic and functional nature of the text, which in its entirety serves as an active stimulus for language production.

From Episodic to Symbolic Teaching and Learning

We borrow the term "episodic" from evolutionary psychology to describe the present reality, every-day, functional skills that constitute the basics of language learning. Episodic language learning focuses on the kind of knowledge that students will need in their interaction with the target culture (meeting people, traveling, ordering food and getting by in general). While those skills are necessary and important, our students need more than just a language survival kit in order to comprehend and be fully integrated in Hispanic language and culture.

The concept of "symbolic" not only alludes to the semiotic use of symbols, but also refers to the cultural background of the human race. In this sense, "symbolic" and "humanistic" are interchangeable terms. A "symbolic approach to teaching and learning" means an educational philosophy that takes into account the human needs beyond pragmatic, instrumental uses. Life does not simply consist of ordering food at the restaurant but includes being able to engage in fruitful human interaction at the table, ponder the world—its history, current state and future—talk about our species' cultural achievements and its protagonists, theorize about the nature of things, empathize with other fellow human beings, in sum, to participate in intelligent, human communication, to co-construct human symbolic meaning. As such, this approach is consequently based on an array of disciplines, including history, literature, art, sociology, anthropology and other essential areas of the humanities.

OBJECTIVE AND USAGE

Épocas y avances is designed for the intermediate to advanced level student. It contextualizes language learning in relation to the current standards for foreign language learning (communication, cultures, connections, comparisons and communities). Furthermore, *Épocas* promotes the development of critical and analytical thinking through basic cognitive skills, such as seeking and organizing information, analyzing, inferring, justifying and persuading.

Épocas y avances has been created to be used as the main text for a full academic year but can easily be adapted to a one-semester course or other time frames and contexts. Depending on class needs and individual teaching styles, each unit will require approximately three to five hours of in-class time to fully explore a sufficient number of texts, activities and grammar study. The number of activities used in class can be determined according to the needs of each specific group. The instructor may choose to assign certain exercises (longer readings, grammar study, written assignments) as out-of-class work, while gearing class time more towards the particular skills that he or she wishes to emphasize.

Although *Épocas y avances* is designed primarily for intermediate to advanced level language courses, it could also fit very well as the main text for a course on Hispanic culture and civilization or for advanced grammar review. For bilingual students it will provide an organized and functional review of essential grammar in addition to a deeper understanding of Hispanic culture and society.

ORGANIZATION AND CHAPTER COMPONENTS

The course is divided in twenty-two individual chapters, or *Temas*, each covering a specific aspect of language and civilization, framed within a particular time period in Latin America or Spain. The text is organized in two major sections: the first, including *Temas* 1 to 11, presents more specific topics related to the culture and civilizations of the people who inhabited what is now known as the Spanish-speaking world; the second, *Temas* 12 to 22, offers a more panoramic view of the social, political and economic functioning of these populations, beginning with the contact between Europe and the Americas in the fifteenth century.

In each chapter you will find the following components:

Chapter Opener

- *Prelectura*: Images offer an active cue for language production. Questions serve as an advanced organizer to help students approach the main text.

En el horizonte

- *En el horizonte*: In this main reading, students will be presented with the necessary cultural foundation to navigate through the chapter. Vocabulary is introduced in context and grammatical structures correlate in difficulty with the graded presentation of these topics throughout the book. Students are provided with the opportunity to induce these structures before they are formally presented in the following *Brújula* sections.

- *Preguntas de comprensión*: These questions are designed to provide a structured review of the material presented in the main reading, facilitating the assimilation and long-term potentiation of the information.

Compás

- Vocabulary: A list of the key words extracted from the main reading that will be repeatedly activated throughout the chapter. This semantic material is classified according to function. No translation of the vocabulary is provided in order to stimulate the recovery of the context in which the word was previously found, thereby facilitating the subsequent semantic retrieval.

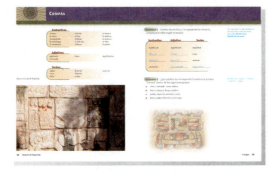

- *Actividades*: A variety of practical strategies utilized to compare, classify, analyze and infer meaning.

Itinerarios

- Contextualized images and activities to stimulate oral and written production. Provides additional vocabulary practice and inductive grammar exercises that serve as an introduction to the *Brújula* section.

Brújula

- A concise review of major grammatical structures with clear and contextualized examples. The grammar and introductory activities are presented entirely in the target language in order to avoid linguistic interference.

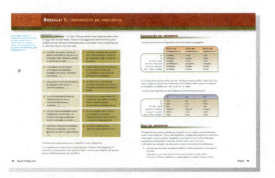

- *Práctica gramatical*: A progression of contextualized and communicative exercises that are graduated from specific structure practice to open-ended production.

Un poco más lejos

- A series of communicative activities designed to encourage more sophisticated oral and written production. Through open dialogue, debate and investigation students actively collaborate to incorporate language skills and cultural content.

Extensión

- This section provides a review of complementary grammatical structures and socio-linguistic perspectives on linguistic variation, emphasizing the diversity and richness of the Spanish-speaking communities. Practice activities reinforce the material presented.

Escala literaria

- Authentic literary selections from a variety of historical periods and genres expose students to a diachronic view of the Spanish language, from its origins in medieval times to the present.

- *Reflexiones*: These activities encourage appreciation and a broader understanding of the literary aspects of culture through analysis, critical thinking, drawing inferences and creating linkages.

- *Perspectivas*: Creative, open-ended exercises based on the literary selections stimulate discourse through advanced oral and written production.

TO THE STUDENT

Regardless of your reasons for choosing to study Spanish you will soon find yourself at a level where you are not only able to fully comprehend what is being said to you but ready to produce coherent, stimulating conversation. By studying with *Épocas y avances*, you will find yourself quickly improving your control of more advanced grammar structures, broadening your vocabulary retention and advancing your knowledge of other cultures and civilizations that we hope will fascinate and inspire you to continue your study of the language, culture and literature of the Spanish-speaking world for many years to come.

It is important to remember that *Épocas y avances* is not designed to be used as a history text, nor will you be required to study it as such. The primary focus of this program is to increase your language proficiency through more precise linguistic comprehension and production. By providing a detailed study of various aspects related to the culture, history, literature and geography of what is now known as the Spanish-speaking world, we are providing you with what we believe will be an interesting, thought-provoking framework in which to practice and perfect your newly acquired language skills.

It is the goal of this text to excite your intellect and enhance your knowledge of topics related to the Spanish-speaking world of the past and present. This is truly language learning in a meaningful context.

ACKNOWLEDGMENTS

We would like to extend our deepest gratitude to all those who inspired, encouraged and shared in our vision for *Épocas y avances*. We could not have done it without the support of so many who contributed so much and gave so freely of their time and devotion to ensure the successful completion of the project.

Above all, we would like to sincerely thank Mary Jane Peluso for believing in our methodology, embracing our rationale, encouraging our ideas and inspiring our persistence. For all you have done, we are forever grateful. To Gretchen Rings, who was the first to see our vision and make all the right connections, we acknowledge our thanks. To Brie Kluytenaar, we could never thank you enough for your enthusiasm and tireless dedication throughout the entire process. To Deborah Bruce and to Ann-Marie Imbornoni and everyone at Yale University Press for your hard work, devotion and attention to detail, and to Jonathan Brent for your warm support, we extend our endless thanks.

To Caitlin Gravina, for your wholehearted faith and encouragement, and for so generously opening your home to us, we are extremely grateful. To María Jordán and Stuart Schwartz we can not thank you enough for allowing us to invade your home and library at all hours of the day and night. Thanks to Alfonso Jaén, Alfonso Jaén Jr., Isabel Portillo and Julien Simon for assisting with the logistics in Spain. To Víctor Schroeder G., whose example of discipline and endurance has made it possible to achieve this goal. To Chet Van Duzer for his discovery of old maps and Verónica Mendez and her passion for history. To Pierre Capretz we would like to extend our sincerest thanks for your inspiration and leadership in the field of second language acquisition.

We are indebted to all those who collaborated in the making of *Épocas*. To Manel Lacorte, for your contributions throughout its development which have greatly helped to shape what it is today, we thank you. To the authors of the Student Workbook, Ramón Funcia, Juliana Ramos, Lissette Reymundi and Julien Simon, we greatly appreciate your dedication and desire to share a common vision. To Rich Pashby, we thank you for your many artistic contributions to *Épocas*. And to all those who helped review, revise and edit, we are very grateful for your comments, suggestions and ideas, especially:

Anamaria Ayala, University of Chicago

Emily Ballou, University of Massachusetts, Amherst

Mildred Basker-Seigel, Boston University

Beth Bauer, Brown University

Gabriela Cerghedean, University of Wisconsin, Madison

James D. Compton, University of Illinois, Chicago

Veronica Cortinez, University of California, Los Angeles

Ronna Feit, Nassau County Community College

María Victoria García-Serrano, University of Pennsylvania

Armando Gonzalez, Winona State University

Laura Martins, Louisiana State University

Aracelli Merrell, Purdue University

Susan Schaffer, University of California, Los Angeles

Ana Serra, American University

Estelle Tarica, University of California, Berkeley

Jill Welch, The Ohio State University

With gratitude,

Scott Gravina

Isabel Jaén-Portillo

Claudia Mendez

Regina Schroeder

Identidad cultural y entorno social

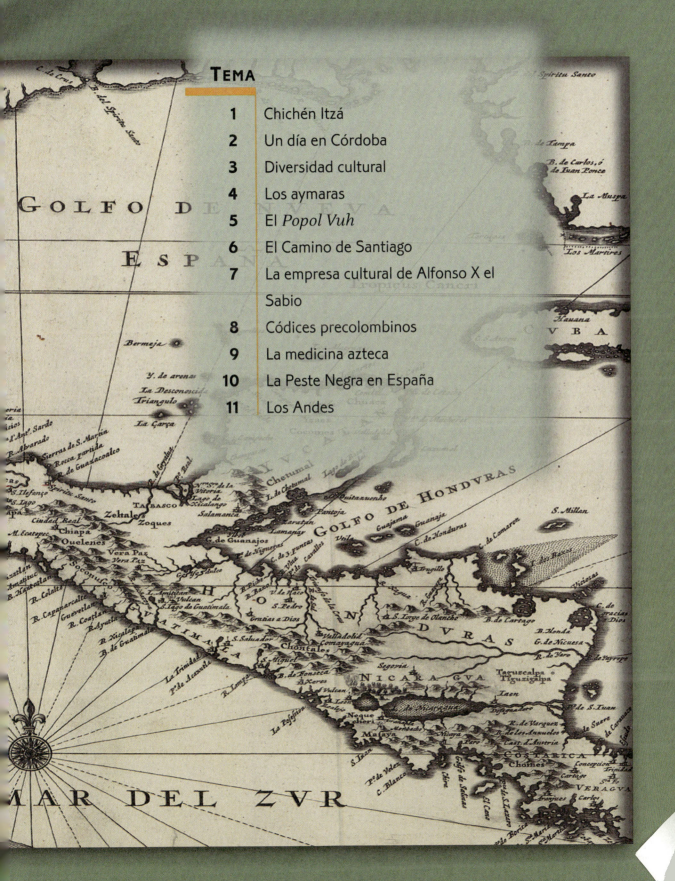

- **En el horizonte:** Chichén Itzá: Civilización y vida cotidiana
- **Brújula:** *Haber*, *estar*, y *ser*
- **Extensión:** Las comparaciones en español

▶ Casa de las Monjas, Chichén Itzá

PRELECTURA

En parejas, contesten las siguientes preguntas:

1. Describan el edificio de la fotografía. ¿Qué forma tiene? ¿De qué material está hecho?
2. ¿Qué civilizaciones antiguas conocen con edificios similares?
3. ¿Tienen algún uso específico estas construcciones? Expliquen.
4. ¿Qué saben de las costumbres de estas civilizaciones?
5. ¿Qué tienen en común con nuestras sociedades modernas?

Use this information as an advanced organizer for the following reading. Set a time limit for students to discuss these questions in pairs. Follow up with a brief open discussion to allow students to share their previous knowledge. Answers will typically vary with most **Prelectura** sections.

1. **El Castillo** is a truncated temple with a pyramidal shape. It is made of stone and is the central building of Chichén Itzá.

2. Students may mention the Aztecs of central Mexico, the Incas of Peru, or the Egyptians, among others.

3. The principal function of most temples is religious.

Ideas for working with readings:

Ideas for working with readings:
1. Assign as homework.
2. Read aloud in class for practice with pronunciation.
3. Have students summarize the main idea of each paragraph and/or main ideas presented in the text.
4. Read with specific objectives in mind and seek specific information in the text.
5. Encourage students to read aloud in small groups.
6. Have students review comprehension questions prior to reading.

Descendants of the Maya still live in the region today. The three main periods of the Mayan Empire were the: Pre-Classic: 10th century BC– 300 AD
Classic: 300–900 AD
Post-Classic: 900–1500 AD (coinciding with the arrival of the Spaniards).

Religion played a very important role in all aspects of Mayan society, though gods varied from region to region.

The Toltecs, a neighboring Mesoamerican civilization, had much influence on the Maya in the Post-Classic period.

Chichén Itzá se encuentra en la península de Yucatán, a mitad de camino entre el Golfo de México y el mar Caribe. Durante el siglo X, Chichén Itzá es la ciudad más importante del *Mayab* o país de los mayas, territorio que abarca lo que hoy es parte de México, Guatemala, Honduras y Belice. Su localización estratégica facilita el tráfico comercial entre las tierras altas del interior y la costa.

La ciudad está en una región plana de selva baja donde abundan los cenotes, que son depósitos naturales de agua alimentados por corrientes subterráneas. Estos pozos sirven como reserva de agua potable que se usa para la vida cotidiana y las ceremonias rituales, especialmente en honor de Chaac, el dios de la lluvia y de las aguas, al que se le piden buenas cosechas.

Chichén Itzá abarca una superficie de aproximadamente 15 kilómetros cuadrados. La ciudad se organiza como un enorme centro ceremonial, en el que hay tres plazas conectadas entre sí por calzadas o caminos. Entre los grandes edificios de piedra se encuentra el Observatorio Astronómico. Éste tiene forma circular y se conoce también como "el Caracol" por la escalera interna que lleva a la parte superior. El Castillo o el Templo de Kukulcán es otro edificio clave dentro de Chichén Itzá. En sus laderas hay cuatro escaleras empinadas que se orientan hacia los cuatro puntos cardinales, así como unas representaciones de la serpiente emplumada (Kukulcán o Quetzalcoatl) que ejemplifican la influencia de la cultura tolteca.

Se cree que junto a los edificios religiosos están las casas de los gobernantes, los sacerdotes y los nobles. Estas casas son de una sola planta, sin muebles. En las afueras de la ciudad hay barrios de artesanos y más lejos, de campesinos, quienes producen los alimentos para toda la comunidad. La jerarquía social está representada más por la ubicación de las viviendas que por su tamaño. Es decir, que los mayas, organizados en ciudades-estado, muestran con su vida urbana la separación y especialización de las clases sociales.

La serpiente emplumada

En las partes más centrales están los templos y otros edificios importantes de la administración maya. En las afueras de la ciudad hay grandes barrios de viviendas para los campesinos.

La alimentación maya del siglo X es variada. Se basa en el maíz, pero también se cultivan otros vegetales y se recogen diferentes tipos de frutas y semillas. Finalmente, se complementa con la caza de animales salvajes. En la agricultura, los mayas utilizan métodos como la quema de la selva y la rotación de cultivos para asegurar abundantes cosechas.

Los mayas utilizan las rutas comerciales para conseguir otros productos. La construcción de calzadas de piedra facilita la circulación de personas y bienes como el jade, la obsidiana, la cerámica, los tejidos y las conchas entre distintas comunidades de la península y todo el *Mayab.* El comercio es muy importante porque, mediante el intercambio de bienes, no sólo reciben beneficios materiales, sino que pueden obtener los conocimientos de los otros pueblos mesoamericanos. Chichén Itzá, por su ubicación geográfica, su estructura social y su capacidad comercial, destaca como una ciudad poderosa, importante y sofisticada.

Place students in pairs or small groups to discuss questions. Have students present answers to the class as a follow-up. You may also assign questions as homework and have students compare their answers with others in class.

Preguntas de comprensión

1. ¿Dónde está Chichén Itzá?
2. Dé dos ejemplos de edificaciones mayas y descríbalos.
3. ¿Cómo está organizada la sociedad?
4. Mencione los componentes de la dieta maya.
5. ¿Cuál es la importancia del comercio para Chichén Itzá?

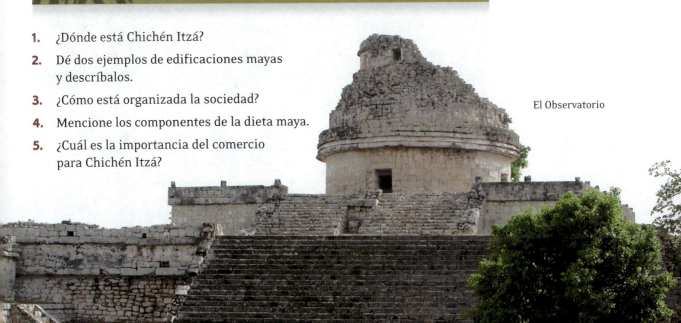

El Observatorio

COMPÁS

English translations are not offered. Encourage students to use the glossary or a dictionary and write the meaning / definition / synonym next to the word for future reference.

Sustantivos

las afueras	el edificio	la quema
los bienes	la escalera	el sacerdote
la calzada	el intercambio	la selva
el campesino	la ladera	la semilla
la caza	la mitad	el siglo
el conocimiento	el mueble	la superficie
la corriente	la piedra	el tejido
la cosecha	la planta	el templo
el dios	el pozo	la tierra

Adjetivos

alimentado	empinado	salvaje
cotidiano	plano	
cuadrado	poderoso	

Verbos

abarcar	cultivar	recoger
abundar	mostrar	servir
conseguir	pedir	

Calaveras, Chichén Itzá

Actividad 1

a *Mapa semántico.* En grupos, escriban tres palabras de la lista de vocabulario que asocian directamente con las siguientes categorías:

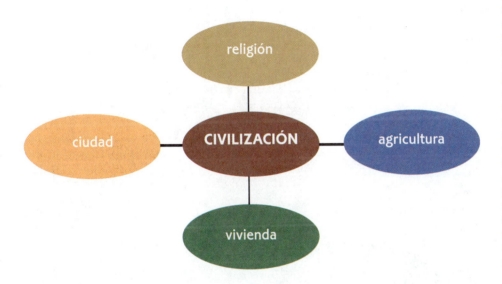

In small groups, have students organize the words from the vocabulary list according to the categories. Students may present their maps to class and explain their choice of associations. You may want to use the chalkboard or overhead transparencies for this activity.
Answers will vary. See below for possible word groupings. For a more challenging exercise, have students select words from the reading and/or their previous knowledge in addition to those given in the vocabulary list.
Possible answers:
ciudad: afueras, calzada, edificio, pozo
religión: sacerdote, dios, templo
agricultura: cosecha, semilla, cultivar, recoger
vivienda: escalera, empinado, mueble, planta

b Presenten su mapa semántico a la clase.

Actividad 2 Emparejen las siguientes palabras con sus definiciones.

You may assign this activity as homework with a dictionary or have students work in pairs to infer meaning. They may also refer to the reading to find the word in context

_3_	caza	**1.** movimiento del agua en una dirección determinada
_4_	bienes	**2.** grano que se siembra para producir otras plantas de la misma especie
_1_	corriente	**3.** actividad de persecución de un animal para capturarlo o matarlo
_6_	tejido	**4.** productos, objetos materiales usados por el ser humano
_2_	semilla	**5.** hoyo profundo en la tierra
_5_	pozo	**6.** material con el que se confecciona la ropa

Before beginning with the activity, have students observe the illustration and describe what they see.

Map of Chichén Itzá

Actividad 1 Observen el mapa de Chichén Itzá e identifiquen los siguientes edificios:

 2 **a.** El Observatorio está en la plaza este. Es un edificio circular. En su interior hay una escalera de caracol.

 1 **b.** El Castillo es el edificio grande de la plaza central. Está restaurado. En sus cuatro laderas hay escalinatas.

 3 **c.** El Templo de los Guerreros está situado a unos 100 metros al noroeste del Castillo. Es de piedra. En sus muros hay relieves y esculturas.

 4 **d.** La Cancha de Pelota es una explanada de 152 metros de largo. A sus lados hay dos plataformas de 2 metros y medio cada una. Está al sur del Castillo.

Actividad 2   Elaboren un mapa original de su campus universitario o su pueblo o ciudad. Incluyan los edificios más importantes (la biblioteca, el parque, la plaza, el comedor, la librería, el estadio, la residencia de estudiantes...).

Have students work in groups and base their creations on the map of Chichén Itzá. This may be done as a basic schematic representation in class or assigned as homework to have students elaborate in more detail.

Actividad 3   Presenten el mapa a la clase. Expliquen cuáles son los edificios, dónde están y qué hay en ellos.

BRÚJULA: *HABER, ESTAR Y SER*

Actividad preliminar   Busque y marque en el texto de Chichén Itzá referencias sobre:

- la existencia de determinados lugares o cosas: *Hay tres plazas conectadas entre sí, en sus laderas hay cuatro escaleras empinadas.*
- la ubicación de esos lugares y cosas: *Chichén Itzá está en la península de Yucatán, la ciudad está en una región plana.*
- la ciudad o las personas que habitan la ciudad: *Es la ciudad más importante del territorio, los cenotes son depósitos naturales de agua.*

En general, el verbo **haber** sirve para hablar de la <u>existencia</u> de algo (*¿Qué hay en Chichén Itzá?*), **estar** para <u>localizar</u> algo en un espacio determinado (*¿Dónde está la ciudad?*) y **ser** para describir ciertas características inherentes (*¿Cómo es la ciudad?*).

En los esquemas siguientes, vamos a examinar otros detalles de estos verbos:

haber

- La forma **hay** es una forma irregular (impersonal) de **haber** que sirve para hablar de la existencia de algo o de alguien:

  En el Observatorio <u>hay</u> una escalera de caracol.
  En Chichén Itzá <u>hay</u> varios barrios de artesanos.
  —¿Cuántas plazas <u>hay</u> en Chichén Itzá?
  —<u>Hay</u> tres plazas principales.

estar

- **Estar** es un verbo para localizar algo o a alguien que ya sabemos que existe:

  Chichén Itzá <u>está</u> en la península de Yucatán.
  —¿Dónde <u>está</u> el Castillo?
  —<u>Está</u> en la plaza principal.

- **Estar** forma parte de acciones en progreso cuando se une con un gerundio:

  La cultura maya <u>está</u> conviviendo con otras culturas.
  <u>Estamos</u> repasando un período de la historia de México y Centroamérica.

- **Estar** se usa con algunos adjetivos para describir el estado (final o momentáneo) de un cambio:

  Chichén Itzá <u>está</u> deshabitada ahora.
  La ciudad <u>está</u> llena de calzadas.

- **Estar** se usa con algunos adjetivos para expresar experiencias:

  El día en Chichén Itzá <u>está</u> hoy muy húmedo.
  Este plato maya <u>está</u> muy bueno.
  <u>Estamos</u> muy ilusionados con la visita a las ruinas arqueológicas.

ser

- **Ser** se conecta con algunos adjetivos para describir personas, eventos u objetos de manera objetiva o general:

  Los mayas son buenos comerciantes.
  La ceremonia es en el templo mayor.
  —¿Cómo es Chichén Itzá?
  —Es una ciudad muy interesante.

- **Ser** se combina con sustantivos o pronombres para expresar identidad:

  Chichén Itzá es una ciudad maya.
  Francisco es maya.

- **Ser** se conecta con la preposición **de** (**ser + de**) para describir origen, sustancia y posesión:

  Francisco es de Yucatán.
  La escultura es de piedra.
  El oro es de los nobles.

- **Ser** se usa en las expresiones de tiempo (dar la hora) y en coordenadas temporales y espaciales (dónde y cuándo):

  El tour de las ruinas es a las tres de la tarde.
  El juego de pelota es mañana.
  El juego de pelota es en la cancha.

Hay algunos adjetivos que normalmente se usan sólo con **estar** (*contento, muerto, embarazada...*). Otros que se emplean con **ser** (*importante, imprevisible, esencial...*).

Sin embargo, en muchos casos, la elección entre ser y estar depende de la **intención del hablante**: *guapo, nuevo, viejo, antiguo, pobre, raro, simple, triste, valiente...*

En la oración *Francisco es muy simpático* hablamos de la simpatía como una característica básica del carácter de Francisco (= condición o estado del sujeto de la oración).

En la oración *Pedro está muy simpático esta tarde* hablamos del humor de Pedro en un momento concreto, pero **no** confirmamos que Pedro siempre es simpático.

Algunos adjetivos **cambian de significado** si se usan con **ser** o con **estar**:

Con *ser*	Con *estar*
El joven maya es listo = es inteligente. *Ese hombre es muy rico = tiene mucho dinero o bienes.*	*El jugador está listo para el juego de pelota = está preparado.* *La comida está rica = tiene buen sabor.*

PRÁCTICA GRAMATICAL

Actividad 1 Completen el siguiente párrafo con el presente de **haber**, **estar** o **ser**. Asegúrense de reconocer y reflexionar sobre las tres funciones principales de estos verbos (existencia, localización, descripción) y otras posibles funciones (estado, acción en progreso, origen, identidad).

El Cenote Sagrado

El cenote _____es_____ una formación geológica única en el mundo. Un cenote _____es_____ un pozo o cavidad llena de agua que _____está_____ a una profundidad de hasta 13 metros. En Chichén Itzá _____hay_____ dos cenotes, el Cenote Sagrado y el Cenote Xtolok. El Cenote Sagrado _____está_____ al norte de la gran plaza principal y _____es_____ el cenote más grande de la zona. En el fondo de este pozo_____hay_____ una capa de lodo de 3 metros de espesor. El agua _____está_____ llena de algas y microorganismos y _____es_____ de color verdoso. Su forma _____es_____ redonda.

_____Hay_____ dos teorías acerca de la función de los cenotes. Se piensa que los cenotes _____son_____ reservas de agua que les sirven a los mayas para sus necesidades cotidianas. Además, el cenote _____es_____ un lugar para honrar a los dioses. Los españoles escriben en sus crónicas que el Cenote Sagrado no _____es_____ más que un sitio para hacer sacrificios humanos, donde se arranca el corazón a las víctimas, que _____están_____ vivas, antes de arrojarlas al pozo. Hoy en día, las visiones simplistas sobre la cultura maya _____están_____ cambiando gracias a que _____hay_____ más información sobre su forma de vida.

Actividad 2   Lean la descripción siguiente sobre los indígenas mayas en la actualidad y subrayen las diversas formas de **haber**, **estar** y **ser**. En parejas, traten de identificar los tres usos principales de estos verbos: existencia, localización, descripción.

Modelo

Los mayas <u>son</u> un pueblo indígena de América Latina.
—*Usamos ser porque hablamos de la identidad (característica inherente) de un grupo de personas.*

De las comunidades descendientes de los antiguos mayas, los indios lacandones que están en las calientes y húmedas tierras bajas de Chiapas son los más aislados, sobre todo por su resistencia a la invasión de la civilización moderna. La cosmología lacandona es muy parecida a la de los antiguos mayas, con diferentes dioses representando diversos aspectos de la creación. Hay lugares específicos en la selva chiapaneca donde se hacen ceremonias funerarias en las que los muertos reciben los objetos necesarios para el viaje al más allá. La situación es diferente con otros grupos mayas, en los que hay una extraña forma de catolicismo llena de costumbres antiguas.

Actividad 3   Utilizando la información que se les da a continuación y los verbos **haber**, **estar** y **ser**, escriban un párrafo acerca de la cancha del juego de pelota. Este juego, muy extendido en el mundo maya, consiste en introducir una pelota a través de unos aros de piedra sin usar las manos. Según algunos historiadores, el equipo que gana tiene el gran honor de ser sacrificado a los dioses.

Do this activity in pairs and follow up with **Actividad 4**, using the information provided as a model for students.

La cancha del juego de pelota

La cancha del juego de pelota

Ubicación: La plaza ceremonial.

Descripción: Extensión plana de terreno. Grande (168 metros de largo por 70 de ancho).

Características: Plataformas laterales. Gradas para el pueblo. Lugares más privilegiados de observación para la nobleza. Dos aros de piedra. Aros decorados con motivos religiosos y colocados sobre los muros laterales.

_____

_____

_____

_____

_____

This activity may be done orally in pairs or as additional writing practice.

Actividad 4   Escojan un juego con el que estén familiarizados y describan el lugar donde se practica (el estadio de fútbol, la cancha de baloncesto, la cancha de tenis, la pista de hockey...). ¿Dónde está? ¿Cómo es? ¿Qué hay?

_____

_____

_____

_____

_____

_____

_____

_____

_____

UN POCO MÁS LEJOS

Actividad oral   En una actividad anterior, se describe el cenote como un espacio muy importante para la cultura maya. Ahora hablen de un espacio importante para ustedes en la universidad. Piensen en ese espacio a partir de estas preguntas:

> ¿Dónde está ese lugar?
>
> ¿Cómo es?
>
> ¿Qué cosas hay ahí?
>
> ¿Hay mucha gente en ese espacio?
>
> ...
>
> ¿Y sus compañeros? ¿Cuál es su lugar favorito?

This activity should be done in class as it is designed to increase students' oral proficiency. Direct students not to write their answers. After a set time period have students describe their chosen place (or their partner's) to the rest of the class.

Actividad escrita   Observen la siguiente fotografía. Utilicen su imaginación para describir la ciudad en la que se encuentra este edificio. En parejas escriban un párrafo que incluya detalles sobre cómo es esta ciudad, dónde está y qué hay en ella.

Students should work together to brainstorm ideas before beginning to write. Ensure that all students participate in the writing process. Have students share their ideas with the rest of the class.

Detail of a building in Chichén Itzá.

_____

_____

_____

_____

_____

_____

EXTENSIÓN: LAS COMPARACIONES EN ESPAÑOL

Las comparaciones se pueden estructurar en dos grandes grupos:

Primer grupo: Comparaciones de superioridad e inferioridad

objeto/persona + verbo + más/menos + adjetivo + que + objeto/persona

Chichén Itzá es <u>más</u> impresionante <u>que</u> Palenque.
El sacerdote es <u>menos</u> atlético <u>que</u> el jugador de pelota.

objeto/persona + verbo + más/menos + sustantivo + que + objeto/persona

Los nobles tienen <u>más</u> poder <u>que</u> los campesinos.
Nicaragua conserva <u>menos</u> restos arqueológicos <u>que</u> Guatemala.

objeto/persona + verbo + más/menos + adverbio + que + objeto/persona

México invierte <u>más</u> frecuentemente en la investigación sobre arqueología
*   <u>que</u> Uruguay.*
El niño corre <u>menos</u> rápidamente <u>que</u> el jugador de pelota.

Hay algunos adjetivos y adverbios que tienen comparativos de superioridad e inferioridad **irregulares**:

bien, bueno/a	→	mejor
mal, malo/a	→	peor
grande (edad)	→	mayor
grande (tamaño)	→	mayor / más grande
pequeño/a (edad)	→	menor
pequeño/a (tamaño)	→	menor / más pequeño/a
alto/a	→	superior / más alto/a
bajo/a	→	inferior / más bajo/a

Los **superlativos** son otro tipo de comparaciones que colocan a un objeto, concepto o persona por encima de todos los demás. Se emplean superlativos *relativos* cuando algo se destaca directa o indirectamente en relación con otro elemento:

artículo + sustantivo + más/menos + adjetivo + de (si es necesario)

Chichén Itzá es <u>la</u> ciudad <u>más</u> importante <u>del</u> antiguo territorio maya.
Chichén Itzá tiene <u>los</u> templos <u>más</u> impresionantes <u>de</u> Yucatán.
Esos jugadores de pelota son <u>los</u> menos rápidos <u>de</u> Chichén Itzá.

Se emplean **superlativos** *absolutos* cuando queremos destacar algo sin compararlo explícitamente con otro elemento:

Desde luego, la visita a las ruinas de Chichén Itzá resulta <u>interesantísima</u>.
El estudio de la mitología indígena es <u>importantísimo</u> para la antropología
*   mundial.*

En conversaciones de carácter informal entre hispanohablantes, este tipo de superlativo absoluto se aplica a muchas palabras y expresiones:

¡La comida yucateca es <u>riquísima</u>! = muy rica, muy buena
El documental sobre la cultura maya es <u>buenísimo</u>. = muy bueno, me gusta

Segundo grupo: Comparaciones de igualdad

Aquí tenemos tres posibilidades:

tanto/tanta/tantos/tantas + sustantivo + como + sustantivo

Compré tantas postales de las ruinas como mis amigos.

tan + adjetivo/adverbio + como + sustantivo

La Ciudad de Guatemala es tan cosmopolita como la Ciudad de México.
El sistema de transporte de Guatemala funciona tan eficazmente como el de México.

sustantivo + verbo + tanto como + sustantivo

El arte centroamericano contemporáneo vende tanto como el arte antiguo.

Actividad

a Hagan una comparación entre dos ciudades que ustedes conozcan bien. Primero, anoten en la tabla algunas características básicas de cada lugar acerca de:

CIUDAD		
Tamaño		
Población		
Industria		
Turistas		
Comercio		
Antigüedad		

b Ahora repasen el material de la **Extensión** sobre las comparaciones y escriban al menos cinco frases que relacionen la información de las dos ciudades descritas anteriormente. Utilicen comparaciones de superioridad, inferioridad e igualdad.

Modelo *La ciudad de México es más grande que Nueva York.*

_____

_____

_____

_____

_____

_____

_____

_____

c   A continuación, empleen el superlativo para hablar de las dos ciudades.

> **Modelo**   *La ciudad de México es grandísima.*

_____

_____

_____

_____

_____

_____

_____

Templo de los Guerreros, Chichén Itzá

Las leyendas son relatos procedentes de la tradición oral, que se trasmiten de generación en generación y van variando en este proceso. Los elementos fantásticos se combinan con acontecimientos históricos para ofrecer una versión de la realidad.

You may choose to present literary selections at this point or wait until the end of the chapter.

Ésta es la historia que cuentan mis padres y los padres de mis padres sobre la princesa de Mayapán, Sac-Nicté, cuyo nombre quiere decir blanca flor, y el rey Canek.

En la tierra del Mayab, las tres grandes ciudades de Mayapán, Uxmal y Chichén Itzá viven en paz y armonía. Sac-Nicté, la bella princesa de Mayapán, es alta como la luna, graciosa como una paloma y fresca como las gotas de rocío.

En la ciudad de Chichén Itzá vive un príncipe valeroso y tenaz de corazón llamado Canek. Los dos jóvenes están enamorados y sufren, porque su amor es imposible: Sac-Nicté se ve obligada a respetar la voluntad de su padre: casarse con Ulil, el príncipe heredero del reino de Uxmal.

Cuando se acerca el día de la boda, unos hombres llegan para invitar a Canek, recien nombrado rey de Chichén Itzá. Canek intenta ocultar su inquietud en vano; perlas de sudor le corren por la frente humedeciéndole las manos apretadas.

Cuando se van los mensajeros, Canek se queda solo, mirando las estrellas y pensando en Sac-Nicté, cuya belleza no puede olvidar.

Escondido en el aire de la noche lo mira un enano oscuro y viejo.

—La Flor Blanca también está triste, porque otro va a ser su dueño si tú no haces nada —le dice el enano.

Todo está preparado para celebrar la unión de Ulil y Sac-Nicté. La plaza se llena de gente, música y pájaros de colores. Los invitados traen regalos y ofrendas: venados blancos con cuernos y pezuñas de oro, grandes conchas de tortuga llenas de pluma de quetzal radiante. Los guerreros traen aceites olorosos y collares de oro y esmeraldas. Sin embargo, Canek no está presente. En las sombras se pregunta desesperado qué hacer.

Frente al altar está esperando la Flor Blanca del Mayab, vestida de colores puros.

De repente aparece Canek con sesenta guerreros. Sube las escaleras como el viento encendido y arrebata a la princesa. Nadie puede detener al joven rey de Chichén Itzá. Cuando todos se dan cuenta de lo sucedido los dos enamorados ya no están allí.

Ulil, indignado, convoca a sus guerreros con el sonido de las caracolas y los címbalos, que gritan por las calles la rabia del príncipe. La venganza se cierne sobre Chichén Itzá y el peligro es inminente.

Junto al Templo de Kukulcán, Canek reúne a sus súbditos. Todos deciden dejar la ciudad para salvar las estatuas de los dioses y la vida del rey y la princesa, luz y gloria del Mayab.

Llegan enfurecidos los ejércitos de Uxmal y Mayapán y encuentran la ciudad vacía y callada. La ira prende fuego a la hermosa Chichén Itzá, que queda sola y abandonada como está hoy.

Todas las primaveras brota una flor blanca en el Mayab, que adorna los árboles y llena el aire de dulces fragancias. Los mayas, al verla, recuerdan con ternura a la princesa Sac-Nicté.

REFLEXIONES

Después de leer la leyenda:

a. Describan a los personajes principales: cómo son físicamente, cómo es su personalidad, cómo se sienten, qué conflictos hay entre ellos.

b. Mencionen qué hay en Uxmal el día de la ceremonia.

c. Expliquen con sus propias palabras la trama de esta leyenda.

d. Identifiquen los elementos fantásticos que aparecen en el relato.

PERSPECTIVAS

Actividad oral   Como saben, las leyendas admiten muchas variaciones. Sin cambiar la trama principal del relato añadan elementos a la versión que han leído. Para ello escojan una de estas situaciones e inventen un diálogo entre los personajes que se mencionan.

a. El padre de Sac-Nicté habla con Ulil para pactar la unión de las dos familias y planear la boda de su hija con el príncipe.

b. La princesa Sac-Nicté se encuentra con su padre después del saqueo de Chichén Itzá. Hablan de su vida con Canek en la nueva ciudad.

c. Sac-Nicté y Canek el día que se conocen en una ceremonia oficial en Chichén Itzá.

Actividad escrita   Después de abandonar Chichén Itzá, Canek y Sac-Nicté empiezan una nueva vida en otro lugar del Mayab. Escriban un párrafo desde el punto de vista de Sac-Nicté, describiendo la nueva ciudad y comparándola con Chichén Itzá. Hablen de dónde está situada, cómo es la geografía del lugar, qué edificios hay, cómo es la gente, cómo es la vida cotidiana, qué cosas son diferentes con respecto a Chichén Itzá.

Modelo   *En la nueva ciudad no hay tantos templos como en Chichén Itzá, pero hay mucha tierra fértil. La ciudad es nueva, por eso no hay...*

La Iglesia, Chichén Itzá

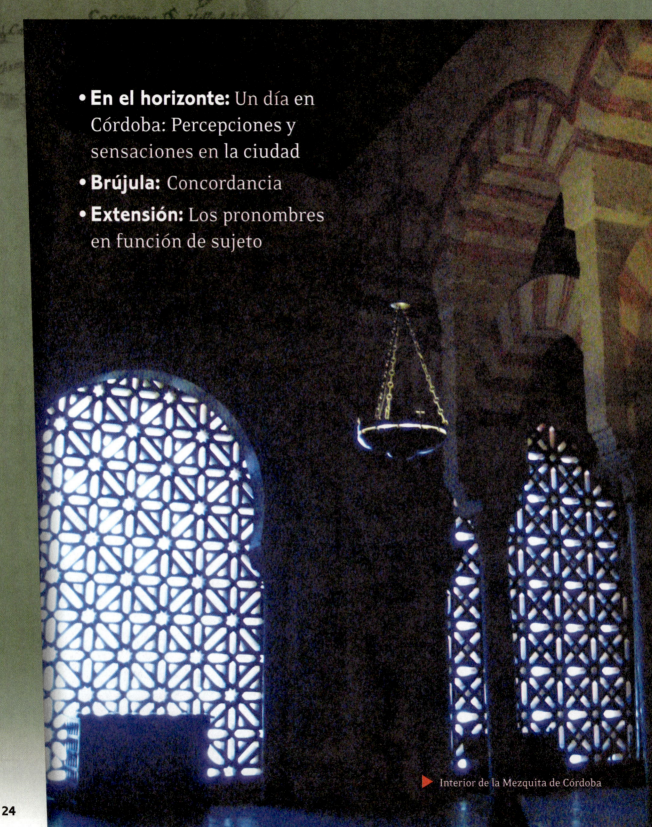

- **En el horizonte:** Un día en Córdoba: Percepciones y sensaciones en la ciudad
- **Brújula:** Concordancia
- **Extensión:** Los pronombres en función de sujeto

▶ Interior de la Mezquita de Córdoba

PRELECTURA

1. Describan un día típico en su vida estudiantil. ¿Adónde van? ¿Qué hacen? ¿En compañía de quién? ¿Con qué otras personas se relacionan?

2. Cuando caminan por el campus, ¿qué sensaciones (de tipo visual, auditivo, olfativo, kinestético) experimentan? Descríbanlas en detalle.

3. Mientras caminan, ¿en qué edificios y detalles concretos se fijan? ¿Qué otras cosas observan?

4. Miren la foto y hagan hipótesis sobre qué tipo de edificio es y qué función tiene.

One of the main interior doors of the Mezquita de Córdoba.

A continuación ustedes van a leer un cuento que relata la historia de una adolescente que vive en Córdoba, España en el siglo X.

Arcos de la Mezquita de Córdoba

The Alcázar, which served as a military fortress, was strategically located in the city.

Acabo de levantarme. Amanece fresco esta mañana y el olor a jazmín y naranjo entra por la ventana que da al patio central de la casa. Escucho el agua tranquilizadora que cae de la fuente. Tengo ganas de quedarme aquí en la cama pero tenemos que apresurarnos.

Las calles de Córdoba son fascinantes. Siempre hay gente diferente con ropa de colores infinitos y texturas variadas, sedas suaves, algodones lisos, linos rugosos. El ruido de la calle, los gritos de los vendedores, los rezos de los creyentes, las charlas de los vecinos forman una música que se eleva hasta la torre más alta del Alcázar. Al llegar al zoco me encuentro con la muchedumbre animada que va y viene de un lado a otro. En los puestos los comerciantes venden todo tipo de mercancías que llegan de Oriente, el norte de África y la zona del mar Mediterráneo. Mi nodriza compra perfume de almizcle para llevarlo al baño.

Nos dirigimos a un edificio de fachada austera, entramos por una puerta con forma de herradura y llegamos a un patio con flores de distintos colores. En el centro hay una alberca rodeada de columnas donde varias mujeres charlan y se acicalan mientras esperan su turno para entrar. Una de ellas, una mujer alta y anciana, me toma la mano y me pregunta por mi familia. Un poco más tarde entro con dos amigas en el agua tibia, donde nos relajamos. La luz se filtra a través de pequeñas aberturas en el techo, creando un ambiente diáfano y tranquilo. Nos maquillamos unas a otras y nos perfumamos con almizcle. Poco después nos sentamos en un círculo para comer alfajores y pestiños. Al terminar, nos cubrimos el rostro con los velos y vamos a la mezquita principal.

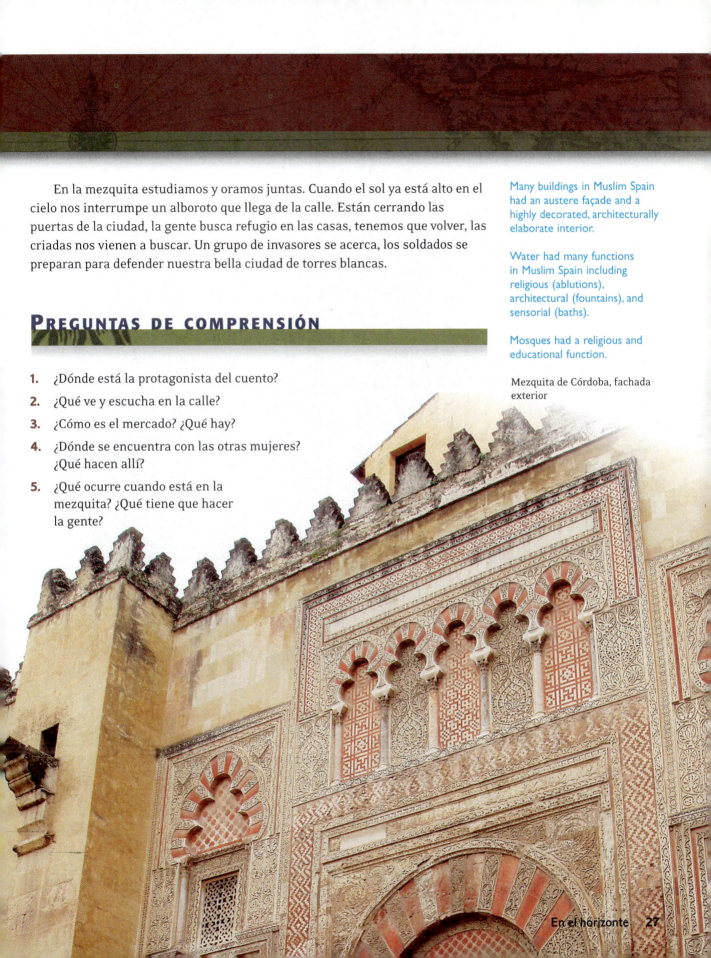

En la mezquita estudiamos y oramos juntas. Cuando el sol ya está alto en el cielo nos interrumpe un alboroto que llega de la calle. Están cerrando las puertas de la ciudad, la gente busca refugio en las casas, tenemos que volver, las criadas nos vienen a buscar. Un grupo de invasores se acerca, los soldados se preparan para defender nuestra bella ciudad de torres blancas.

PREGUNTAS DE COMPRENSIÓN

1. ¿Dónde está la protagonista del cuento?

2. ¿Qué ve y escucha en la calle?

3. ¿Cómo es el mercado? ¿Qué hay?

4. ¿Dónde se encuentra con las otras mujeres? ¿Qué hacen allí?

5. ¿Qué ocurre cuando está en la mezquita? ¿Qué tiene que hacer la gente?

Many buildings in Muslim Spain had an austere façade and a highly decorated, architecturally elaborate interior.

Water had many functions in Muslim Spain including religious (ablutions), architectural (fountains), and sensorial (baths).

Mosques had a religious and educational function.

Mezquita de Córdoba, fachada exterior

Sustantivos

la abertura	la fuente	el olor
la alberca	el grito	el puesto
el alboroto	la herradura	el ruido
el ambiente	el invasor	el soldado
el comerciante	la mercancía	la torre
el criado	la mezquita	el velo
la flor	la muchedumbre	el zoco

Adjetivos

anciano	diáfano	tibio
áspero	distinto	tranquilizador

Verbos

acercarse	apresurarse	quedarse
acicalarse	maquillarse	
amanecer	orar	

Celosía andalusí

Actividad 1 Escriban las palabras de la lista que corresponden a los siguientes verbos:

a. gritar   *grito*

b. invadir   *invasor*

c. comerciar   *comerciante*

d. alborotar   *alboroto*

e. oler   *olor*

f. abrir   *abertura*

Actividad 2 *Los cinco sentidos.* Busquen en la lectura dos o más palabras relacionadas directamente con: la vista, el olfato, el tacto, el oído y el gusto.

Possible answers:
la vista: patio, ropa
el olfato: jazmín, naranjo, perfume
el tacto: texturas, sedas
el oído: agua, ruido, gritos
el gusto: alfajores, pestiños

Los cinco sentidos

| la vista | el olfato | el tacto | el oído | el gusto |

Market in *Al-Andalus*

Actividad 1 Observen con atención la fotografía de un mercado cordobés. Describan los elementos que aparecen (colores, textura, función...).

Actividad 2 Inventen un diálogo entre un comerciante y un cliente.

Papel A: Ud. es el comerciante. Además de venderle sus productos le interesa saber algo sobre su cliente. Averigüe cómo está, de dónde es y qué hace en esta ciudad.

Papel B: Ud. busca un producto específico y quiere saber si el comerciante lo vende o no. Describa el producto que desea, nombre sus características, su olor, color, sabor y apariencia.

Una oración se forma con una o más palabras que tienen una función determinada: *el nombre, el verbo, la preposición, el artículo, el adjetivo, el pronombre, la conjunción* y *el adverbio*. Lea las explicaciones y repase algunos de los ejemplos extraídos del texto "Un día en Córdoba":

Make sure students understand these concepts before proceeding as they will be constantly referred to in subsequent grammar sections.

Nombre:
(Sustantivo) Puede funcionar como sujeto de un verbo o como su complemento directo o indirecto. Por ejemplo: *jazmín y naranjo, edificio, mezquita, invasores.*

Verbo: Es el núcleo de una oración. Expresa una acción o estado y se conjuga para indicar persona, número, tiempo, modo y voz. Por ejemplo: *amanece* temprano, *entra* por la ventana, *escucho* el agua, *compra* perfume.

Artículo: Especifica el género y número del sustantivo al que acompaña. Por ejemplo: *el* olor, *una* ventana, *el* agua, *unas* fuentes, *las* calles.

Adjetivo: Presenta cualidades o características del nombre. Por ejemplo: patio *central*, agua *tranquilizadora*, gente *diferente*, muchedumbre *animada*, fachada *austera*.

Adverbio: Modifica un verbo, un adjetivo, un participio o a otro adverbio. Por ejemplo: los invasores se acercan *rápidamente*, las chicas están *muy* animadas, es una mezquita *bien* construida, salieron *bastante* temprano.

Pronombre: Palabra que se utiliza para designar a alguien o algo sin emplear su nombre. Por ejemplo: *Ella* llegó a la mezquita. Vio a sus amigas y habló con *ellas*. *Les* dio una flor. *Se la* pusieron en el pelo.

Preposición: Palabras de enlace que describen características espaciales, temporales o conceptuales. Por ejemplo: La anciana está *en* la mezquita. La chica pasea *por* la ciudad.

Conjunción: Es un elemento de relación que conecta palabras dentro de una oración o unas oraciones con otras. Por ejemplo: La chica *y* sus amigas se maquillan. Los cordobeses *ni* se enfadan *ni* gritan.

Las clases de palabras que se describieron se combinan para formar oraciones siguiendo ciertas leyes de concordancia:

CONCORDANCIA ENTRE VERBO Y SUJETO

- El verbo concuerda con el sujeto en persona y número.

  Yo escucho el agua tranquilizadora.
  Los comerciantes venden mercancía.

- El sujeto puede estar implícito en la terminación del verbo.

  (Nosotros) nos dirigimos a un edificio.

Algunos casos especiales en la concordancia entre verbo y sujeto son:

- Los verbos impersonales siempre aparecen en forma singular.

  Hay tres estudiantes en clase que no tienen libro.
  Hace dos días que comenzaron las clases.

- Los verbos relacionados con las condiciones meterológicas (*llover, nevar, granizar, amanecer, anochecer...*) son impersonales y se conjugan sólo en tercera persona.

  A veces nieva mucho en enero.
  Amanece más temprano en el verano.

- Los nombres colectivos (*gente, muchedumbre, familia, pueblo, multitud...*) exigen verbos en singular.

  La gente nunca se entera de nada.
  La familia es el elemento más importante de cualquier sociedad.

Virgen, Mezquita de Córdoba

CONCORDANCIA ENTRE SUSTANTIVO Y ADJETIVO (GÉNERO)

Todos los nombres en español tienen un género gramatical masculino o femenino:

- La mayoría de los nombres que acaban en -o, -l y -r son masculinos: *el libro, el barril, el actor.* Algunas excepciones:

  -o: la foto, la mano, la moto, la radio

  -l: la capital, la cárcel, la catedral, la miel, la piel, la sal, la señal, la moral

- La mayoría de los nombres que terminan con -a, -d, -ción, -sión, -z y -umbre son femeninos: *la casa, la costumbre, la condición, la libertad, la luz, la decisión.* Algunas excepciones:

  -a: el día

  -d: el huésped, el césped

  -z: el arroz, el matiz, el pez

  -ma (origen griego): el problema, el sistema, el tema, el programa, el teorema, el drama, el fantasma, el idioma, el poema, el panorama

- Las letras del alfabeto tienen género femenino: *la a, la b, la c, la hache...*

- Los infinitivos con función de nombre siempre son masculinos: <u>*cantar*</u> *es bueno para el espíritu.*

CONCORDANCIA ENTRE SUSTANTIVO Y ADJETIVO (NÚMERO)

- Los nombres que terminan en vocal agregan -s para formar el plural. Ejemplos: la casa → las casas, el niño → los niños, la vida → las vidas

- Los nombres que terminan en consonante, en -í y algunos que terminan con vocal acentuada añaden -es para formar el plural. Ejemplos: el amor → los amores, el examen → los exámenes, el rubí → los rubíes, el inglés → los ingleses

- Los nombres que terminan en -z forman plural con -ces. Ejemplos: el matiz → los matices, el lápiz → los lápices, la perdiz → las perdices

- Los nombres que terminan en una sílaba no acentuada y -s no cambian en el plural. Ejemplos: el lunes → los lunes, el tocadiscos → los tocadiscos, la crisis → las crisis

Actividad 1 Agreguen el artículo definido a las palabras siguientes.

a. _la_ mañana

b. _la_ calle

c. _el_ grito

d. _el_ puesto

e. _la_ mercancía

f. _el_ perfume

g. _el_ edificio

h. _la_ flor

i. _la_ alberca

j. _la_ mujer

k. _la_ luz

l. _el_ ambiente

m. _el_ rostro

n. _la_ mezquita

o. _el_ alboroto

Originally constructed as a Muslim place of worship, the mosque was converted into a church after Christians occupied the city in 1236.

Altar cristiano dentro de la Mezquita de Córdoba

Actividad 2 Pongan en plural los sustantivos dados en el ejercicio anterior.

a. _____

b. _____

c. _____

d. _____

e. _____

f. _____

g. _____

h. _____

i. _____

j. _____

k. _____

l. _____

m. _____

n. _____

o. _____

Actividad 3 Busquen adjetivos para complementar los nombres de la **Actividad 1**.

> **Modelo**   ciudad: *misteriosa, animada, tranquila*

a. mañana: _____

b. calle: _____

c. grito: _____

d. puesto: _____

e. mercancía: _____

f. perfume: _____

g. edificio: _____

h. flor: _____

i. alberca: _____

j. mujer: _____

k. luz: _____

l. ambiente: _____

m. rostro: _____

n. mezquita: _____

o. alboroto: _____

Actividad 4 Completen el párrafo con las palabras del cuadro. Pongan atención a la concordancia.

Córdoba es una ciudad _____mágica_____, especialmente en primavera. De las casas _____blancas_____ asoman, por los balcones y terrazas, flores de los más _____vivos_____ colores. El perfume _____dulce_____ y embriagador inunda las calles. Recortados contra el cielo, siempre _____azul_____, se ven los vestigios de la impresionante cultura _____islámica_____. Toda la ciudad es una canción primaveral y la música habita en cada rincón _____cordobés_____.

| azul | mágica | cordobés | islámica | blancas | dulce | vivos |

UN POCO MÁS LEJOS

Actividad oral En el siglo X el mundo no era como lo conocemos hoy. Las grandes capitales de este siglo, como Nueva York, no existían. Sin embargo, Chichén Itzá y Córdoba, hoy dos destinos turísticos, estaban entre las ciudades más importantes de esa época. Imaginen que dos habitantes de estas ciudades se encuentran en el siglo X y hablan de su vida cotidiana.

Elijan una de las siguientes opciones e inventen un diálogo:

a. Entre la muchacha del cuento y un joven maya. Incluyan información sobre la ciudad, su gente y su forma de vida.

b. De acuerdo con lo estudiado, discutan las semejanzas y diferencias entre las dos ciudades del siglo X que se presentan, Chichén Itzá y Córdoba. Incluyan elementos como la presencia del agua, el comercio, la comida y el ocio.

Students could use the reading **En el horizonte** as a model for this activity.

Actividad escrita Preparen un relato en parejas (utilizando el presente) sobre las experiencias de un/a adolescente en una ciudad real o imaginaria con algunos de los siguientes elementos:

1. la casa donde viven

2. las vistas, los olores, las sensaciones

3. las calles de la ciudad

4. la gente

5. las actividades cotidianas

6. los lugares públicos

_____

_____

_____

_____

_____

_____

_____

_____

_____

_____

_____

_____

_____

_____

_____

_____

A street in Granada, Spain

EXTENSIÓN: LOS PRONOMBRES EN FUNCIÓN DE SUJETO

En español y otras lenguas de origen romance, el verbo contiene información sobre el sujeto de la acción: *hablo* → yo, *salimos* → *nosotros*.

Por eso no es necesario repetir el pronombre personal antes de cada verbo: ~~yo~~ estudio en la universidad, ~~yo~~ tengo muchas clases, ~~yo~~ trabajo en la biblioteca.

El hablante de español puede emplear el pronombre de sujeto para evitar confusiones o para dar énfasis a la persona o personas que protagonizan la acción: *Pues* **yo** *no quiero salir esta noche,* **vosotros** *no tenéis que quedaros en casa.*

A medida que usted conozca a hablantes de español de diversa procedencia, verá que hay también diferencias dialectales en el uso de los pronombres personales para referirse a otras personas:

El <u>español peninsular</u> (España) usa las formas **tú** y **vosotros/as** para relaciones menos formales o de confianza, con **usted** y **ustedes** para relaciones más formales. La elección entre una u otra de estas opciones resulta bastante subjetiva, pero puede decirse que **tú** es común entre personas de la misma edad y compañeros de trabajo y **usted** para personas de diferente edad o estatus social.

En el caso del <u>español de América</u>, algunos elementos importantes son:

- En español americano no existe el uso de **vosotros**. El sistema se divide en las formas **tú, usted, vos** en singular y **ustedes** en plural.

- En América la forma **usted** tiene un uso más amplio. En algunos países del área caribeña se utiliza incluso para relaciones familiares, de pareja o afectivas. En países como Argentina, Uruguay y Paraguay, así como en partes de Centroamérica, **vos** sirve para relaciones informales o de confianza y **tú** se limita casi en exclusiva a registros más cultos o académicos.

- Las formas verbales que acompañan a vos derivan de vosotros con pequeños cambios vocálicos: *veis* (vosotros) → *ves* (vos), *cantáis* (vosotros) → *cantás* (vos), *pensáis* (vosotros) → *pensás* (vos), *decís* (vosotros) → *decís* (vos).

Actividad 1 Lean los siguientes diálogos y añadan los pronombres correspondientes.

a. —¿Cómo os llamáis _vosotros_?

—_Yo_ Gonzalo y _ella_ María. Y _tú_, ¿cómo te llamas?

b. —Buenas tardes, señora. ¿Cómo se llama _Ud._?

—Mercedes López, encantada. Y _Uds._, ¿cómo se llaman?

c. —Pablo, ¿qué pensás _vos_ de las diferencias entre los dialectos del español?

—Pues _yo_ pienso que es importante conocerlas. ¿Qué piensan _Uds._?

—_Nosotros_ estamos de acuerdo contigo.

d. —_Nosotros_ en España tenemos muchos monumentos antiguos. Carlos, en Colombia, ¿_vosotros_ también tenéis restos históricos?

—Claro, _nosotros_ tenemos lugares históricos, pero con un origen distinto al suyo.

e. —¿Cuánto tiempo _vos_ decís que pasaste en El Salvador?

—No, _yo_ digo que soy de El Salvador. ¿De dónde son _Uds._?

—_Nosotros_ somos de Uruguay.

Actividad 2 ¿Les gusta ver televisión, leer periódicos o escuchar la radio en español? ¿Tienen Uds. algún amigo, compañero de clase o colega en su trabajo que hable español? Presten atención a cómo sus amigos, la gente que conocen, los locutores de radio y televisión, los actores o los periodistas se refieren a otras personas. ¿Qué forma usan: **tú, usted, vos, ustedes, vosotros**? ¿De qué país creen que son? ¿Por qué?

This activity could be done as a homework assignment. Have students explore regional Internet sites, listen to music or watch movie clips from different countries. Have them identify regional variations and bring specific examples to class.

Calle andaluza

Tema 3 Diversidad cultural

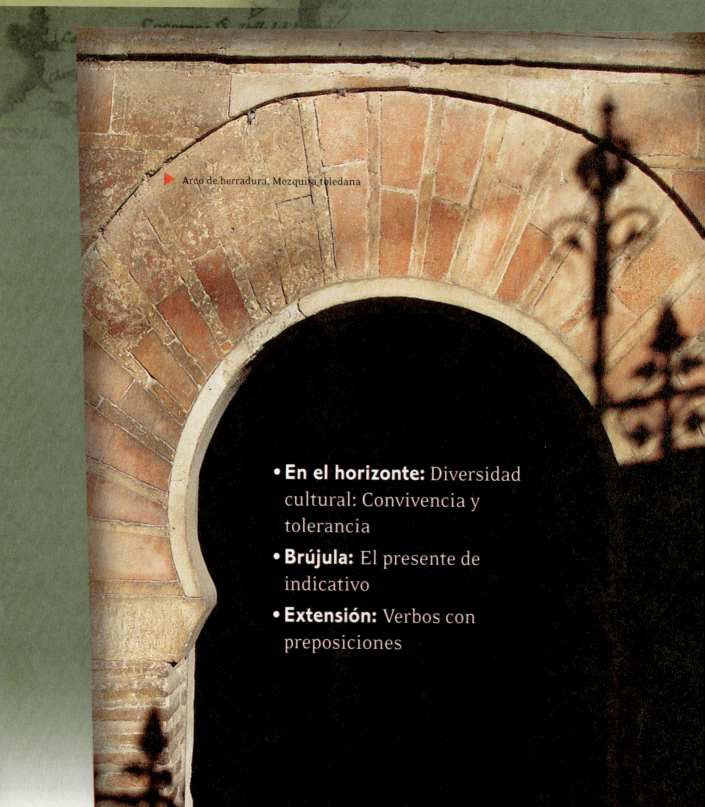

Arco de herradura, Mezquita toledana

- **En el horizonte:** Diversidad cultural: Convivencia y tolerancia
- **Brújula:** El presente de indicativo
- **Extensión:** Verbos con preposiciones

PRELECTURA

En grupos, discutan:

1. Muchos países hoy en día valoran la diversidad. En su opinión, ¿esta variedad beneficia o crea conflictos en una sociedad? Expliquen.

2. ¿Qué elementos forman parte de la identidad de un grupo? Den ejemplos concretos.

3. ¿Es posible la convivencia pacífica entre grupos diferentes? Elaboren su opinión.

4. ¿Qué diferentes grupos aparecen en la ilustración? ¿De qué modo están representados? Observen la ropa, la actitud y otras características. ¿Dónde se hallan las personas? ¿De qué están hablando?

Encourage students to work together to explore the issues presented in the **Prelectura** sections. Remind them that their answers will vary and that these activities serve as a warm-up exercise to introduce concepts and to focus in detail on the images.

The Almohadan governor of Seville, holding a council of war in his fortified castle, the alcazar, twelfth century (manuscript).

En la España del siglo XI, tiene lugar uno de los fenómenos más estudiados por la historia moderna: los musulmanes, judíos y cristianos que viven en al-Ándalus, el nombre del estado musulmán implantado por los árabes después de su invasión de la Península Ibérica a principios del siglo VIII. La historia testimonia con sus textos la tolerancia y los conflictos que existían en ese momento. La convivencia de diferentes culturas produce múltiples beneficios que todavía se pueden apreciar hoy en día en la zona.

El siguiente diálogo recrea una escena cotidiana desde la perspectiva del siglo XI. Un comerciante musulmán de Toledo llamado Omer viaja a Córdoba porque está interesado en instalar allí su negocio. Al llegar se encuentra con Yusef, un funcionario judío.

Una tienda de Toledo

Students may read this dialogue at home prior to revision in class. In class, have students read and prepare in pairs. Divide the text in several sections to have different groups dramatize in front of the class. As an additional activity, have students continue the conversation either as a written exercise or as oral improvisation.

There are different interpretations about the coexistence of these three groups in the Iberian Peninsula. Some stress the harmonic relations and the cultural exchange of ideas and values, others focus on the conflicts and social frictions.

Yusef: Buenas tardes.

Omer: Buenas tardes. ¡Qué calor hace esta tarde! ¿Verdad?

Yusef: A estas horas siempre hace calor. Usted no es de aquí...

Omer: No, soy de Toledo, acabo de llegar.

Yusef: ¿Qué hace usted por estas tierras, tan lejos de casa?

Omer: Las cosas no van bien en Toledo. Tengo un negocio de sedas junto a la mezquita y no me dan permiso para mantenerlo. No se están cumpliendo los acuerdos de paz; los cristianos avanzan hacia el sur y esperamos noticias peores...

Yusef: Ah, lo entiendo. Afortunadamente, aquí en Córdoba el Califa nos protege y la ciudad prospera cada día, pero sabemos que en el norte hay muchos problemas...

Omer: Lo sé, por eso busco un lugar estable para mi nuevo negocio.

Yusef: Córdoba es la ciudad ideal, cada cual practica su religión y su oficio; hay conflictos, pero no afectan a la unidad del califato.

Omer: ¿Es usted musulmán?

Yusef: No, soy judío y funcionario público. La comunidad judía aquí está muy unida. El Califa respeta nuestros derechos religiosos, estudiamos junto con musulmanes y cristianos y participamos de la vida de la ciudad.

Omer: En Toledo, la comunidad judía es numerosa también, pero viven en un barrio aparte. ¿Cómo es aquí?

Yusef: Vivimos en un barrio cercano al centro de la medina, esto nos permite ir a la sinagoga, tener nuestros negocios y escuelas, lo llaman la "judería". Gracias a la benevolencia del Califa mantenemos nuestras costumbres y tradiciones y nos sentimos protegidos. También tenemos un papel importante en la vida cultural de Córdoba, por ejemplo, nuestros médicos se consideran los mejores y colaboran estrechamente con los que llegan de Oriente. Intérpretes y traductores trabajan sobre los libros científicos y filosóficos de los maestros griegos, chinos y persas, que son traducidos a las tres lenguas: árabe, hebreo y latín. Nuestra ciudad es magnífica.

Omer: ¿Es verdad que el mercado es tan grande como el de Bagdad?

Yusef: Claro que sí... es nuestro orgullo... hay objetos preciosos de Oriente y Occidente, y mucha gente que quiere comprar... es la ciudad perfecta para usted, amigo mío.

Omer: ¡Ojalá! Le agradezco la información. Ahora voy con más entusiasmo a la ciudad de las torres blancas, donde se compran las mejores sedas.

PREGUNTAS DE COMPRENSIÓN

1. ¿Quiénes son los dos señores? ¿De dónde son? ¿Cuál es su profesión?
2. ¿En qué se parecen Toledo y Córdoba?
3. ¿Qué diferencias hay entre estas dos ciudades?
4. ¿A qué grupos étnicos o sociales pertenecen Omer y Yusef?
5. ¿Qué es la "judería"?

Toledo was one of the main cities of Muslim Spain along with Sevilla, Córdoba and Zaragoza. It was taken by the Christians in 1085.

In the 11th century, Christians controlled a good part of northern Spain and continued to expand their territories further south.

Caliph: Muslim ruler. Caliphate of Córdoba: 929–1031. Period of political, economic and cultural splendor in Al-Andalus (Muslim Spain).

Patio de mezquita musulmana en Toledo

COMPÁS

Sustantivos

el acuerdo
la benevolencia
el calor
la costumbre

el derecho
el médico
el negocio
el oficio

el orgullo
el papel

Adjetivos

cercano

precioso

unido

Verbos

avanzar
buscar
cumplir

firmar
llegar
permitir

protegerse
traducir

Arquitectura y escultura cristianas

Actividad 1 *Familia de palabras.* Con ayuda del diccionario, completen la tabla según el modelo:

Sustantivo	Adjetivo	Verbo
buscador	buscado	buscar
avance	avanzado	avanzar
orgullo	orgulloso	enorgullecerse
cercanía	cercano	acercar(se)
unidad/unión	unido	unir

Some of these derivations admit more than one form, such as **cercanía/cercanidad or unión/unidad**. Encourage students to acknowledge that language has many variants (regional, use, register). Here, we will emphasize the forms that are more frequently used and/or are more relevant to the texts.

You may want to add more words from the vocabulary to expand these activities.

Actividad 2 Busquen en el diccionario el significado de las siguientes palabras. Seleccionen la acepción que corresponda al contexto de la lectura.

1. oficio ocupación habitual

2. costumbre hábito, modo habitual de obrar

3. derecho privilegio o libertad de una persona para actuar según su voluntad

4. acuerdo resolución tomada por un grupo de personas

5. firmar escribir el nombre en un documento para validarlo

Students should use a monolingual dictionary to avoid interference from other languages. Suggest that students use the website for the Real Academia, www.rae.es, or similar.

Dionisio Baixeras-Verdaguer,
Abd al-Rahman III [891–961]
Receiving the Ambassador, 1885
(oil on canvas).

Actividad 1 En parejas, observen la pintura y contesten las preguntas que vienen a continuación.

a. ¿Quién es el principal personaje en la representación? ¿Cómo se puede reconocer su importancia? Presten atención a los colores, las telas, los materiales, el punto de encuentro.

b. ¿Cómo están vestidos los dignatarios que lo rodean? Imaginen de qué están hablando.

c. ¿Qué elementos arquitectónicos reconocen? ¿Dónde cae la luz? ¿Qué muebles se ven?

Actividad 2 Usted y su compañero o compañera son historiadores y se reúnen para reconstruir el diálogo que tiene lugar en esta escena. Aporten detalles sobre las relaciones sociales, comerciales y políticas, que existen entre estos personajes. Usen algunos verbos de la lista y escriban un diálogo para presentar al resto de la clase.

abandonar	comprar	conquistar	establecerse en	firmar
hablar	intercambiar	llegar	negociar	vender

La Alhambra, Granada

Actividad preliminar   Repase el diálogo entre Yusef y Omer de la sección **En el horizonte** y subraye algunos ejemplos de los verbos **ser**, **estar** y **haber**. ¿Qué función tienen en el texto?

En el diálogo también encontramos otras formas verbales: _hace_ calor, lo _entiendo_, _tengo_ un negocio, _vivimos_ en un barrio cercano, le _agradezco_ la información.

En esta lección repasamos los modelos de conjugación y algunas funciones para el presente de indicativo de todos estos verbos.

CONJUGACIÓN DEL PRESENTE DE INDICATIVO

Primer grupo: Formas regulares

	Verbos que terminan en -ar	Verbos que terminan en -er	Verbos que terminan en -ir
yo	hablo	como	vivo
tú	hablas	comes	vives
él / ella / usted	habla	come	vive
nosotros / nosotras	hablamos	comemos	vivimos
vosotros / vosotras	habláis	coméis	vivís
ellos / ellas / ustedes	hablan	comen	viven

La forma con **vosotros** en las terminaciones -**ar** y -**er** tiene un acento gráfico en la vocal fuerte (/á/, /é/), y en la terminación -**ir** un acento gráfico en la vocal /í/.

Segundo grupo: Formas irregulares en su raíz

Algunos ejemplos de este tipo de irregularidad son:

	e → ie (querer)	e → i (pedir)	o → ue (dormir)
yo	quiero	pido	duermo
tú	quieres	pides	duermes
él / ella / usted	quiere	pide	duerme
nosotros / nosotras	queremos	pedimos	dormimos
vosotros / vosotras	queréis	pedís	dormís
ellos / ellas / ustedes	quieren	piden	duermen

¡Atención! El cambio en la raíz **no ocurre** en **nosotros/as** y **vosotros/as**.

Otros verbos con cambio **e → ie:** cerrar (c**ie**rro), perder (p**ie**rdo), sentir (s**ie**nto), comenzar (com**ie**nzo), empezar (emp**ie**zo), pensar (p**ie**nso), defender (def**ie**ndo), entender (ent**ie**ndo), mentir (m**ie**nto), preferir (pref**ie**ro).

Otros verbos con cambio **e → i:** competir (comp**i**to), conseguir (cons**i**go), impedir (imp**i**do), repetir (rep**i**to), servir (s**i**rvo), elegir (el**i**jo), reír (r**í**o).

Otros verbos con cambio **o → ue:** volver (v**ue**lvo), contar (c**ue**nto), encontrar (enc**ue**ntro), mostrar (m**ue**stro), probar (pr**ue**bo), recordar (rec**ue**rdo), devolver (dev**ue**lvo), mover (m**ue**vo), poder (p**ue**do), morir (m**ue**ro).

Tercer grupo: Primera persona irregular

		Cambio en la primera persona
hacer (deshacer, rehacer...)	→	**hago**, haces, hace, hacemos, hacéis, hacen
poner (imponer, componer...)	→	**pongo**, pones, pone...
salir (sobresalir...)	→	**salgo**, sales, sale...
saber	→	**sé**, sabes, sabe...
dar	→	**doy**, das, da...
traer (contraer, extraer...)	→	**traigo**, traes, trae...
ver (prever...)	→	**veo**, ves, ve...

		Cambio de tipo ortográfico
escoger (coger, proteger...)	→	**escojo**, escoges, escoge, escogemos, escogéis, escogen
corregir (dirigir, elegir, exigir, fingir...)	→	**corrijo**, corriges, corrige...
distinguir (seguir, conseguir...)	→	**distingo**, distingues, distingue...
parecer (agradecer, conocer, merecer, obedecer, ofrecer, reconocer...)	→	**parezco**, pareces, parece...
traducir (conducir, producir...)	→	**traduzco**, traduces, traduce...
convencer (vencer, merecer, ejercer...)	→	**convenzo**, convences, convence...

Cuarto grupo: Irregularidades fonéticas

	i → í (enviar)	u → ú (continuar)	ui → uy (concluir)
yo	envío	continúo	concluyo
tú	envías	continúas	concluyes
él / ella / usted	envía	continúa	concluye
nosotros / nosotras	enviamos	continuamos	concluimos
vosotros / vosotras	enviáis	continuáis	concluís
ellos / ellas / ustedes	envían	continúan	concluyen

Otros verbos con cambio **i → í**: confiar (confío), criar (crío), guiar (guío)

Otros verbos con cambio **u → ú**: acentuar (acentúo), graduar (gradúo), actuar (actúo)

Otros verbos con cambio **ui → uy**: construir (construyo), distribuir (distribuyo), contribuir (contribuyo), huir (huyo), destruir (destruyo), incluir (incluyo)

Quinto grupo: Formas con irregularidades propias

ser	estar	ir
soy	estoy	voy
eres	estáis	vas
es	estás	va
somos	está	vamos
sois	estamos	vais
son	están	van

USOS DEL PRESENTE DE INDICATIVO

Veamos algunos usos relevantes de este tiempo verbal a partir de ejemplos del diálogo entre Omer y Yusef:

- Presente habitual: La acción se repite con cierta regularidad o describe el estado de las cosas en el presente.
  Los creyentes musulmanes rezan todos los días en la mezquita.
  Soy de Toledo.
  Vivimos en un barrio cercano.

- <u>Presente progresivo</u>: La acción coincide con el momento en que hablamos. Para referirnos a una situación inmediata, usamos la construcción **estar + gerundio**.

  Los cristianos <u>están</u> avanzando hacia el sur.

- <u>Presente con valor de futuro</u>: Se utiliza para hablar de un futuro inmediato o probable.

  Hoy hemos hablado de Chichén Itzá; mañana <u>hablamos</u> de Córdoba.

- <u>Presente con valor de pasado</u> (presente histórico): La acción ocurrió antes pero nos interesa actualizarla. Este tipo de presente sirve para hablar de hechos históricos.

  La llegada de los musulmanes a la Península <u>cambia</u> las costumbres locales.

You may want to remind students of the linguistic phenomenon of **usos desplazados:** certain verb forms that don't strictly adhere to their original function. Please note that two of these uses are presented in this section: **Presente con valor de futuro** and **Presente con valor de pasado**.

Detalle de arquitectura cristiana (gárgolas)

PRÁCTICA GRAMATICAL

Actividad 1 En parejas completen el siguiente párrafo con el presente de los verbos entre paréntesis.

La convivencia pacífica entre grupos que __se indentifican__ (identificarse) con diferentes religiones, lenguas y costumbres _____es_____ (ser) posible, pero frecuentemente problemática. La Península Ibérica durante el siglo XI _____ofrece_____ (ofrecer) muchos ejemplos. Los reinos cristianos del norte y los reinos de Taifas musulmanes del sur _____tienen_____ (tener) bajo su dominio a grupos de distintas religiones. En Toledo _____hay_____ (haber) una fluida comunicación entre los intelectuales de las tres culturas y _____se hablan_____ (hablarse) las tres lenguas: el árabe, el hebreo y el latín. Muchas veces los conflictos no _____se resuelven_____ (resolverse) de forma pacífica y _____hay_____ (haber) revueltas contra el poder central o grupos minoritarios. De cualquier manera, la diversidad de España _____es_____ (ser) un ejemplo para toda la Europa medieval, y sus avances en medicina, arquitectura y matemáticas _____resultan_____ (resultar) admirables hoy en día.

Actividad 2 Lean la siguiente línea de tiempo sobre España entre los siglos X-XI y conjuguen los verbos en el presente histórico.

929   Abd al-Rahman III _____se declara_____ (declararse) Califa.

961   Los musulmanes _____empiezan_____ (empezar) a construir una gran biblioteca en Córdoba.

1031   _____Se establecen_____ (Establecerse) las primeras Taifas.

1035   Sancho el Mayor _____crea_____ (crear) los reinos de Castilla y Aragón.

1040   _____Muere_____ (Morir) el matemático Abenragel.

1045   _____Nace_____ (Nacer) Rodrigo Díaz de Vivar (El Cid).

1085   Los cristianos _____toman_____ (tomar) la ciudad de Toledo.

1094   El Cid _____entra_____ (entrar) y _____conquista_____ (conquistar) Valencia.

Actividad 3 En parejas o grupos preparen frases completas para explicar qué hacen las siguientes personas.

> **Modelo** *El campesino trabaja la tierra para obtener alimentos y mantener a su familia.*

a. médico

_____

_____

b. astrónomo

_____

_____

c. juez

_____

_____

d. traductor

_____

_____

e. comerciante

_____

_____

f. ¿?

_____

_____

Astrólogo, matemático y escriba

Un poco más lejos

Cantar del mío Cid

Actividad oral   El Cid. Lea el siguiente párrafo biográfico sobre El Cid.

El Cid Campeador, personaje histórico y literario, es uno de los impulsores del avance militar cristiano. Es el protagonista del <u>Cantar de mío Cid</u>, poema épico de la Edad Media que retrata su figura y cuenta sus hazañas guerreras. En el poema aparece representado como un caballero valiente y tranquilo, lento para enojarse, comprometido con su familia, fiel a su rey y a sus tropas. El personaje histórico nace en 1045, es desterrado en 1081, toma Valencia en 1094 para el Rey Alfonso VI y muere lleno de gloria en 1099 como señor de Valencia.

ⓐ En parejas, siguiendo el párrafo modelo de arriba, describan a una figura pública destacada (político, intelectual...) del siglo XXI. Usen las siguientes preguntas para organizar la información.

1. ¿Quién es?

2. ¿Qué hace?

3. ¿Qué pueden decir de su personalidad?

4. ¿Cómo es físicamente?

5. ¿Por qué es importante para Uds.?

6. ¿Qué opina la gente de él/ella?

ⓑ Describan a su personaje delante de la clase, sin mencionar el nombre; la clase debe adivinar quién es.

Students may follow the model given in **Actividad 2** of the **Práctica gramatical**. This exercise may be done either individually at home or as a collaborative effort in class. As a follow-up to this activity, have students exchange their timelines and write a paragraph about each other similar to the one about El Cid.

Actividad escrita   Escriban su propia línea de tiempo con los años y eventos más importantes de su vida personal. Por ejemplo, fecha de nacimiento, mudanzas, viajes, graduaciones, premios, amores. Utilicen el presente histórico.

_____   _____

_____   _____

_____   _____

_____   _____

_____   _____

_____   _____

_____   _____

EXTENSIÓN: VERBOS CON PREPOSICIONES

Vimos en el capítulo anterior que las preposiciones son palabras que conectan otras palabras o partes de la oración. Las preposiciones más frecuentemente utilizadas son: *a, ante, bajo, con, contra, de, desde, durante, en, entre, hacia, hasta, para, por, según, sin, sobre.*

Algunos de los verbos que se combinan generalmente con una preposición son:

Suggest that students always associate prepositions when studying verb conjugations.

a

aprender **a** + inf.	*Estoy aprendiendo **a** ser más tolerante con la gente.*
asistir **a**	*Asisto **a** reuniones de un grupo pacifista en la universidad.*
ayudar **a** + inf.	*Todos ayudamos **a** hacer este mundo más agradable.*
comenzar **a** + inf.	*Deberías comenzar **a** participar más en acciones sociales.*
contribuir **a** + inf.	*La gente contribuye poco **a** organizaciones benéficas.*
ir **a** + inf.	*Este verano vamos **a** trabajar en Israel.*
llegar **a** + inf.	*María habla bien varios idiomas, estoy seguro de que llegará **a** ser una traductora excelente.*
ponerse **a** + inf.	*No quiero ponerme **a** pensar en todo el trabajo que tengo.*

Have students note that after a preposition the verb always follows in the infinitive form.

con

casarse **con**	*Voy a casarme **con** una persona de origen musulmán.*
compartir **con**	*Es necesario compartir recursos **con** gente que no tiene nada.*
encontrarse **con**	*Esta tarde nos encontraremos **con** mucha gente en la reunión.*
quedar **con**	*Hemos quedado **con** nuestros compañeros a las 6 de la tarde.*
quedarse **con**	*Esta tarde me quedo **con** María para ayudarla a traducir unos textos.*
reunirse **con**	*Mañana me reuniré **con** el jefe del proyecto.*
solucionar **con**	*Muchos problemas se solucionan **con** paciencia y confianza.*
soñar **con**	*Sueño **con** el día en que todo el mundo viva en paz.*

de

acabar **de** + inf.	*Acabo **de** hacer ejercicio y ahora me siento muy bien.*
acordarse **de**	*No me acuerdo **de** qué tarea tenemos para mañana.*
dejar **de** + inf.	*Teresa no podía dejar **de** pensar en la película de ayer.*
depender **de**	*La decisión final no depende **de** nadie en concreto.*
enamorarse **de**	*Espero enamorarme **de** una persona honesta.*
enterarse **de**	*No se enteró **de** la mala noticia hasta última hora de ayer.*
irse **de** + lugar	*Me iré **de** la oficina dentro de una hora más o menos.*
tratar **de** + inf.	*Estoy tratando **de** llamar con el móvil pero no me dan línea.*

en

basarse **en**	*Nuestro argumento se basa **en** muchos años de experiencia.*
consistir **en**	*El ajedrez consiste **en** mover unas figuras de modo estratégico.*
convertirse **en**	*Las prisas nos convierten **en** máquinas.*
fijarse **en**	*Necesitas fijarte más **en** los detalles.*
insistir **en**	*No queremos insistir más **en** explicaciones innecesarias.*
pensar **en**	*Tenéis que pensar mucho más **en** vuestra vida personal.*
quedarse **en**	*Quiero quedarme **en** Toledo para estudiar historia medieval.*
vivir **en**	*Mi familia y yo vivimos siempre **en** lugares diferentes.*

Actividad   La convivencia entre culturas sigue siendo un tema muy importante en la actualidad. El texto que aparece a continuación describe un proyecto reciente para promover la paz a través de la música. Completen los espacios en blanco con las preposiciones que se corresponden con el verbo en cursiva.

The instructor may bring additional texts related to the topic and have students identify prepositions. Students can also bring other texts found in a variety of sources such as books or the Internet.

Un grupo de jóvenes músicos árabes y judíos se *reunió* recientemente en Andalucía ____con____ el maestro Daniel Barenboim para *eliminar* la barbarie de la guerra ____de____ sus países a través de la música. La "canción" más importante fue la paz, que se *convirtió* ____en____ el mensaje al mundo de esta orquesta de 80 jóvenes. Son músicos en los comienzos de su carrera que *comparten* un "sueño" ____con____ el director de orquesta y pianista argentino de origen judío: *ayudar* ____a____ construir la paz definitiva en el espacio más violento del mundo, el Medio Oriente, y *contribuir* ____a____ crear una nueva convivencia basada en el respeto y la tolerancia. Este encuentro forma parte del proyecto West-Eastern Divan, fundado por el propio Barenboim y el intelectual palestino Edward Said. Sevilla, "único sitio del mundo en el que judíos, árabes y cristianos *vivieron* ____en____ armonía durante siete siglos", fue el lugar elegido para continuar el proyecto.

Según Saleem Abboud Ashkar, pianista palestino de 26 años, "la parte fundamental de este enfrentamiento entre culturas no es racional sino que se *basa* _____en_____ prejuicios y temores sicológicos. Creo que este conflicto sólo se puede *solucionar* _____con_____ gestos culturales, artísticos y humanitarios". Shai Feldfogel toca el trombón, es israelí, *vive* _____en_____ Tel Aviv y asegura que la convivencia con sus compañeros "ha sido muy buena, hemos aprendido mucho _____de_____ Barenboim y _____de_____ nosotros mismos. Es muy útil que se reúnan personas de nuestros países y ver que somos iguales". Mohamed Saleh toca la viola, tiene 21 años y es originario de Egipto. Su opinión es clara: "*Vivir* _____en_____ paz, con buenas relaciones y comunicaciones, es lo mejor que puede haber. Nadie gana en los conflictos, sólo se mata a la gente."

¿Qué opinión tiene de este proyecto? ¿Participa usted en algún tipo de proyecto o asociación relacionado con la convivencia entre culturas? ¿Se le ocurren otras posibilidades para promover las buenas relaciones entre personas de diferentes orígenes geográficos, sociales, culturales, religiosos o raciales?

Arcos interiores de mezquita toledona

ESCALA LITERARIA: LAS JARCHAS

You may choose to present literary selections at this point or wait until the end of the chapter.

Las jarchas son breves composiciones escritas en lengua mozárabe, una mezcla de árabe y romance (castellano antiguo). Formaban parte de poemas cultos más largos, a los que servían como conclusión de carácter espontáneo y popular. En estos textos la voz poética expresa diferentes emociones como la admiración al contemplar al hermoso amante (habibi o amigo), la alegría ante la visita nocturna de éste o la tristeza por su partida.

Jarcha	Traducción al castellano moderno
A. ¡Mamma, ay habibi! Shu la chumella shaqrellah, el collo albo, e boquella hamrellah.	¡Madre, qué amigo! Bajo el pelo rubio, el cuello blanco y la boquita roja.
B. ¡Tanto amare, tanto amare, habibi, tanto amare! enfermeron olios gayados e duolen tan male.	¡Tanto amar, tanto amar, amigo, tanto amar! Enfermaron mis ojos llorosos y duelen tanto.

REFLEXIONES

a Como vimos, las jarchas son textos bilingües (árabe-romance) que ejemplifican la hibridez cultural de la Península en el siglo XI. Observen con atención los textos originales y traten de averiguar qué palabras son árabes y cuáles son de la lengua romance (el castellano antiguo).

b En su opinión, ¿cuáles de estas emociones asocian con las jarchas que leyeron? Alegría, tristeza, entusiasmo, ansiedad, dolor, desesperación, deseo, impaciencia.

JARCHA A	JARCHA B

The purpose of this activity is to have students observe the hybrid nature of language use in multicultural environments. Have students speculate on the source of the words. Arabic words: *ay, habibi, shu la chumella, shaqrellah, hamrellah, gayados.* You may want to compare this phenomenon to the situation in many bilingual communities in the U.S. where there exists a tendency to mix both languages in colloquial discourse: **Vamos a hacer el shopping**.

Answers will vary. Some of these emotions may apply to both poems.

PERSPECTIVAS

Actividad oral Trabajando en parejas, adopten el papel de dos hermanas mozárabes que describen entusiasmadas, con todos los detalles posibles, a sus respectivos enamorados. Hablen de:

a. cómo son físicamente

b. qué virtudes poseen

c. qué hacen cada día (su rutina)

d. qué hacen para enamorarlas

Modelo

Querida hermana, voy a describirte a mi amigo: Es más hermoso que la noche, tan rubio como el sol y tiene los ojos... Sus virtudes son muchas: Es generoso y... Trabaja en la fábrica de sedas. Cada día se levanta pronto para venir a verme. Canta canciones de amor bajo mi ventana y...

VOCABULARIO ÚTIL:

Adjetivos	Verbos	Sustantivos
alto	bailar	amigo
azul	cultivar	flores
divertido	escribir	luna
fuerte	hablar	mar
inteligente	ir	parque
moreno	orar	paseo
noble	tocar	sorpresa
paciente	vender	versos
valiente	viajar	visita

Actividad escrita En parejas, escriban una breve jarcha donde la voz poética manifieste sus emociones. Tomen como modelo las jarchas que leyeron, utilicen el vocabulario de la actividad anterior e incluyan por lo menos una comparación.

_____

_____

_____

_____

Patio interior de la Alhambra.

- **En el horizonte:** Los aymaras, primeros habitantes de Tiahuanaco
- **Brújula:** El pretérito
- **Extensión:** La entonación en español

▶ Fraile, Tiahuanaco

PRELECTURA

1. ¿Cómo imaginan la geografía del área andina?

2. ¿Qué culturas, ciudades y paisajes asocian con esta zona?

3. Especulen acerca de las actividades diarias de la gente que vive en este lugar: ¿A qué se dedica? ¿Qué tareas cotidianas realiza?

4. Hagan hipótesis sobre la figura humana de la fotografía: ¿De dónde viene? ¿Qué hizo antes de subir a su embarcación? ¿A dónde va?

Bring in a map of South America and/or pictures of the area to help students familiarize themselves with the varied geography of the region.

The preterite will be introduced in the **Brújula** section of this chapter. Have students work from previous knowledge at this point.

For question 3, allow students to speculate freely as they will receive further information in this chapter.

Lago Titicaca

En el altiplano de lo que hoy es Bolivia y Perú existió un centro de gran importancia, el imperio Tiahuanaco, que según algunos arqueólogos tiene una antigüedad de más de 2000 años. Los aymaras actuales, un millón y medio de personas que aún habitan la región, son los herederos de aquella cultura que todavía mantiene su identidad por medio del lenguaje y las tradiciones.

Puerta del Sol, Tiahuanaco

En el siglo XI, mucho antes de la aparición del imperio incaico, la ciudad de Tiahuanaco se encontraba en un momento de gran esplendor. Sin embargo, el clima extremo del altiplano hacía difícil la alimentación diaria. Para afrontar este problema, el pueblo aymara domesticó animales como la llama. Este animal sirvió para el transporte y su lana se utilizó para confeccionar la ropa de uso cotidiano. Además, descubrieron la riqueza nutritiva de la papa, originaria de esta zona. Desarrollaron un avanzado sistema de cultivo con terrazas irrigadas e inventaron un proceso de deshidratación y almacenamiento de papas utilizando los recursos naturales.

El lago Titicaca, que está a unos dieciséis kilómetros al norte de Tiahuanaco, sirvió de inspiración para muchos mitos y leyendas. Dicen que de sus aguas surgió el dios Viracocha y que se trata de un lago sin fondo donde hay ciudades de plata y oro. El lago está a unos 3900 metros sobre el nivel del mar, tiene una superficie de 8500 kilómetros cuadrados, una profundidad máxima de 360 metros y es el lago navegable más alto del mundo. Tiene agua dulce y está rodeado de montañas. Pertenece a Bolivia y Perú. El nombre Titicaca viene de las palabras aymaras "titi" que quiere decir "gato silvestre" o "puma" y "qaqa", que significa "gris" o "plomo".

Tiahuanaco es hoy uno de los lugares arqueológicos más importantes de la cultura andina. Cieza de León fue el primer europeo en recopilar información a

Note that this formation was sculpted from one piece of stone (3x4 meters). At the top is an engraving of a god with a condor's head and a staff in each hand, surrounded by winged figures.

Incan civilization began to flourish in the 13th century AD. The empire expanded greatly in the second half of the 14th and the early 15th centuries before the arrival of the Spaniards.

Please see **Actividad 3** of the **Práctica gramatical** section for a detailed account of the legend of Viracocha.

PRIMEROS HABITANTES DE TIAHUANACO

partir de los relatos orales que recoge del imperio inca en el siglo XVI. Desde entonces, los antropólogos siguen estudiando los misterios de este gran centro ceremonial, un espacio donde se cruzan lo terrenal y lo sagrado.

For more information on Cieza de León, please see **Actividad 1** of the **Práctica gramatical**.

PREGUNTAS DE COMPRENSIÓN

1. ¿Dónde está Tiahuanaco?
2. ¿Quiénes vivieron allí?
3. ¿Cómo es el clima de la región?
4. ¿Qué tecnología desarrolló la gente de esta región para el cultivo?
5. ¿Cuáles son las características del lago Titicaca?
6. ¿Quién escribió sobre la ciudad de Tiahuanaco en el siglo XVI?

Islas flotantes, lago Titicaca

COMPÁS

Sustantivos

el agua dulce	el heredero	el plomo
la alimentación	el imperio	la profundidad
el almacenamiento	la importancia	los recursos naturales
el altiplano	la lana	el relato
la antigüedad	la leyenda	la riqueza
el arqueólogo	el mito	la ropa
el clima	el nivel	la terraza
la deshidratación	el originario	el transporte
el esplendor	el oro	la zona
el fondo	la plata	

Adjetivos

actual	nutritivo	silvestre
diario	rodeado	terrenal
irrigado	sagrado	

Verbos

afrontar	descubrir	mantener
confeccionar	domesticar	pertenecer
considerar	encontrarse	recopilar
creer	habitar	surgir
cruzarse	inundar	utilizar
desarrollar		

Map of the world (Arabic, 1513), detail showing coast of South America.

Actividad 1 *Lluvia semántica.* Escriban las palabras de la lectura que asocian directamente con la siguiente categoría:

In pairs or groups, students skim the reading for words related to this category. Possible answers: **lenguaje, domesticar, identidad, tradiciones, alimentación, ropa**. Follow up with discussion to have students share their ideas.

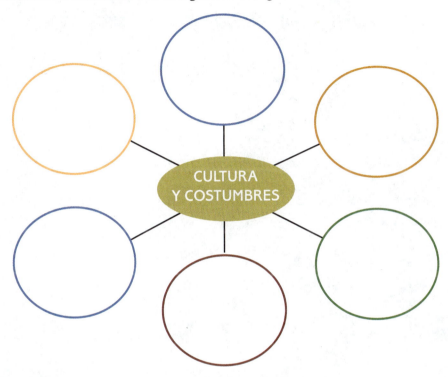

CULTURA Y COSTUMBRES

Actividad 2 Relacionen las siguientes columnas en busca de sinónimos:

1. habitar ___c___
2. actual ___f___
3. utilizar ___g___
4. sagrado ___a___
5. alimentación ___b___
6. confeccionar ___d___
7. creer ___e___

a. divino
b. comida
c. vivir
d. hacer
e. suponer
f. contemporáneo
g. usar

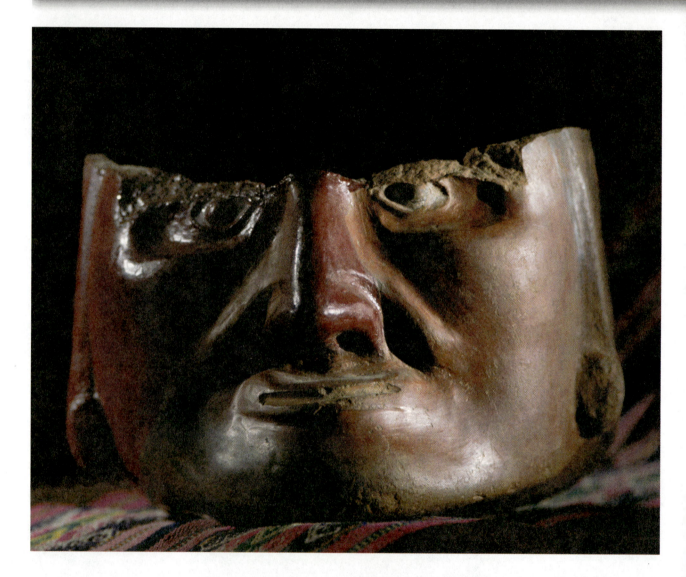

A broken mask from Tiahuanaco.

Students may associate this object with religious ceremonies, rites of passage, theater, identity.

Actividad 1   Observen la fotografía y describan el objeto representado: ¿Cuáles son sus características (color, material, textura, forma)? ¿Con qué actividades o ritos asocian este objeto?

Actividad 2 Imaginen que la persona representada era un noble de una cultura indígena que fue recordado durante años como un individuo honorable e importante. Relacionen las columnas para construir frases lógicas acerca de su vida.

1. Fue... _g_
2. Participó... _b_
3. Abrió... _d_
4. Mantuvo... _h_
5. Murió... _a_
6. Observó... _c_
7. Habló... _e_
8. Construyó... _f_

a. de una enfermedad desconocida.

b. en la construcción de la Puerta del Sol.

c. el movimiento de las estrellas y los planetas.

d. canales de irrigación.

e. otras lenguas indígenas.

f. una embarcación para navegar el lago Titicaca.

g. un sacerdote importante.

h. a ocho hijos.

BRÚJULA: EL PRETÉRITO

Possible answers:
Presente: Los aymaras actuales...
que aún habitan la región...
Pretérito: Desarrollaron un
avanzado sistema de cultivo...
The imperfect will be reviewed
in **Tema 5**.

Actividad preliminar   En el texto sobre los aymaras, podemos encontrar verbos en presente y en pretérito. Incluya algunos ejemplos de presente y pretérito en las dos columnas.

Presente	Pretérito
El lago Titicaca, que <u>está</u> a unos dieciséis kilómetros…	<u>existió</u> un centro de…

CONJUGACIÓN DEL PRETÉRITO

Primer grupo: Formas regulares

	Verbos que terminan en -*ar*	Verbos que terminan en -*er*	Verbos que terminan en -*ir*
yo	hablé	comí	viví
tú	hablaste	comiste	viviste
él / ella / usted	habló	comió	vivió
nosotros / nosotras	hablamos	comimos	vivimos
vosotros / vosotras	hablasteis	comisteis	vivisteis
ellos / ellas / ustedes	hablaron	comieron	vivieron

Segundo grupo: Raíces irregulares

Este grupo resulta muy importante porque contiene muchos verbos comunes en
la comunicación cotidiana entre hablantes de español:

Raíz cambia a *u*
andar: anduve, anduviste, anduvo...
estar: estuve, estuviste, estuvo...
haber: hube, hubiste, hubo, hubimos, hubisteis, hubieron
poner: puse, pusiste, puso...
saber: supe, supiste, supo...
tener: tuve, tuviste, tuvo...

Raíz cambia a *i*
hacer: hice, hiciste, hizo...
querer: quise, quisiste, quiso, quisimos, quisisteis, quisieron
venir: vine, viniste, vino...

Raíz cambia a *j*
decir: dije, dijiste, dijo, dijimos, dijisteis, dijeron
producir: produje, produjiste, produjo...
traducir: traduje, tradujiste, tradujo...
traer: traje, trajiste, trajo...

Tercer grupo: Irregularidades vocálicas

Los verbos terminados en –**ir** con una **e** o una **o** en la raíz (**e** - **ir**, **o** - **ir**) cambian
esas vocales en **i** o en **u** en las formas de tercera persona singular y de plural:

	e → i pedir	o → u dormir
yo	pedí	dormí
tú	pediste	dormiste
él / ella / usted	pidió	durmió
nosotros / nosotras	pedimos	dormimos
vosotros / vosotras	pedisteis	dormisteis
ellos / ellas / ustedes	pidieron	durmieron

Otros verbos con cambio e → i: sentir (sintió, sintieron), reír (rió, rieron), servir (sirvió, sirvieron), conseguir (consiguió, consiguieron), impedir (impidió, impidieron), preferir (prefirió, prefirieron)

Otros **verbos con cambio o → u**: morir (murió, murieron)

Los verbos que tienen una vocal antes de la terminación -er / -ir presentan cambios en la tercera persona singular y plural por reglas ortográficas para la combinación de vocales.

	i → y caer
yo	caí
tú	caíste
él / ella /usted	cayó
nosotros / nosotras	caímos
vosotros / vosotras	caísteis
ellos / ellas / ustedes	cayeron

Otros verbos con cambio **i → y**: creer (creyó, creyeron), leer (leyó, leyeron), oír (oyó, oyeron), concluir (concluyó, concluyeron)

Cuarto grupo: Primera persona irregular

	c → qu (buscar)	g → gu (llegar)	z → c (alcanzar)
yo	busqué	llegué	alcancé
tú	buscaste	llegaste	alcanzaste
él / ella / usted	buscó	llegó	alcanzó
nosotros / nosotras	buscamos	llegamos	alcanzamos
vosotros / vosotras	buscasteis	llegasteis	alcanzasteis
ellos / ellas / ustedes	buscaron	llegaron	alcanzaron

Otros verbos con cambio c → **qu**: explicar (expliqué), sacar (saqué), tocar (toqué)

Otros verbos con cambio g → **gu**: apagar (apagué), colgar (colgué), entregar (entregué), jugar (jugué), negar (negué), pagar (pagué)

Otros verbos con cambio **z → c**: trazar (tracé), cazar (cacé)

USOS DEL PRETÉRITO

El pretérito hace referencia a acciones que comenzaron, terminaron o se completaron en el pasado. Fíjese en estos esquemas con oraciones aisladas:

- Acciones que comenzaron | _____ ......

  El esplendor de Tiahuanaco se hizo visible en el siglo XI.
  Cieza de León recogió la primera información sobre la ciudad en el siglo XVI.

- Acciones que terminaron ...... _____ |

  Los imperios indígenas perdieron influencia con la llegada de los conquistadores.

- Acciones que se completaron | _____ |

  En el altiplano existió una gran civilización.
  El imperio Tiahuanaco tuvo una antigüedad de más de 2000 años.

Otra posibilidad para comprender el pretérito y otros tiempos verbales del pasado es pensar en contextos narrativos como el de la tradición oral. En las narraciones, el pretérito se combina con "marcadores temporales", unas palabras que indican el momento preciso en que ocurre algo importante en el relato. Fíjese en estos ejemplos:

Hace más de 2000 años existió una gran civilización entre Bolivia y Perú.

El primer europeo interesado en los relatos orales escribió sobre Tiahuanaco en el siglo XVI.

Más tarde muchas personas interesadas en la cultura indígena investigaron el tema.

Durante muchos años las culturas indígenas se desarrollaron en comunidades reducidas.

You may want to introduce other time markers that are frequently associated with the preterite, such as: **en ese momento, después, de repente, más tarde.**

PRÁCTICA GRAMATICAL

Actividad 3 is similar to **Actividad 2**, with a higher degree of difficulty. You may want to assign one as homework and review it in class.

Actividad 1 Lean el párrafo siguiente sobre Cieza de León y subrayan los verbos que aparecen en presente historico.   A continuación escríbanlo otra vez en tiempo pasado (pretérito).

Pedro Cieza de León es uno de los cronistas más estudiados. Nace en el año 1518 y llega a América en 1535. Entre 1540 y 1550 escribe *La crónica del Perú* donde documenta la vida y costumbres de la gente en el imperio inca (Perú, Bolivia, Ecuador y Colombia). Es el primero en describir las características de los aymaras que viven bajo el dominio de los incas. Vive en un periodo de cambios y transformaciones y se preocupa por registrar los usos y costumbres previos a la llegada de los europeos. Muere en 1560.

Paisaje de montaña

_____

_____

_____

_____

_____

_____

_____

Actividad 2 *Una carta desde Bolivia.* Javier está de vacaciones en Bolivia y le escribe un correo electrónico a su amiga Josefina. Completen los espacios en blanco con el pretérito del verbo entre paréntesis.

Remind students that pronouns are always placed before a conjugated verb, as is the case with the reflexive verbs in this activity.

Hola Josefina:

Como sabes, estoy en Santa Cruz de la Sierra. La semana pasada ____fui____ (ir) al lago Titicaca donde ____pude____ (poder) hacer muchas fotos. El lago es enorme. Yo __me enteré__ (enterarse) de que allí viven unas trescientas familias, en islas flotantes que ellos mismos construyen de totora, una planta indígena muy resistente. Ellos ____aprendieron____ (aprender) esta técnica de sus antepasados. Yo ____quise____ (querer) mandarte algunas fotografías pero no ____tuve____ (tener) tiempo porque ____me encontré____ (encontrarse) con mi primo Carlos y ____decidí/decidimos____ (decidir) hacer una excursión a las ruinas de Tiahuanaco.

En Tiahuanaco ____conocimos____ (conocer) a un guía turístico que nos ____contó____ (contar) la historia de los aymaras en épocas preincaicas. Mi primo y yo __pasamos__ (pasar) dos días allí y ____nos quedamos____ (quedarse) en una posada muy económica donde __comimos__ (comer) papas para el desayuno, el almuerzo y la cena. Mi primo Carlos, me ____dijo____ (decir) que hoy vamos a comer algo diferente, por eso tengo que ir a buscarlo al restaurante.

Un beso,
Javier

Actividad 3 *Viracocha (espuma del mar).* En grupos, lean el mito del dios Viracocha y completen los espacios en blanco con el pretérito de los verbos que están al fin de cada párrafo. No repitan los verbos.

En el principio Viracocha, príncipe y creador de todas las cosas, __creó__ la tierra y los cielos. Surgió del lago Titicaca para crear los animales y una raza de gigantes que __vivió/vivieron__ en eterna oscuridad porque Viracocha se negó a crear la fuente de luz. No contento con estos seres, el creador los __convirtió__ en piedra e __inundó__ la tierra hasta que quedó todo bajo el agua y se __extinguió__ toda la vida.

inundar	extinguir	vivir	convertir	crear

En un nuevo principio, creó el sol, la luna y las estrellas, y más tarde, los pájaros y todos los animales. Una vez más, __decidió__ crear a los seres humanos y los modeló de piedra, algunos con pelo largo y otros con pelo corto, cada uno diferente, hombres y mujeres. En cada figura __dibujó__ la ropa que continuarían usando. Finalmente, __dividió__ las figuras de piedra en grupos y le __dio__ a cada grupo su propia lengua, la comida que iban a cultivar y sus propias canciones para cantar. Después enterró todas estas figuras en la tierra, donde ellas __esperaron__ el mandato de Viracocha para caminar sobre la tierra.

dar	decidir	dividir	esperar	dibujar

Viracocha después llamó a sus ayudantes y los __mandó__ a los diferentes lugares de la tierra. Ellos __prepararon__ estos lugares para los nuevos humanos. Luego Viracocha viajó a la tierra y le dio vida a cada grupo mientras pasaba por la tierra que ellos iban a ocupar. Finalmente, les __enseñó__ cómo vivir en la tierra que seleccionó para ellos. Cuando terminaron con sus enseñanzas, Viracocha y sus acompañantes __dijeron__ adiós a la gente y se fueron en las olas del océano y __desaparecieron__ hacia la puesta del sol.

decir	preparar	mandar	desaparecer	enseñar

UN POCO MÁS LEJOS

Actividad oral   En parejas cuenten una experiencia que tuvieron en un lugar de interés histórico (ruinas arqueológicas, monumentos nacionales, parques nacionales...). Usen las siguientes preguntas como guía para organizar su relato.

1. ¿Adónde fueron?
2. ¿Cuándo hicieron el viaje?
3. ¿Con quiénes estuvieron?
4. ¿Cómo llegaron allí?
5. ¿Qué hicieron en ese lugar?
6. ¿Qué vieron y qué escucharon?
7. ¿Qué les llamó la atención?

Plaza de Armas, Santiago de Chile

Encourage students to select a broad variety of characters when working on this type of creative activity. Brainstorm ideas with the class before beginning the writing process.

Actividad escrita En grupos, escriban la biografía de un personaje legendario (real o ficticio). Pueden incluir datos sobre el lugar donde nació el personaje, qué acciones lo hicieron importante en su momento, con qué personas realizó las acciones...

_____

_____

_____

_____

_____

_____

_____

_____

_____

_____

_____

EXTENSIÓN: LA ENTONACIÓN EN ESPAÑOL

Un elemento muy importante para el relato de historias en español tiene que ver con el **tono** con que la contamos. El tono es la melodía de una sílaba, que se origina por la vibración de las cuerdas vocales en la laringe (cuanto más rápido vibran, más alto el tono). La entonación resulta de la interacción de tonos vocales que expresan intenciones, actitudes, emociones, personalidad y estado psicológico del hablante.

Hay lenguas "tonales" (el chino, el vietnamita, el tailandés) que usan el tono para distinguir el significado de palabras. Por ejemplo, la palabra vietnamita _ma_ tiene seis significados diferentes según el tono con que se pronuncie: "madre", "mejilla", "fantasma", "tumba", "planta de arroz joven" y "pero".

En otras lenguas, el tono no supone cambios en el significado de una palabra, pero sí en el sentido de la oración o frase. El inglés y el español usan un tono bajo para dar información (oraciones *enunciativas*) y un tono alto para hacer preguntas (oraciones *interrogativas*).

Generalmente, el *tonema* o parte final de la oración (desde la última sílaba acentuada) nos da información más precisa sobre la intención del hablante.

- En las oraciones enunciativas, el tonema es de carácter descendente (el tono cae y es más bajo al final): Hace frío.

- En las oraciones interrogativas el tonema asciende (el tono sube y es más alto al final): ¿Tienes frío?

- Las oraciones enfáticas se caracterizan por una subida rápida de tono seguida de una bajada brusca: ¡Tengo mucho frío!

- La duda se puede expresar manteniendo el tono horizontal, dejando así nuestra idea inacabada: No sé, no estoy seguro...

También hay diferencias entre la entonación de los diferentes dialectos del español. Algunas personas piensan que los argentinos "cantan" cuando hablan, o que los españoles tienen un tono bastante grave. ¿Ha notado usted alguna característica especial en el español que habla su instructor, o el de otros hispanohablantes que usted conoce o escucha fuera de la clase?

Actividad Lea con sus compañeros las siguientes oraciones y escuche como su instructor las lee con distintas entonaciones para dar información o para expresar interrogación, alegría, duda...

Está lloviendo.

Ya es la hora de salir de clase.

Tenemos un examen mañana.

Vamos a una fiesta el sábado.

Queréis salir esta noche también.

Y ahora, practiquen diferentes entonaciones para cada frase.

Students should be able to correctly identify the instructor's intention (question, declaration) based on intonation.

La creación del hombre, mural de Diego Rivera

- **En el horizonte:** El *Popol Vuh*: Cosmogonía y formas de escritura

- **Brújula:** El imperfecto de indicativo

- **Extensión:** Diferencias en el vocabulario del español

PRELECTURA

Answer key:
Cosmogonía: b
Jeroglífico: a
Arqueología: b

1. Elijan la definición más apropiada para cada una de las siguientes palabras:

Cosmogonía

   a. Estudio científico de la flora y fauna.

   b. Conjunto de ideas sobre el origen de todo lo que existe en el universo.

   c. Teoría del movimiento de los astros.

Jeroglífico

   a. Sistema pictográfico de escritura.

   b. Clasificación de los sonidos de una lengua.

   c. Antiguo libro escrito en papiro.

Arqueología

   a. Ciencia que se dedica a las sociedades humanas.

   b. Estudio de monumentos y restos de épocas pasadas.

   c. Teoría sobre la organización política de diferentes grupos humanos.

2. ¿Con cuáles de las definiciones anteriores asocian la ilustración? ¿Por qué? ¿Qué elementos puede identificar?

Mayan writing.

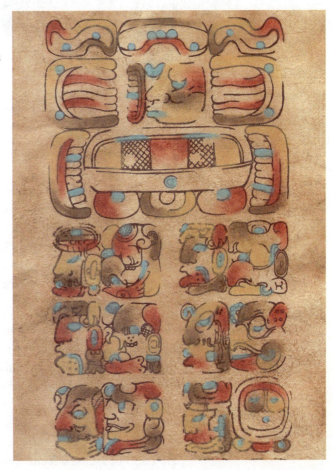

Templo maya

The *Popol Vuh*, the sacred book of the Quiché Maya of Guatemala, tells the story of the origins of man and the adventures of Hunahpu and Xbalanque, twin brothers who later became the sun and the moon.

Sabemos que en el siglo X Chichén Itzá era la principal ciudad maya, la más avanzada sociedad de Mesoamérica. Tiahuanaco, en el siglo XI, era el centro ceremonial más importante de la región andina y de la sociedad aymara. Datar las ruinas arqueológicas es uno de los instrumentos que tenemos para conocer la historia de los pueblos precolombinos, pero no es el único. El estudio de las lenguas y las obras literarias es mucho menos preciso en la cronología, pero nos proporciona información relevante acerca de la cultura y costumbres de una civilización. Algunos estudios calculan que había unas ciento cincuenta familias lingüísticas en las Américas cuando llegaron los europeos. Entre ellas se destacaban el náhuatl (aztecas), el maya (mayas) y el quechua (incas), ya que eran lenguas empleadas dentro de vastos territorios, por pueblos altamente desarrollados.

Los testimonios de escritura que tenemos de estas culturas son múltiples. Se conservan pictogramas, códices y otras formas de representación simbólica. Por otro lado, se recopilaron relatos orales en diferentes versiones. El *Popol Vuh*, o *Libro del Consejo*, por ejemplo, según algunos estudios, proviene de fuentes orales que datan del siglo XII. La versión escrita que hoy conocemos en español, realizada por fray Francisco Ximénez, proviene de una versión anterior de un sabio maya, quien transcribió a su propia lengua, utilizando carácteres latinos, la escritura jeroglífica del códice original.

El contenido del *Popol Vuh* es particularmente significativo. Describe cómo los dioses mayas crearon el mundo después de varios intentos fracasados. Los dioses hablaron, discutieron y finalmente, por medio de la palabra, crearon a los animales y las plantas. Al primer hombre lo hicieron de barro pero esta creación fue destruida por el agua porque no se podía sostener. La segunda creación fue el hombre hecho de madera, que pobló la tierra pero como estaba hueco no podía alabar a los dioses. Esta creación fue destruida por el fuego y sus objetos y animales domésticos contribuyeron a su exterminio. La tercera creación fue la del maíz. Los dioses decidieron hacer la carne del hombre de la pulpa del maíz y darles esta planta como alimento. Estos hombres de maíz cantaron y alabaron a sus dioses y son los mayas de hoy.

PREGUNTAS DE COMPRENSIÓN

1. ¿Cuál es el nombre de dos ciudades-estado de la América precolombina? ¿Con qué siglo se asocian?

2. ¿Qué formas de estudiar las culturas prehispánicas se mencionan en el texto?

3. ¿Qué es el *Popol Vuh*?

4. ¿Cuál de las creaciones del hombre tuvo más éxito? ¿Por qué?

Ruinas mayas

COMPÁS

Sustantivos

el barro	el fraile	el intento
la carne	el fray	la madera
el contenido	el fuego	la manera
la cronología	la historia	la obra
el exterminio	el hueco	la pulpa

Adjetivos

empleado	hueco	significativo
fracasado		

Verbos

alabar	destruir	sostener
crear	discutir	
datar	poblar	

Representación de Kukulcán

Actividad 1 *Familia de palabras.* Con ayuda del diccionario, completen la tabla según el modelo:

You may want to add adverbs to this derivation exercise when applicable (**finalmente, significativamente**).

Sustantivo	Adjetivo	Verbo
significado	significativo	significar
creación	creado	crear
destructor	destruido	destruir
exterminio	exterminado	exterminar

Actividad 2 ¿Qué palabra no corresponde? Localicen la palabra "intrusa" dentro de los siguientes grupos:

Answer key: a. alabar b. manera c. destruir d. pulpa

a. obra, contenido, crear, alabar

b. barro, manera, fuego, madera

c. poblar, destruir, sostener, crear

d. datar, pulpa, historia, cronología

This mural by Francisco Castro Pacheco, located in the Palacio de Gobierno de Mérida, Yucatán, tells the Mayan story of the birth of man, created from corn.

Actividad 1 Utilizando el siguiente vocabulario, describan lo que ocurre en la escena del mural: *dioses, carne, pulpa, maíz, crear, nacer, maya, leyenda, cuerpo.*

Students may extract information from the reading and combine it with their own creative ideas. As a follow-up have students dramatize their dialogues. Circulate among the students as they write to correct errors. Depending on available time, you may want to collect and edit them at home. Students could also memorize their dialogues and present them the next day.

Actividad 2 Usted y su compañero o compañera son dos dioses mayas que discuten cómo van a crear al ser humano. Al principio tienen opiniones diferentes y finalmente llegan a un acuerdo: crear a la humanidad a partir del maíz. Trabajen sobre el modelo para ampliarlo.

Dios 1: A usted le parece mejor utilizar como materia prima el barro. Explique qué ventajas tiene en su opinión el hacer a los seres humanos a partir de esta sustancia.

Dios 2: Usted no está de acuerdo con esa idea y propone hacer a las personas de madera. Defienda su punto de vista.

Dios 1: ¿Qué te parece si creamos al hombre a partir del barro? En mi opinión, esta materia prima tiene muchas ventajas, como por ejemplo _____

_____

Dios 2: No, es mala idea utilizar el barro, es mejor hacerlo de madera porque _____

_____

Dios 1: No estoy de acuerdo contigo, ya que _____

_____

_____

Dios 2: Lo que dices es verdad, pero debes considerar también que _____

_____

Dios 1: _____

Dios 2: _____

Actividad 3 Hagan hipótesis acerca de cómo eran los primeros seres humanos que fueron creados a partir del maíz.

¿Cómo eran? _____

¿Dónde vivían? _____

¿Qué comían? _____

¿Qué problemas tenían? _____

¿Qué hacían cada día? _____

Students work from prior grammatical knowledge to answer this question, which serves as an inductive exercise to introduce the following grammatical point (imperfect). Also, remind students of the speculative nature of their answers.

Edificación maya

Bring images to class to illustrate the difference between past and present. Present students with an image of a person and ask questions such as **¿cómo era/cómo es?, ¿qué hacía/qué hace?**

Actividad preliminar El *Popol Vuh* presenta varias explicaciones sobre el origen del mundo maya. Fíjese en las siguientes afirmaciones sobre cambios en las culturas prehispánicas y conéctelas con la respuesta que se relaciona mejor con cada una.

a. Las niñas de escasos recursos no *tenían* oportunidad de educarse, y a menudo *se veían* obligadas a ayudar en las tareas del hogar; __5__

b. Los antiguos centros urbanos prehispánicos *se mantenían* protegidos por selvas y montañas inaccesibles; __6__

c. Las guerras en la época prehispánica *se realizaban* sobre todo por cuestiones religiosas; __1__

d. La cocina prehispánica *tenía* los insectos como uno de sus elementos más valiosos y exquisitos; __2__

e. Las personas *se movilizaban* a pie o cargadas por los sirvientes, y el transporte de carga *se hacía* por medio de animales y personas; __4__

f. Las fiestas prehispánicas *mezclaban* referencias mitológicas con ciclos agrícolas y el culto a los gobernantes; __3__

1. en tiempos recientes, los conflictos están relacionados con cuestiones de desigualdad social o problemas fronterizos.

2. la gente ahora recibe más influencia de otros estilos de vida más "occidentales", y con un tipo de alimentación más estándar.

3. las celebraciones del presente combinan elementos terrenales con elementos prestados de la tradición católica.

4. ahora hay una mayor variedad de sistemas de comunicación terrestre, aérea y marítima, aunque predominan los sistemas públicos.

5. en la actualidad, tanto hombres como mujeres en los países hispanohablantes tienen derecho a una educación básica gratuita.

6. ahora las ciudades actuales mantienen más contacto entre sí.

Comente sus respuestas con un compañero o una compañera.

Como puede ver en las oraciones que hay en la columna de la izquierda, el imperfecto de indicativo sirve para describir o evocar una situación del pasado sin una referencia temporal específica.

Conjugación del imperfecto

La mayoría de verbos en imperfecto tienen la misma conjugación:

	Verbos que terminan en -ar	Verbos que terminan en -er	Verbos que terminan en -ir
yo	hablaba	comía	vivía
tú	hablabas	comías	vivías
él / ella / usted	hablaba	comía	vivía
nosotros / nosotras	hablábamos	comíamos	vivíamos
vosotros / vosotras	hablabais	comíais	vivíais
ellos / ellas / ustedes	hablaban	comían	vivían

En el imperfecto de los verbos con -er e -ir hay un acento gráfico sobre la i. Este acento indica la correcta pronunciación de la forma verbal y marca la división de la palabra en sílabas: co – mí – a, vi – ví – a – mos.

Las únicas excepciones en este sistema son los verbos ir, ser y ver.

	ir	ser	ver
yo	iba	era	veía
tú	ibas	eras	veías
él / ella / usted	iba	era	veía
nosotros / nosotras	íbamos	éramos	veíamos
vosotros / vosotras	ibais	erais	veíais
ellos / ellas / ustedes	iban	eran	veían

Usos del imperfecto

El imperfecto presenta acciones en el pasado que se repiten, son inacabadas o están "en movimiento". El uso del imperfecto también depende de otros factores relacionados con el contexto lingüístico y personal: el uso de determinadas expresiones temporales (*a menudo, muchas veces, una y otra vez, habitualmente, siempre*) o la situación en que se encuentran los hablantes.

- Acciones que describen costumbres, hábitos o eventos anteriores a un momento presente

  Tiahuanaco era el centro ceremonial más importante de la región andina.
  Entre las 150 familias lingüísticas, se destacaban tres: nahuatl, maya y quechua.

- Acciones que ofrecen un contexto a otro acontecimiento específico

  El primer hombre de los dioses mayas se deshizo porque no <u>podía</u> sostenerse sólo con agua.

  La diversidad lingüística que <u>había</u> en las Américas se rompió con la llegada del español.

- Acciones que expresan una idea de pasado para un momento futuro

  —¿Qué tema vais a ver mañana en clase?

  —El profesor <u>pensaba</u> hablar más sobre la creación del mundo según el Popol Vuh.

- Acciones que expresan una relación social determinada entre los participantes de una conversación en el presente

  —¿<u>Podía</u> hablar un segundo con usted, profesor?

  —¿Qué <u>deseaba</u>, señorita?

  —<u>Quería</u> pedirle más información sobre la mitología indígena.

Templo de los Guerreros, Chichén Itzá

PRÁCTICA GRAMATICAL

Actividad 1 *Los castigos del Infierno.* Completen el siguiente párrafo con el imperfecto de indicativo.

Muchos ____eran____ (ser) los castigos que ____existían____ (existir) en Xibalbá, el Infierno:

El primero ____consistía____ (consistir) en aquella Casa Oscura, donde no ____había____ (haber) más que tinieblas.

El segundo ____era____ (ser) la Casa donde los condenados ____tiritaban____ (tiritar) porque ____hacía____ (hacer) mucho frío.

El tercero ____ocurría____ (ocurrir) en la Casa de los Jaguares, donde los animales ____se estrujaban____ (estrujarse) unos con otros.

El cuarto ____tenía____ (tener) lugar en la Casa de los Murciélagos, donde infinidad de estos animales ____volaban____ (volar) y ____chillaban____ (chillar).

El quinto ____era____ (ser) la Casa de las Navajas de Chay, de Obsidiana, muy agudas y afiladas que ____rechinaban____ (rechinar) unas con otras.

(*Adaptado del* Popol Vuh)

Actividad 2 Conviertan al imperfecto de indicativo los verbos subrayados en las oraciones siguientes:

1. Cuando yo <u>ser</u> niño <u>ir</u> a la casa de mis abuelos los domingos.
   ____era____   ____iba____

2. Ellos <u>vivir</u> en una casa antigua cerca del centro de Chichicastenango.
   ____vivían____

3. Ellos <u>tener</u> una casa de una sola planta y varios patios.
   ____tenían____

4. Nosotros <u>salir</u> por la tarde. <u>Ir</u> al parque para comer.
   ____salíamos____   ____íbamos____

5. Allí mis primos y yo <u>jugar</u> al fútbol mientras los adultos <u>charlar</u>.
   ____jugábamos____   ____charlaban____

6. Cuando <u>llover</u> nosotros <u>quedarnos</u> en casa.
   ____llovía____   ____nos quedábamos____

7. El abuelo nos <u>contar</u> historias de la tradición guatemalteca.
   ____contaba____

Ahora reescriban las oraciones con el imperfecto en forma de párrafo.
Recuerden que no es necesario repetir siempre los pronombres de sujeto (*yo, tú, él, ella...*), y que pueden usar conectores como *y, además, también, entonces...*

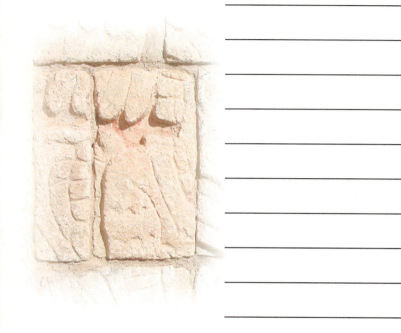

Cuando _____

_____

_____

_____

_____

_____

_____

_____

_____

_____

_____

_____ de la tradición guatemalteca.

Have students address their partners directly and then use the third person to talk about them with the rest of the class.

Actividad 3 En parejas, hablen sobre sus respectivas infancias. Pregúntense el uno al otro: ¿Qué solían hacer con su familia? ¿Tenían muchos amigos? ¿Cómo eran? ¿Les gustaba ir a la escuela? ¿A qué les gustaba jugar? ¿Cómo celebraban los días festivos (el Día de Acción de Gracias, Kwanzaa, Navidad, Hanukkah...)? Tomen notas sobre las respuestas de su compañero o compañera y compartan la información con el resto de la clase.

UN POCO MÁS LEJOS

Actividad oral   Un estudiante maya-quiché que estudia antropología viaja a su universidad para hacer un curso de verano. Al volver prepara un informe oral sobre la vida cotidiana de los estudiantes universitarios en Estados Unidos. Utilicen las siguientes preguntas como guía y prepárense para exponer su información al resto de la clase. No olviden que el estudiante investigador viene de otra cultura.

1.   ¿Cómo eran los estudiantes (aspecto físico, personalidad, edad...)?

2.   ¿Qué características tenía el salón de clase? ¿Cuál era la dinámica entre los estudiantes y el profesor?

3.   ¿Dónde vivían? ¿Qué comían? ¿De qué hablaban?

4.   ¿Qué hacían en su tiempo libre?

5.   ¿Qué le llamó más la atención de toda la experiencia?

Actividad escrita   En parejas, recojan información y escriban un breve párrafo sobre un líder espiritual del pasado (Jesucristo, Mahoma, Buddha, Mahatma Gandhi, Martin Luther King, Jr....). ¿Cómo era físicamente? ¿Qué hacía habitualmente? ¿Qué tipo de relación tenía ese líder con sus colaboradores y sus seguidores? ¿Qué pensaba la gente de él/ella?

This activity may be done in pairs in class or assigned as homework. Students should write a brief narration using the questions as a guide. Have students peer-correct for errors. Students may choose other spiritual leaders not mentioned in the list.

_____

_____

_____

_____

_____

_____

_____

_____

EXTENSIÓN: DIFERENCIAS EN EL VOCABULARIO DEL ESPAÑOL

¿Conducir o *manejar* un *carro* o un *coche?*
¿Comer o *almorzar* unos *camarones* o *gambas?*
¿Tomar o *beber* una *chela* o una *cerveza?*
¿Pedir unas *papas* o unas *patatas fritas* al *camarero* o al *mesero?*

No hay una "sola" lengua española: el español está formado por muchos dialectos con diversas influencias. Las lecciones anteriores hablan de diferencias entre los dialectos del español respecto a los pronombres personales y la entonación. Otra diferencia importante está relacionada con el vocabulario, o sea el nombre que le damos a todos los objetos o seres que forman parte de nuestra vida.

Desde su nacimiento en la Edad Media, nuestra lengua común ha recibido palabras de lenguas como el latín, el griego, el árabe, el alemán, el francés y el inglés. Además, cuando el español llega a las Américas encuentra muchas palabras de las lenguas que los indígenas hablaban desde hace mucho tiempo, como el quechua, el maya, el nahuatl, entre otras. En la actualidad, muchos millones de personas hablan español en los cinco continentes. Algunos piensan que el contacto del español con otras lenguas puede ser un problema, porque eso hace difícil la comprensión entre hablantes de diferentes países. Por ejemplo, un hablante de español en Estados Unidos puede emplear muchas palabras del inglés que una persona de Bolivia quizá no conoce. Otros piensan que el contacto entre lenguas no es un problema, sino una muestra de su vitalidad a través de la historia. Por eso, el español ha incorporado palabras griegas como *problema*, *hipótesis* o *programa*, palabras francesas como *debut*, *carnet* o *chic*, y palabras indígenas como *tomate*, *papa* y *chocolate*, entre otras.

El vocabulario del español puede variar por razones geográficas, históricas o sociales. Algunas palabras que se emplean en España no se usan en las Américas y viceversa, otras palabras se utilizan, pero con significado diferente, y otras palabras se usaban antes pero ahora casi nadie las conoce. La mejor estrategia para buscar el significado de las palabras en español que no conocemos es emplear un buen diccionario de español/inglés-inglés/español.

Actividad Relacionen las palabras del español de México que se encuentran en la caja con las palabras subrayadas en el párrafo escrito en la variedad dialectal de España.

se enojó	carro	saco	demora	res
manejar	ganchos	mesero	papas	camarones

De pequeño todos los domingos iba con mi familia a un restaurante. A mi papá le gustaba conducir _____, y por eso íbamos siempre en coche _____. Una vez fuimos a un restaurante donde tuvimos una mala experiencia. El primer problema es que no tenían perchas _____ para la chaqueta _____ nueva de mi papá. Después pedimos unas gambas _____ y un guiso de carne de vaca _____ con patatas _____. Tardaron más de una hora en traerlo, y el camarero _____ nunca pidió disculpas por el retraso _____.

Al final, mi mamá se enfadó _____ mucho y se levantó para irnos. Y entonces mi papá se dio cuenta de que no llevaba dinero y el propietario casi llamó a la policía.

¿Qué otras palabras conocen relacionadas con un dialecto específico del español? ¿Quién las emplea? ¿Son muy diferentes a las que usa su instructor?

Códice maya, detalle

ESCALA LITERARIA: EL POPOL VUH

No había un solo hombre, un solo animal (...). Sólo el cielo existía. La faz de la tierra no aparecía: sólo existían la mar limitada, todo el espacio del cielo. No había nada reunido, junto. Todo era invisible, todo estaba inmóvil en el cielo (...). Nada existía. Solamente la inmovilidad, el silencio, en las tinieblas, en la noche. Sólo los Constructores, los Formadores, los Dominadores, los Poderosos del Cielo, los Procreadores, los Engendradores, estaban sobre el agua (...).

Entonces vino la Palabra; vino aquí de los Dominadores, de los poderosos del Cielo, en las tinieblas, en la noche (...); hablaron; entonces celebraron consejo, entonces pensaron, se comprendieron, unieron sus palabras, sus sabidurías. Entonces se mostraron, meditaron en el momento del alba; decidieron construir al hombre, mientras celebraban consejo sobre la producción, la existencia, de los árboles de los bejucos, la producción de la vida, de la existencia, en las tinieblas en la noche, por los Espíritus del Cielo, llamados Maestros Gigantes. Maestro Gigante Relámpago es el primero, Huella del Relámpago es el segundo, Esplendor del Relámpago es el tercero; estos tres son los espíritus del Cielo. Entonces se reunieron con ellos los Dominadores, los Poderosos del Cielo. Entonces celebraron consejo sobre el alba de la vida (...).

(...) Así hablaron, por lo cual nació la tierra. Tal fue en verdad el nacimiento de la tierra existente. "Tierra", dijeron, y en seguida nació. Solamente una niebla, solamente una nube fue el nacimiento de la materia. Entonces salieron del agua las montañas; al instante salieron las grandes montañas. Solamente por Ciencia Mágica, por Poder Mágico, fue hecho lo que había sido decidido (...).

REFLEXIONES

De acuerdo a lo que leyeron, pongan en orden los siguientes acontecimientos de la creación del mundo según el *Popol Vuh*.

a. __5__ Las montañas salieron del agua.

b. __3__ Los Grandes del Cielo decidieron crear al hombre.

c. __2__ Los Constructores hablaron entre sí.

d. __1__ No existía nada sobre la tierra.

e. __4__ Nació la tierra.

PERSPECTIVAS

Actividad oral   Con un compañero o una compañera, hagan una lista de personajes, acciones y objetos que aparecen en el relato. A continuación seleccionen los elementos que consideran más importantes e inclúyanlos en un dibujo representativo del fragmento del *Popol Vuh* leído. Expliquen al resto de la clase qué elementos incorporaron y qué relación hay entre ellos.

Actividad escrita   En parejas, inventen su propio relato de la creación. Traten de combinar el imperfecto (aspectos descriptivos) con el pretérito (acontecimientos). Utilicen como apoyo el vocabulario del texto y del capítulo.

Al principio, todo _____

_____

_____

Códice maya, detalle

Entonces _____

_____

_____

_____

Finalmente _____

_____

_____

_____

- **En el horizonte:** El Camino de Santiago: Peregrinación, el viaje interior
- **Brújula:** Contraste entre imperfecto y pretérito
- **Extensión:** Verbos con significado diferente en imperfecto y en pretérito

▶ Estatua de un peregrino

PRELECTURA

Peregrino (*del latín* peregrinus, *extranjero*): *Un peregrino es una persona que viaja por tierras extrañas. Generalmente, se refiere a una persona que por devoción hace un viaje para visitar un santuario.*

1. ¿Qué es una peregrinación? ¿Qué lugares de peregrinación religiosa conocen ustedes?

2. ¿Por qué creen que la gente iba a estos lugares y por qué va actualmente?

3. ¿Cómo se imaginan un refugio de peregrinos? ¿Cómo es el refugio de la foto? ¿Para qué sirven estos lugares?

4. Señalen sitios de interés histórico o cultural que la gente suele visitar hoy en día.

Pilgrim's refuge along the Camino de Santiago.

Different routes lead to Santiago de Compostela, all known as the Way of Saint James. They depart from various cities within Europe (France, Germany, England) and converge in the Pyrenees. From the Pyrenees pilgrims cover approximately 750 kilometers along what is known as **el Camino Francés** until reaching the tomb of the Apostle.

Hispania: the Roman name for the Iberian Peninsula. Herodes: King of Judea who ruled 37–44 AD.

Estatua de Santiago, Catedral de Santiago de Compostela

En los siglos XI y XII el Camino de Santiago fue una forma de comunicar los reinos cristianos europeos entre sí. Había tres lugares de peregrinación tradicional: Tierra Santa, Roma y Santiago de Compostela. Peregrinar era una actividad religiosa pero también cultural; el peregrino veía lugares, conocía gente y se iba transformando a través de la experiencia. Para el hombre medieval existía una relación dinámica entre lo material y lo espiritual. La materialidad de lo sagrado se manifestaba en las reliquias y los lugares milagrosos y transformaba al que podía tocarlos.

Santiago, uno de los doce discípulos de Jesús, fue a Hispania a predicar y cuando volvió a Jerusalén fue decapitado por Herodes. A partir de ahí, la leyenda tiene dos versiones. La más conocida dice que sus seguidores depositaron el cuerpo del apóstol en una barca y las aguas lo trajeron hasta la costa de Galicia, allí unos pastores lo sepultaron. En otra versión los discípulos llevan el cuerpo del apóstol hasta Finisterre (la costa de Galicia), desde donde se creía que los muertos emprendían su viaje hacia la otra orilla.

Peregrinar en el siglo XII era una experiencia intensa. Los peregrinos venían desde su lugar de origen, de cualquier parte de Europa. Algunos tenían que caminar hasta 3000 kilómetros para llegar a la tumba del apóstol. Con un promedio de 20 kilómetros diarios los peregrinos tardaban meses o incluso años en llegar. El Camino de Santiago se hacía con diferentes objetivos, por ejemplo, para pedir un milagro, una curación, para hacer penitencia por los pecados o como castigo por alguna gran culpa. Lo que se mantenía era la capacidad transformadora del camino. Todos los peregrinos vivían una experiencia espiritual que los modificaba de algún modo, aunque se enfrentaban a grandes peligros como, por ejemplo, los ladrones, las condiciones climáticas y la falta de lugares para dormir y comer. Para mitigar estas dificultades se construyeron monasterios, refugios y hospitales a lo largo del recorrido.

Uno de los caminos históricos más famosos es el Camino Francés. Tiene unos 750 kilómetros, en la actualidad sigue siendo uno de los más transitados. Va desde Roncesvalles, en los Pirineos, hasta Santiago de Compostela, atravesando una variedad de paisajes: montañas, llanuras, pueblos y ciudades. En el siglo XII, un clérigo francés, Aymeric Picaud, escribió una guía del peregrino en latín, que se conserva en su totalidad. Se la considera la primera guía turística de Europa.

PREGUNTAS DE COMPRENSIÓN

1. ¿Qué función tenía el Camino de Santiago en los siglos XI y XII?

2. Mencione los objetivos de una peregrinación.

3. Cuente con sus propias palabras las dos versiones de la leyenda de Santiago.

4. ¿Por qué se consideraba una experiencia trascendental? ¿Qué peligros podían encontrar los primeros peregrinos? ¿Había alguna solución?

5. ¿Qué importancia tiene el libro de Aymeric Picaud?

Iglesia en el Camino de Santiago

COMPÁS

Sustantivos

la barca	el lugar	el reino
el castigo	el muerto	la reliquia
el clérigo	la orilla	el seguidor
el cuerpo	el paisaje	el viaje
la culpa	el pecado	
la curación	la penitencia	
la guía	la peregrinación	
la llanura	el promedio	

Adjetivos

conocido	milagroso
histórico	transitado

Verbos

atravesar	emprender	tardar
comunicar	predicar	traer
decapitar	seguir	unificar
depositar	sepultar	

Monasterio de Samos,
Camino de Santiago

Actividad 1   Escriban la palabra de la lista de vocabulario que corresponde a las siguientes definiciones.

a. _castigo_ : Pena que se impone al que ha cometido un delito falta.

b. _sepultar_ : Enterrar el cuerpo de un muerto.

c. _decapitar_ : Cortar la cabeza a una persona o animal.

d. _pecado_ : Transgresión voluntaria de leyes y preceptos religiosos.

e. _penitencia_ : Serie de ejercicios penosos con los que una persona enmienda sus faltas o pecados.

Actividad 2   Empleando las siguientes palabras, relacionadas entre sí, escriban frases completas. Añadan todos los elementos necesarios (preposiciones, artículos, verbos, sustantivos...) para elaborar cada frase.

Students might not be able to include all four words in only one sentence. They may write two or more if needed.

Modelo

emprender / reino / viaje / llanura
Los peregrinos emprendieron un viaje por la llanura para llegar al reino.

a. lugar / viaje / curación / milagro

_____

b. orilla / muerto / barca / atravesar

_____

c. apóstol / predicar / reino / seguir

_____

Cathedral of León, detail of façade.

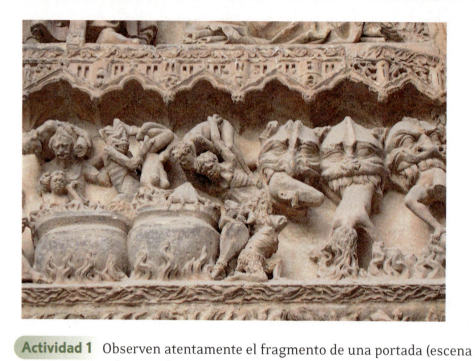

Actividad 1 Observen atentamente el fragmento de una portada (escena que aparece en la entrada principal de una catedral). En parejas, hagan una lista de todas las palabras (emociones, acciones, objetos, lugares) que les vienen a la mente al ver la imagen.

Activities 1 and 2 are to be used as preparation for the story created in activity 3.

_____   _____

_____   _____

_____   _____

Actividad 2 ¿Qué personajes aparecen? Descríbanlos. ¿Qué ocurre en la escena? Den todos los detalles posibles.

_____

_____

_____

_____

Actividad 3 Inventen una historia fantástica o religiosa para narrar los acontecimientos que han llevado a los personajes a esta situación. ¿Quiénes eran? ¿Dónde estaban? ¿Qué hacían? ¿Qué ocurrió? Compartan su interpretación con otros compañeros.

Students may adopt the point of view of any of the characters portrayed in the image.

_____

_____

_____

_____

_____

_____

_____

_____

_____

_____

_____

_____

_____

_____

_____

Actividad preliminar Repase los siguientes comentarios sobre algunos hechos de la Edad Media en el mundo y subraye los verbos que aparecen en imperfecto y pretérito.

El fundamento económico de la Edad Media se basaba en la producción e intercambio de productos agrícolas, pero algunos autores dicen que a finales del siglo XII se produjo un profundo cambio hacia una economía de tipo urbano y nacional.

El poder político en la primera parte de la Edad Media se concentraba en manos del monarca y de la nobleza, que podían tomar decisiones a todos los niveles sobre sus vasallos. A finales del siglo XV hubo una remodelación de las instituciones medievales que dio paso a nuevos grupos sociales como los comerciantes y los aventureros.

Las mentalidades sociales, las creencias religiosas, el espíritu científico, la plataforma económica y las estructuras políticas típicas de la primera parte de la Edad Media experimentaron profundas transformaciones en el primer cuarto del siglo XIV debido a sucesos como las grandes epidemias (Peste Negra), la Guerra de los Cien Años, el avance turco en Oriente, el repliegue de la Cristiandad y los males de la Iglesia.

USOS DEL IMPERFECTO Y EL PRETÉRITO

Imperfecto	Pretérito
• El imperfecto aporta el *contexto* que precede a una acción concreta posterior. *Jesús tenía doce apóstoles; uno de ellos era Santiago.*	• El pretérito informa sobre la *acción* concreta. *Santiago fue a Hispania para predicar y finalmente murió en Jerusalén.*
• El imperfecto se refiere al *desarrollo* de una acción pasada, y no informa sobre principio ni final. *El peregrinaje era una actividad muy habitual en la vida medieval, y con ella la gente podía entrar en contacto con otros pueblos y culturas*	• El pretérito se enfoca en el *principio* o el *final* de una acción pasada, pero no describe el desarrollo. *En el siglo XII Picaud escribió una guía para el peregrino que representó un avance en la experiencia del viaje a la tumba del Apóstol.*
• El imperfecto suele describir acciones o situaciones en un relato sin modificarlas (orientación horizontal o "diacrónica"). *La sociedad medieval mantenía un equilibrio dinámico entre lo material y lo espiritual.*	• El pretérito marca un punto de cambio o reacción que hace avanzar el relato (orientación vertical o "sincrónica"). *Ese equilibrio comenzó a cambiar con la mentalidad renacentista.*

IMPERFECTO Y PRETÉRITO

El imperfecto tiene pocas posibilidades de aparecer aislado en una narración, porque a menudo representa el contexto para una información más específica. Un relato sobre un acontecimiento pasado se construye generalmente con acciones en varios tiempos verbales, como el pretérito y el imperfecto de indicativo.

El pretérito presenta los hechos más importantes de una historia, la esencia del argumento. El imperfecto contribuye con detalles sobre las circunstancias (lugar, descripción física y personalidad). Repasemos los dos tiempos en estos textos:

The contrast between the preterite and the imperfect is often one of the most difficult grammar points that students face. You may wish to adapt explanations and activities to the level of your class.

En la Europa de la plenitud medieval, los sueños de exploración y

dominio llevaban hacia el Mediterráneo y Oriente, que eran espacios de → *descripciones sin fecha concreta, con una orientación horizontal*

civilizaciones ricas y refinadas. Sin embargo, el Occidente cristiano

comenzó a notar mejoras en distintos aspectos sociales y culturales. → *señala un cambio, orientación vertical*

Si antes la gente estaba acostumbrada a vivir en torno a la figura del → *actitud o conducta habitual en un pasado sin concretar*

señor de la tierra y las personas, progresivamente se fundaron o → *acciones concretas y repetidas que hacen avanzar el relato*

renovaron miles de pueblos y ciudades.

Actividad   Den las explicaciones gramaticales necesarias para justificar el uso del imperfecto o pretérito en el siguiente párrafo acerca de la visión occidental de los musulmanes.

En algunos aspectos, la visión que se tenía del Oriente musulmán en la Edad Media se ha mantenido hasta el presente. El principal argumento es que la cristiandad latina era portadora de la verdad religiosa, y por ello representaba el único punto de referencia para el mundo espiritual. Por otra parte, hasta unos cuantos años después, no hubo duda de que la ventaja técnica y cultural de Bizancio o el Islam estaba muy por encima de lo que Occidente podía ofrecer. Para los occidentales que pasaban por Constantinopla camino de Tierra Santa, la ciudad poseía un enorme atractivo. Todo eso terminó cuando en 1204 un ejército enviado por Venecia atacó la ciudad.

Answer key:
tenía: descripción sin fecha concreta y sin modificar
era: descripción sin modificar
representaba: descripción sin fecha concreta
hubo: punto de cambio que hace avanzar el relato
estaba: descripción
podía: descripción
pasaban: desarrollo sin detalles sobre principio ni final
poseía: descripción
terminó: punto de cambio
atacó: acción concreta

Remember that all texts afford different interpretations, and answers may vary accordingly.

PRÁCTICA GRAMATICAL

Actividad 1 *La historia de un peregrino.* Completen el siguiente párrafo con verbos en el pretérito o el imperfecto.

Yo _____hice_____ (hacer) el Camino de Santiago en el año 2002. Todos los días los peregrinos _____se levantaban_____ (levantarse) a las cinco de la mañana. _____Desayunaban_____ (Desayunar) y _____salían_____ (salir) del refugio antes de las cinco y media. Mientras nosotros _____caminábamos_____ (caminar) algunos _____rezaban_____ (rezar) y otros _____preferían_____ (preferir) contar las aventuras del camino.

Una tarde, un peregrino me _____contó_____ (contar) la historia de un chico francés que _____iba_____ (ir) por el camino cuando lo _____mordió_____ (morder) un perro. El pobre _____tuvo_____ (tener) que ir al hospital y abandonar el camino. Cuando nosotros _____llegamos_____ (llegar) a Santiago _____abrazamos_____ (abrazar) al Santo en su nombre.

Yo también _____seguí_____ (seguir) el ritmo de los otros hasta que _____llegué_____ (llegar) a O'Cebreiro, el primer pueblo en la región de Galicia. _____Era_____ (Ser) el pueblo más bonito del camino y _____decidí_____ (decidir) descansar por un día entero.

Un mes después_____recibí_____ (recibir) una tarjeta postal del chico francés. Afortunadamente no tuvo complicaciones por la mordida que le _____dio_____ (dar) el perro. Yo creo que _____fue_____ (ser) un milagro de Santiago.

Peregrinos, La Rioja

Actividad 2 Basándose en las siguientes frases, reconstruyan esta famosa leyenda a partir de las explicaciones sobre el contraste entre pretérito e imperfecto.

<u>Nota cultural</u> *A lo largo del camino es común escuchar leyendas relacionadas no solamente con Santiago, sino con diferentes santos y vírgenes. Una de ellas es la de Santo Domingo de la Calzada, donde cantó la gallina después de asada.*

1. Una joven acusa a un peregrino de robar una copa de plata.

2. Él no puede probar su inocencia y es condenado a morir.

3. Sus padres van a Santiago para pedir un milagro.

4. El joven se salva porque el santo lo sostiene mientras está colgando de la horca.

5. Los padres le cuentan la noticia del milagro al juez pero él no lo cree y dice "él está vivo lo mismo que estas aves que veis aquí en este plato".

6. Cuando las gallinas asadas empiezan a cantar, entonces se convence.

Answer key:
Una joven <u>acusó</u> a un peregrino de robar un copa de plata. Él no <u>pudo/podía</u> probar su inocencia y <u>fue</u> condenado a morir. Sus padres <u>fueron</u> a Santiago para pedir un milagro. El joven <u>se salvó</u> porque el santo lo <u>sostuvo</u> mientras <u>colgaba</u> de la horca. Los padres le <u>contaron</u> la noticia del milagro al juez pero él no les <u>creyó</u> y <u>dijo</u>, "él está vivo lo mismo que estas aves que veis aquí en este plato". Cuando las gallinas asadas <u>empezaron</u> a cantar, entonces <u>se convenció</u>.

Actividad 3 Utilizando el imperfecto y el pretérito, cuéntense en parejas las experiencias de cuando fueron de viaje a un lugar nuevo. Incluyan detalles descriptivos (tiempo, paisaje, gente) además de acontecimientos puntuales (¿qué sucedió?). Recuerden la relación entre imperfecto y pretérito para dar detalles cariñosos, tristes, felices o sorprendentes.

Puente, Hospital de Órbigo

Actividad oral En grupos de tres hagan una lluvia de ideas para inventar una leyenda medieval. Piensen personajes, tema, acontecimientos o acciones importantes de la historia, descripciones de los lugares o personajes más relevantes. Compartan sus ideas con los otros grupos en la clase.

Fachada de la Catedral de Santiago

Actividad escrita A partir de las ideas anteriores preparen su leyenda usando verbos en tiempo pasado.

This activity may be done in pairs in class or assigned as homework depending on available class time.

_____

_____

_____

_____

_____

_____

_____

_____

Extensión: Verbos con significado diferente en imperfecto y en pretérito

Los verbos siguientes tienen significados distintos si se usan en pretérito o imperfecto:

saber

Sabía de la existencia de tres lugares de peregrinación. (reconocía y podía nombrar los lugares)	*Supo que existía el Camino de Santiago recientemente.* (descubrió o se dio cuenta de algo que no sabía antes)

conocer

Ya conocía la ciudad de Santiago antes de llegar. (había estado allí)	*Conocí a mucha gente en mi peregrinación.* (encontré por primera vez a varias personas de una manera determinada)

poder

Los peregrinos podían caminar hasta 20 kilómetros diarios. (eran capaces de hacer algo)	*Algunos no pudieron llegar hasta el final.* (lo intentaron y no lo consiguieron)

tener

Los peregrinos tenían que hacer penitencia. (no necesariamente cumplieron con esa obligación)	*Santiago tuvo que sufrir una muerte cruel.* (en un periodo de tiempo específico, cuando fue decapitado por Herodes en el año 44)

Actividad De los verbos entre paréntesis escojan el que mejor encaje en las siguientes frases.

1. Mis padres ya ____conocían____ (conocían / sabían) a mi amigo gallego cuando vino a visitarme.

2. Cuando yo tenía 10 años, yo ____podía____ (podía / pude) pasar mucho más tiempo con mis amigos de la escuela que ahora.

3. Alejandro ____supo____ (sabía / supo) lo de nuestro viaje a Santiago cuando vio las maletas en la puerta de casa.

4. ____Tenía____ (Tenía / Tuve) que llamar a mis padres, pero el tren a Galicia salía muy temprano y no los llamé.

5. No ____supe____ (supe / conocí) la noticia hasta que puse la radio por la noche.

6. Mi pareja y yo nos ____conocimos____ (conocíamos / conocimos) durante mi peregrinación a la tumba del apóstol.

7. Cuando estaba en la universidad, yo ____conocí____ (conocía / conocí) a dos personas que querían viajar a los lugares santos.

Catedral de Santiago

sta é de loor de santa e Maria.

- **En el horizonte:** La empresa cultural de Alfonso X el Sabio
- **Brújula:** Pronombres de objeto directo e indirecto
- **Extensión:** La *a* personal

▶ Moro y cristiano tocando el laúd

de Alfonso X el Sabio

PRELECTURA

1. ¿Qué función cumple una traducción?

2. Una cultura está formada por diversos elementos: el idioma, las costumbres, la organización político-administrativa, la producción artística, científica e intelectual. Discuta la importancia de estos elementos.

3. ¿Qué lenguas se hablan en los Estados Unidos? ¿Por qué creen ustedes que no hay ninguna lengua oficial?

4. ¿Qué actividad (política, intelectual, artística...) están llevando a cabo los dos individuos que aparecen en la ilustración? Describan los elementos que ven en la escena (objetos, vestimenta, actitudes).

A Moor and a Christian playing chess in a tent, from the *Book of Games, Chess, Dice and Boards,* 1282.

Prelectura **115**

En el siglo XIII en España, existían diversas etnias, culturas y costumbres. Al sur florecía la cultura árabe en los llamados Reinos de Taifas, núcleos administrativos que correspondían a las principales ciudades. Mientras, en el norte, los reinos cristianos luchaban por extender su dominio. Las fronteras se fueron modificando a causa de la presión ejercida por los pueblos que iban ocupando territorios para obtener nuevas tierras de cultivo y asentamiento. Una de las estrategias utilizadas para realizar estas repoblaciones era la construcción de edificios religiosos como iglesias y monasterios.

Entre esos pueblos del norte, se hablaban diferentes lenguas romances derivadas del latín como, por ejemplo, el gallego-portugués, el castellano y el catalán, entre otras. La razón por la que se difundió el castellano por España y, posteriormente, por Hispanoamérica, hay que buscarla principalmente en las figuras de dos monarcas: Alfonso X el Sabio (1221-1284) e Isabel la Católica (1451-1504).

Escuela española, siglo XIII

Alfonso X dirigió una monumental empresa cultural y de consolidación de la cultura cristiana y la lengua castellana. Fundó la escuela de traductores de Toledo en la que se vertían al castellano las obras científicas, filosóficas y literarias del Oriente, dándolas a conocer al resto de Europa. Los historiadores consideran que durante este periodo Toledo fue la puerta de entrada de la cultura oriental en Occidente.

After the fragmentation of the **Califato de Córdoba**, the Muslim territory was divided into smaller independent states called **Reinos de Taifas**.

The evolution of **gallego-portugués** led to two languages: **gallego** and **portugués**.

Students will learn more about Isabel la Católica in **Tema 12 (El proyecto de los Reyes Católicos)**.

CULTURAL DE ALFONSO X EL SABIO

Asimismo, Alfonso X supervisó la creación de tratados de leyes, de civismo y la compilación de una historia general de España. Por otro lado, cultivó la prosa lírica y se le atribuye la composición de piezas musicales (cantigas) y obras didácticas (enseñanza del ajedrez). En la escuela del monarca trabajaban cristianos, judíos y árabes, llevando a cabo diferentes tareas de traducción, coordinación, capitulación y revisión bajo el cuidado del rey, a quien se le adjudican finalmente las obras.

Debido al esfuerzo cultural de Alfonso X, la lengua castellana adquirió un prestigio cultural que le permitió imponerse como lengua administrativa. En este proceso tuvieron lugar ciertas modificaciones: Se enriqueció el vocabulario, se flexibilizó la sintaxis, se unificaron las grafías y se nivelaron las diferencias dialectales.

PREGUNTAS DE COMPRENSIÓN

1. ¿Qué culturas coexistían en la Península Ibérica en el siglo XIII? ¿Dónde se localizaban? ¿Cómo estaban organizadas?

2. ¿Qué es una lengua romance? Den algunos ejemplos.

3. ¿Quiénes trabajaban en la escuela de traductores de Toledo? ¿Cuáles eran sus tareas?

4. ¿En qué consistió la empresa de Alfonso X? ¿Qué efecto tuvo sobre la lengua castellana?

Claustro de San Juan de los Reyes

Sustantivos

la calle	el juglar	el pueblo
la canción	los malabares	el rey
la cantiga	el monarca	la tarea
la crónica	el monasterio	el traductor
la dama	la pieza	el tratado
la iglesia	la plaza	el trovador

Adjetivos

amoroso	estilizado	sofisticado
culto	sabio	

Verbos

adjudicar	dirigir	recibir
cantar	entretener	recitar
compilar	escribir	
componer	escuchar	
decidir	leer	

Nave de la Catedral de Toledo

Actividad 1 Después de leer el siguiente texto, agrupen las palabras de la lista de vocabulario de modo que se correspondan con los tres ámbitos medievales señalados.

En el siglo XIII existían en la Península Ibérica tres lugares principales de creación y difusión de textos en lengua romance: la Corte, la calle y el monasterio.

En la Corte del rey Alfonso X también había trovadores que componían estilizadas piezas de carácter amoroso o satírico. El trovador recibía a menudo la protección de una dama noble, con la que mantenía amores secretos.

En las calles y plazas de las ciudades y pueblos se hallaban los juglares. Generalmente, el juglar no componía y se limitaba a recitar, a veces con instrumentos, canciones de otros o historias conocidas popularmente, como vidas de santos y caballeros famosos, acompañándolas de juegos malabares y otras actuaciones llamativas para entretener a la gente.

En el monasterio, clérigos como Gonzalo de Berceo se esforzaban por crear versiones cultas y sofisticadas de esas historias para diferenciarse de los juglares, cuya labor consideraban vulgar y muchas veces hereje.

Gonzalo de Berceo: 13th-century Spanish priest whose works were often in the tradition of the Marian devotion (**culto mariano o culto de la Virgen María**).

Los ámbitos medievales

la Corte   el monasterio   la calle

_____   _____   _____

_____   _____   _____

_____   _____   _____

_____   _____   _____

_____   _____   _____

_____   _____   _____

Actividad 2   Basándose en la lista de vocabulario, escriban todos los verbos posibles relacionados con las tareas que desempeñan las siguientes personas.

a. traductor: _____

b. monarca: _____

c. trovador: _____

d. clérigo: _____

La ilustración que ven acompaña a las *Cantigas de Santa María*, las piezas musicales alfonsíes. Se trata de una especie de historieta que se lee de izquierda a derecha y de arriba a abajo.

Actividad 1 Describan lo que observan en cada una de las escenas (qué personajes y objetos hay, qué están haciendo, qué características tiene el espacio físico...).

The Conversion of a Jewish Woman, illustrations to *Cantiga 89*.

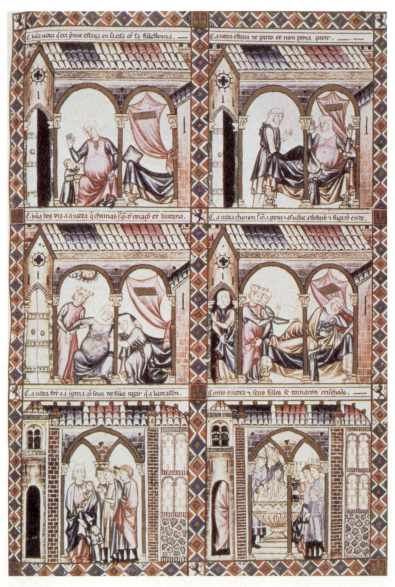

Actividad 2 Ordenen de manera lógica las secuencias de esta historia sobre la conversión de una mujer judía al cristianismo.

_5_ Una criada le dijo: "Ruega a Santa María".

_2_ Los criados la cuidaban.

_8_ Para darle gracias a la Virgen, los llevó a bautizar y los educó como cristianos.

_4_ Le daban hierbas para calmarle el dolor.

_7_ Ella siguió el consejo de la criada y parió dos hermosos niños.

_3_ La mujer gemía y gritaba.

_1_ Una mujer judía estaba de parto.

_6_ Las otras criadas judías la escucharon y la llamaron renegada.

Vista de Toledo

BRÚJULA: PRONOMBRES DE OBJETO

Actividad preliminar Comparen el párrafo de la izquierda con el de la derecha, e indiquen cuál es la principal diferencia entre los dos.

Hasta el siglo XIII, la lengua de cultura era el latín y los expertos usaban el latín para transmitir las ideas religiosas o los datos científicos a la población. En cambio, Alfonso X convirtió el castellano en lengua "oficial" al comenzar a usar el castellano en su corte. El rey Sabio inició la unificación y fijación de la lengua castellana. El rey Sabio leyó muchas obras importantes y mandó a sus discípulos traducir todas las obras. Bajo la supervisión real, se inventaron palabras. Los traductores inventaron las palabras para ampliar el vocabulario.

Hasta el siglo XIII, la lengua de cultura era el latín, y los expertos **lo** usaban para transmitir**le** (a la población) las ideas religiosas o los datos científicos. En cambio, Alfonso X convirtió el castellano en lengua "oficial" al comenzar a usar**lo** en su corte. El rey Sabio inicia la unificación y fijación de la lengua castellana. Él leyó muchas obras importantes y **les** mandó (a sus discípulos) traducir**las** todas. Bajo la supervisión real, se inventaron palabras. Los traductores **las** inventaron para ampliar el vocabulario.

Los pronombres son palabras que evitan repeticiones innecesarias cuando hablamos o escribimos. En el párrafo se encuentran dos grandes grupos de pronombres:

Pronombres de objeto directo			Pronombres de objeto indirecto		
Persona	Singular	Plural	Persona	Singular	Plural
1ª (yo, nosotros)	me	nos	1ª (yo, nosotros)	me	nos
2ª (tú, vosotros)	te	os	2ª (tú, vosotros)	te	os
3ª (él, ella, usted, ellos, ellas, ustedes)	lo/la	los/las	3ª (él, ella, usted, ellos, ellas, ustedes)	le	les

DIRECTO E INDIRECTO

Los pronombres de objeto directo reciben la acción del verbo de una manera directa. Reconocemos estos pronombres si al verbo le *preguntamos* "¿qué...?" en un sentido figurado.

Alfonso X dirige una escuela de traductores famosa en todo el mundo medieval.
¿Qué dirige Alfonso X?: una escuela de traductores.
El rey Alfonso X la dirige.

Los pronombres de objeto indirecto indican la persona afectada por la acción del verbo. En un sentido figurado, reconocemos estos pronombres si al verbo le *preguntamos* "¿a/para quién...?".

El rey tiene por costumbre dar instrucciones detalladas a sus traductores.
¿A quién da instrucciones el rey?: a sus traductores.
Alfonso X les da instrucciones.

Fresco románico

- Cuando **los dos tipos de pronombres coinciden**, el pronombre de objeto indirecto siempre va antes del directo:

  *¿Cuándo nos dejó Alfonso X la mayoría de su obra?: **Nos la** dejó a mediados del siglo XIII, tiempo de convivencia entre culturas.*

- Cuando se reúnen **dos pronombres de tercera persona**, el indirecto (le, les) se transforma en **se** (se lo, se la, se los, se las):

  ¿En qué momento el rey Alfonso entrega su trabajo a Isabel la Católica?
  *No **se lo** entrega en persona, pues no coincidieron en la misma época.*

Los pronombres de objeto directo e indirecto aparecen antes o después del verbo:

- ANTES si son **formas conjugadas (incluidos los mandatos negativos)**.

  (La poesía juglaresca) ***La*** *recito todos los días.* (forma conjugada simple)
  (La novela) ***La*** *he leído esta semana.* (forma conjugada compuesta)
  *(Las lecturas) No **las** olvides en la biblioteca.* (mandato negativo)

- DESPUÉS si el verbo se presenta en **infinitivo, gerundio o mandatos afirmativos**.

  *(Las historias de terror) Es difícil olvidar**las**.* (infinitivo)
  *(Las noticias) Escuchándo**las** nos mantenemos informados.* (gerundio)
  *(La traducción) Repíte**la** sin falta esta noche.* (mandato afirmativo)

- ANTES o DESPUÉS en **grupos verbales o presente progresivo**.

  *(Los cuentos de hadas) Los niños siempre quieren escuchar**los**. / Los niños siempre **los** quieren escuchar.* (perífrasis con infinitivo)
  *(Las historias) Tienes que contar**las** con ilusión. / **Las** tienes que contar con ilusión.* (perífrasis con infinitivo)
  *(El relato) Tu tutor está escribiéndo**lo** ahora. / Tu tutor **lo** está escribiendo.* (gerundio en una forma verbal progresiva)

> **¡Atención!** Si el pronombre aparece después del verbo, a menudo es necesario un **acento gráfico** para indicar la pronunciación original y seguir las reglas de acentuación ortográficas:
>
> *vender → vend__é__rselas*
>
> *comer → com__é__rnoslo*
>
> *decir → dec__í__rsela*

Libros, Biblioteca de San Lorenzo del Escorial

Actividad 1 Siguiendo el modelo, comparen cómo era la vida en el siglo XIII y ahora. Traten de evitar la repetición de objetos directos empleando un pronombre.

> **Modelo**
>
> Los traductores / escribir / los textos / a mano (con ordenador)
> *En el siglo XIII los traductores escribían los textos a mano, hoy en día los escriben con ordenador.*

1. Los clérigos (poca gente) / hablar / latín

   En el siglo XIII los clérigos hablaban latín, hoy en día poca gente lo habla.

2. Los trovadores (los cantantes modernos) / acompañar / las canciones / con el laúd (la guitarra)

   En el siglo XIII los trovadores acompañaban las canciones con el laúd, hoy en día los cantantes modernos las acompañan con la guitarra.

3. El rey (los profesores universitarios) / compilar / las obras científicas

   En el siglo XIII el rey compilaba las obras científicas, hoy en día los profesores universitarios las compilan.

4. La gente / ver / espectáculos / en la plaza (en la televisión)

   En el siglo XIII la gente veía espectáculos en la plaza, hoy en día los ve en la televisión.

Actividad 2 Lean con atención la trágica historia del trovador Jaufré y la condesa de Trípoli y respondan a las preguntas que aparecen a continuación. Utilicen los pronombres de objeto directo o indirecto siempre que sea posible.

Todo el mundo hablaba tan bien de la condesa de Trípoli que el trovador Jaufré se enamoró perdidamente de ella, aunque nunca llegó a verla. Enfermo de amor, le compuso cientos de bellas canciones que ella jamás escuchó. Un día Jaufré, desesperado, decidió marcharse a la guerra. En el campo de batalla pensaba constantemente en la dama hasta que finalmente cayó enfermo y fue trasladado medio muerto a Trípoli. Allí la condesa supo de su historia y sintió compasión por él. Se acercó a su lecho de muerte y lo abrazó. Jaufré se recuperó por un momento y le dio las gracias a Dios por haberle permitido conocer a su amada. Inmediatamente después murió en sus brazos. La condesa, conmovida, se hizo monja.

1. ¿Conocía Jaufré a la condesa antes de enamorarse de ella?

   _____

2. ¿A quién le compuso Jaufré sus bellas canciones?

   _____

3. ¿Llegó la condesa a escuchar las canciones?

   _____

4. ¿Adónde trasladaron a Jaufré cuando cayó enfermo?

   _____

5. ¿Qué hizo la condesa al ver medio muerto a Jaufré?

   _____

6. ¿A quién le dio las gracias Jaufré por haber visto finalmente a su amada?

   _____

El trovador Jaufré

Actividad 3 Inventen un pequeño diálogo en parejas basándose en las siguientes preguntas sobre el amor idealizado. Sean creativos y añadan detalles. A continuación compartan sus respuestas con el resto de la clase. Empleen los pronombres de objeto para evitar repeticiones.

Note that students need not talk about a real-life experience. Encourage them to invent as many details as possible.

1. ¿Te enamoraste alguna vez de algún actor, actriz o cantante o sentiste alguna vez un amor platónico? ¿De quién? ¿Qué cualidades te llamaron la atención de él/ella?

2. ¿Le escribiste alguna carta, correo electrónico, poema o canción a esa persona? ¿Cuándo le mandaste el mensaje y qué le decías? ¿Te contestó?

3. ¿Llegaste a conocer a esa persona? ¿Él/Ella te conocía? ¿Te mandó alguna foto o autógrafo?

Un poco más lejos

Have students brainstorm in groups before opening the discussion up to the class (optional).

Actividad oral Los ritos de cortejo cambian con el tiempo. En grupos discutan las posibles diferencias entre las normas y comportamientos amorosos de generaciones anteriores (sus bisabuelos, abuelos, padres) y los de su propia generación. Hablen de:

protocolo (quién llama a quién, quién invita a quién)

la primera cita (dónde se va, quién paga en el restaurante o cine)

el primer beso

relaciones sexuales

métodos anticonceptivos

actitud de los padres

cumplidos y halagos verbales

actitudes románticas

regalos

el noviazgo

el matrimonio

(...)

Have students suggest the names of famous people and literary characters. Students may wish to select at random or choose unlikely pairs.

Actividad escrita En grupos escriban un párrafo contando una historia de amor entre dos personajes famosos. Usen los pronombres de objeto directo e indirecto para evitar repeticiones.

_____

_____

_____

_____

_____

_____

Extensión: La a personal

En español, la preposición **a** aparece antes de los complementos directos e indirectos que se refieren a seres humanos y a veces evita confusiones en el orden de las palabras.

> Vi _los papeles_ sobre tu mesa de trabajo.
> Vi **a** _Francisco_ sentado a tu mesa de trabajo.
> Conocemos _esta ciudad_ muy bien.
> Conocemos **al** _constructor_ de este edificio.

Los pronombres _alguien_, _nadie_ y _quien_ aparecen con **a** personal porque se emplean para referirse a seres humanos.

> Oí **a** _alguien_ llamando a la puerta.
> No conozco **a** _nadie_ de esa familia.
> Voy a felicitar **a** _quien_ acabe la traducción primero.

Si nos referimos a un colectivo sin especificar, es posible omitir la **a** personal.

> Buscan _personas_ para una traducción.
> Buscan **a** _personas_ para el servicio.

Si el hablante quiere dar énfasis a la acción verbal con respecto a entes no humanos, es posible usar la **a** personal.

> Amo **a** _esta ciudad_ con pasión.
> En este viaje llegué a ver **a** _la Muerte_.

Actividad Llene los espacios en blanco con **a** personal sólo si se necesita.

1. Le gusta escuchar _____ música.

2. Ayer vi ___a___ tu hermano en la calle.

3. Voy a traducir _____ un texto al español.

4. Mi amigo Lope tiene _____ tres perros grandes en su casa.

5. Estoy buscando _____ mi libro por todas partes.

6. No puedo oír ___a___ mi profesor cuando habla en clase.

7. No quiero _____ nada para comer, muchas gracias.

8. ¿Tenéis ___a___ vuestros hijos en clases privadas de música?

9. Vamos a ver ___a___ nuestros amigos esta noche.

10. ¿Escribirás ___a___ tu novia durante el verano?

Frente al Mester de Juglaría, caracterizado por el contenido popular, el anonimato y la irregularidad métrica, en el siglo XIII surgió una escuela narrativa de carácter erudito desarrollada por clérigos y llamada Mester de Clerecía. Su representante más genuino fue Gonzalo de Berceo, primer poeta español de nombre conocido. Berceo se educó en el monasterio benedictino de San Millán de la Cogolla, a cuya orden estuvo vinculado como clérigo secular, todas sus obras son religiosas. Entre ellas, los Milagros de Nuestra Señora *están basados en leyendas piadosas conocidas en todos los países de la Europa medieval. "El ladrón devoto" es el sexto de estos milagros, es decir, intervenciones en la vida humana por parte de seres divinos.*

El ladrón devoto

MILAGRO VI

Era un ladrón malo que prefería hurtar
a ir a la iglesia y construir puentes,
gobernaba muy mal su casa;
y esta mala costumbre no la abandonó.

Si hacía otras cosas malas, no lo leemos;
malo sería condenarlo por algo que ignoramos;
bástenos lo que hemos dicho,
si hizo algo más, perdónele Cristo en quien creemos todos.

Pero entre tantas cosas malas tenía una buena,
de tanto valor que le salvó:
creía en la Gloriosa con toda su alma
y siempre la saludaba con fervor creciente.

Decía "Ave María" y el resto de la oración:
siempre inclinaba la cabeza ante su imagen;
rezaba toda el "Ave María",
hallábase con esto más seguro.

Como quien mal anda, mal acaba,
prendiéronle por hurto;
y no teniendo manera de defenderse,
condenáronle a morir en la horca.

"EL LADRÓN DEVOTO"

Llevóle la justicia a la encrucijada
en donde se levantaba la horca por orden del concejo;
tapáronle los ojos con un paño bien apretado,
y le levantaron de la tierra con soga bien tirante.

Alzáronle cuanto pudieron,
los que estaban cerca le tuvieron por muerto;
si hubieran sabido antes lo que después supieron,
no hubieran hecho con él tal cosa.

La Madre gloriosa experimentada en socorros,
que ayuda a sus siervos en las cuitas,
quiso ayudar a este condenado,
acordándose del servicio que solía hacerle.

Cuando le colgaron puso bajo sus pies
sus preciosas manos, sosteniéndole;
y así, no sufrió daño alguno,
jamás había estado tan descansado.

Al tercer día llegaron sus parientes
y con ellos amigos conocidos,
venían para descolgarle arañados y plorantes
pero las cosas estaban mejor de lo que ellos se imaginaban.

Le hallaron alegre y sin daño
si estuviera en un baño, no estaría tan descansado;
bajo sus pies decía tener un apoyo,
aunque un año estuviera colgado, no sentiría nada.

Cuando esto oyeron sus verdugos,
creyeron que habían dejado el lazo flojo;
se arrepintieron de no haberlo degollado
gozarían por ello, cuanto después gozaron.

Se reunieron y tomaron un acuerdo,
que se habían equivocado al poner la lazada,
que debían degollarlo con espada o con hoz;
pues, por un ladrón, no debía quedar deshonrada su villa.

Se acercaron a degollarle los jóvenes más ligeros de cascos
con buenas hachas, grandes y nuevas;
pero puso Santa María las manos en medio
y su garganta no sufrió daño alguno.

Cuando vieron que no podían hacerle daño,
que la Madre gloriosa le protegía,
abandonaron el pleito
y dejáronle que viviera hasta que Dios quisiera.

Dejáronle que siguiera su carrera en paz,
pues no querían contrariar a Santa María,
mejoró su vida, dejóse de locuras:
terminó su camino, cuando Dios quiso.

A madre tan piadosa y tan benigna,
que ejercía su bondad con buenos y malos,
debemos bendecirla de todo corazón:
los que así hicieren ganarán riquezas.

Las maneras de obrar de la Madre y del Hijo
son iguales, este ejemplo lo demuestra.
Él vino al mundo para buenos y malos,
Ella, si se lo piden, ayuda a todos.

Reflexiones

Después de leer el poema:

a Combinen las siguientes columnas para formar oraciones
relacionadas con el castigo que sufrió el ladrón devoto.

1. La madre (la Virgen) __c__	**a.** venían para verlo.
2. Sus parientes y amigos __a__	**b.** creyeron que habían cometido un error.
3. El ladrón __d__	**c.** quiso ayudar al ladrón.
4. Los verdugos __b__	**d.** estaba alegre y descansado.

You may want to use this activity to review the uses of the preterite and the imperfect. It may be done orally or written.

b En parejas, usando sus propias palabras, narren el desenlace de este
episodio.

Al ver que el ladrón no moría, los verdugos decidieron...

_____

_____

_____

_____

_____

_____

_____

Actividad oral En la Edad Media la narración era fundamentalmente de carácter oral. A menudo un grupo de personas se reunía para contar historias en las que todos participaban. En grupos tomen turnos para narrar una historia acerca de un personaje medieval con grandes defectos, pero una importante virtud: su gran devoción a la Virgen, gracias a la cual se salva del castigo por sus actos. Utilicen los parámetros y sugerencias que se les dan a continuación.

You may do this activity in small groups or as a whole class. Have students brainstorm before beginning their narration. It may be performed as a circular story in which each student continues from where the previous left off. As this is the first improvised oral narration, stories may be brief.

Hilo narrativo

¿Quién era esta persona? ¿Cómo era? ¿Qué hábitos tenía? ¿Qué hizo para merecer el castigo de las autoridades? ¿Qué castigo recibió? ¿Cuál fue el desenlace de la historia?

Personajes	Actos
un comerciante avaricioso	difamar
un clérigo pecador	escapar
una persona que no paga impuestos	esconder
un desertor del ejército	herir
un asesino	huir
	matar
	mentir
	robar

Actividad escrita La frontera entre lo real y lo imaginario es más difusa en la Edad Media, y por ello resulta común tener noticias sobre lugares, personas o animales fantásticos, sorprendentes aventuras militares o misteriosos milagros religiosos. Presenten a continuación un acontecimiento con un desenlace sorprendente que sucedió en su vida o en la de alguna persona conocida.

Students may also write a story that they have heard or read about.

_____

_____

_____

_____

_____

_____

- **En el horizonte:** Códices precolombinos: Representaciones iconográficas
- **Brújula:** Mandatos formales e informales
- **Extensión:** Otros usos del imperativo

PRELECTURA

1. ¿Cuál es la función de la escritura dentro de una sociedad? ¿Qué otras formas de representación gráfica existen?

2. ¿Qué papel desempeñan las imágenes dentro del discurso escrito (libro de texto, Internet...)?

3. En su vida cotidiana, ¿qué imágenes o símbolos utilizan ustedes para comunicarse (en el correo electrónico, el teléfono móvil...)?

4. Fíjense en la imagen: ¿Cómo está organizada? ¿Qué partes pueden identificar? ¿Qué creen que representa?

Facsimile of the first page of the Codex Boturini, showing the departure of the Aztecs from their mythical homeland Aztlan.

Códice Borbónico

Un códice es una representación iconográfica que tiene como propósito la fijación de valores, tradiciones e historia de un pueblo en la mente de sus integrantes. Se trata de documentos históricos que sirven para la reconstrucción de un discurso comunitario. Los materiales más frecuentemente utilizados como soporte eran piel de venado y papel hecho con corteza de árbol. Los mayas escribían en largas tiras de este papel que doblaban en forma de acordeón. Sobre cada página trazaban líneas para dividir el espacio en diferentes secciones.

Los códices se guardaban en templos y edificios importantes. Durante las fiestas y ceremonias los sacerdotes leían su contenido en voz alta. Generalmente estos libros trataban de historias religiosas (celebraciones, dioses o sacrificios), asuntos de la vida cotidiana (por ejemplo, época y modo de cosechar, elaboración de textiles), ritos de pasaje (pubertad, iniciación guerrera, matrimonio) y normas de civismo (formas adecuadas de comportamiento, consejos morales). Este último aspecto los asemeja a la literatura didáctica de la Edad Media española.

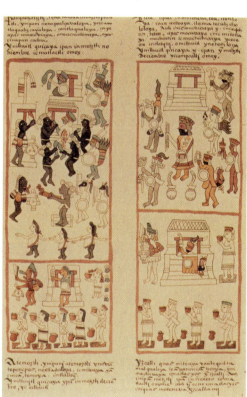

Ceremonias de sacrificio aztecas, Códice Matritense

Aunque estos códices circularon durante siglos, resulta problemático fecharlos. Algunos fueron recopilados a partir del siglo XVI por misioneros como Fray Bernardino de Sahagún, interesados en la reconstrucción del pasado indígena. Sahagún reunió a un importante grupo de sabios nahuas y juntos transcribieron más de cuarenta códices antiguos conservando el dibujo original, una explicación en náhuatl y la traducción al español. Desgraciadamente el temor y el fanatismo religioso provocaron la desaparición de un gran número de

CÓDICES PRECOLOMBINOS

códices que fueron quemados o destruidos, pues en ellos se creía ver la influencia del diablo.

Actualmente sólo conocemos pequeños fragmentos de los códices precolombinos, a causa de su destrucción y del deterioro físico de los materiales sobre los que se escribía. Sin embargo, tres de ellos han llegado hasta nosotros casi completos. Son los llamados Códices de Dresde, Madrid y París, a través de los cuales los expertos intentan reconstruir la filosofía y la historia de los pueblos indígenas.

These codices are named for the cities where they are currently held.

PREGUNTAS DE COMPRENSIÓN

1. Expliquen con sus propias palabras qué es un códice. ¿Qué temas trataban?

2. ¿Qué materiales se utilizaban en la elaboración de un códice? ¿Cuál era su formato?

3. ¿En qué consistió la empresa de Fray Bernardino de Sahagún?

4. ¿Por qué desapareció una gran cantidad de códices? ¿Qué factores contribuyeron a esta desaparición?

5. ¿Qué paralelo se puede trazar entre los códices y la literatura didáctica de la Edad Media?

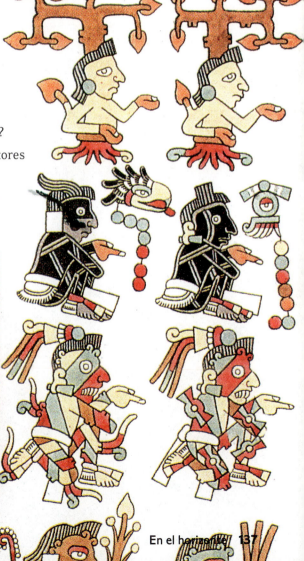

Códice de Viena (facsímil)

COMPÁS

Sustantivos

el códice	el matrimonio	el valor
el consejo	la mente	el venado
la corteza	el propósito	
la desaparición	el rito	
el deterioro	el sacrificio	
el diablo	el soporte	
el dibujo	el temor	
el integrante	la tira	

Adjetivos

antiguo	iconográfico	recopilado
desgraciado	interesado	
destruido	largo	
físico	precolombino	

Verbos

asemejar	quemar
doblar	reunir
fechar	transcribir
fijar	tratar
intentar	trazar

Códice de Viena (facsímil)

Actividad 1 *Mapa semántico.* Escriban las palabras de la lectura que asocian directamente con las siguientes categorías.

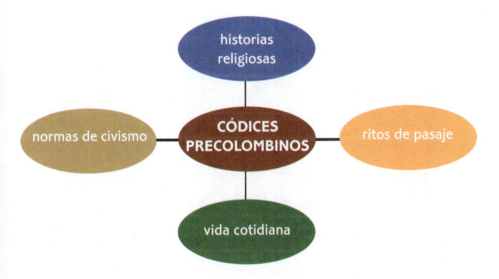

Actividad 2 Con ayuda del diccionario, escriban los antónimos Students' answers may vary.
(palabras de significado opuesto) para los siguientes vocablos.

a. reunir   separar

b. asemejar   diferenciar

c. temor   tranquilidad/confianza

d. doblar   estirar/enderezar

Image represents an interpretation of a Mayan codex.

Observen cuidadosamente la siguiente escena.

Actividad 1 Describan la situación: ¿Quiénes son las personas que aparecen (jefes/sacerdotes/esclavos/guerreros/jugadores...)? ¿Qué relación existe entre ellos? ¿Qué están haciendo? ¿Se trata de una escena religiosa / cotidiana/ militar/ familiar... ?

Actividad 2 Basándose en la ilustración combinen los elementos de las dos columnas y hagan hipótesis sobre quién expresa cada mandato.

Answers in this exercise may vary.

a. Ayúdame,   _c_ porque no hice nada.

b. Suéltalos,   _d_ sabemos lo que hicieron.

c. Déjenme libre,   _b_ porque no tenemos pruebas para acusarlos.

d. Confiesen,   _a_ estoy en peligro.

e. Vengan,   _g_ somos inocentes.

f. No hables,   _e_ queremos interrogarlos.

g. Tengan piedad,   _f_ ellos no saben nada.

h. No cometan un error,   _h_ van a arrepentirse después.

Actividad 3 Utilizando carácteres pictográficos de su invención escriba un mensaje a su compañero o compañera pidiéndole algo. Él/Ella debe interpretar el mensaje y responder con otro jeroglífico a su petición.

Have students identify common signs such as bathroom, street, no smoking signs, business logos.

Brújula: Mandatos formales

Actividad preliminar Lea este fragmento del *Popol Vuh*, uno de los documentos precolombinos más conocidos, y subraye las órdenes que da El Creador ("El que da el Ser") a los animales.

> Siendo, pues, creados los venados y los pájaros, les fue dicho por El Creador y El Formador, El que Engendra, El que da el Ser:
>
> —Gritad, gorjead ahora, puesto que (se os ha dado) el poder de gritar y de gorjear. Haced oír vuestro lenguaje, cada uno de acuerdo con su especie; cada uno según su género. Así fue dicho a los venados, a los pájaros, a los leones, a los tigres y a las serpientes.
>
> —Decid, pues, nuestro nombre, alabadnos, a nosotros, vuestra madre, vuestro padre. Invocad, pues, a Hurakán, El Surco del Relámpago, El Rayo que Golpea, El Corazón del Cielo, El Corazón de la Tierra, El Creador, El que Engendra, El que da el Ser. Hablad, llamadnos y saludadnos.
>
> Pero les fue imposible hablar como el hombre. No hicieron sino gritar, cacarear, graznar, sin que se manifestara forma de lenguaje, gritando cada uno de diferente manera.

Los **mandatos** (también conocidos como **imperativos**) se utilizan para dar órdenes, ofrecer consejos, pedir cosas, marcar condiciones y expresar cortesía, entre otras funciones.

MANDATOS AFIRMATIVOS

La mayoría de verbos presentan formas regulares:

INFORMAL tú / vosotros/as	FORMAL usted / ustedes
El singular se forma con la 3ª persona singular del presente de indicativo: *habla, piensa, sueña, come, duerme, pide, vive, cierra*	El singular se forma con la 3ª persona singular del presente de subjuntivo: *hable, piense, sueñe, coma, duerma, pida, viva, cierre*
El plural se forma cambiando la -r final del infinitivo por una -d: *hablad, pensad, soñad, comed, dormid, pedid, vivid, cerrad*	El plural se forma con la 3ª persona plural del presente de subjuntivo: *hablen, piensen, sueñen, coman, duerman, pidan, vivan, cierren*

Sin embargo, hay ocho **formas irregulares** (*tú*) en las que se pierde una sílaba:

Imperativo irregular de *tú*			
infinitivo	(tú)	infinitivo	(tú)
decir	di	salir	sal
hacer	haz	ser	sé
ir	ve	tener	ten
poner	pon	venir	ven

MANDATOS NEGATIVOS

Los mandatos negativos se forman con el singular o plural del presente de subjuntivo:

INFORMAL tú / vosotros/as (con la 2ª persona)	FORMAL usted / ustedes (con la 3ª persona)
no hables, no pienses, no sueñes, no comas, no duermas, no pidas, no vivas, no cierres, no digas, no hagas, no vayas, no pongas, no salgas, no seas, no tengas, no vengas	*no hable, no piense, no sueñe, no coma, no duerma, no pida, no viva, no cierre, no diga, no haga, no vaya, no ponga, no salga, no sea, no tenga, no venga*
no habléis, no penséis, no soñéis, no comáis, no durmáis, no pidáis, no viváis, no cerréis, no digáis, no hagáis, no vayáis, no pongáis, no salgáis, no seáis, no tengáis, no vengáis	*no hablen, no piensen, no sueñen, no coman, no duerman, no pidan, no vivan, no cierren, no digan, no hagan, no vayan, no pongan, no salgan, no sean, no tengan, no vengan*

Recuerde que la **posición de los pronombres** en los mandatos varía si son afirmativos (después del verbo) o negativos (antes del verbo):

hábla**me** / no **me** hables   cóme**te**lo / no te **lo** comas

suéña**lo** / no **lo** sueñes   ciérra**la** / no **la** cierres

Además del imperativo, existen **otras formas de expresar mandatos** en español:

- Presente de indicativo: *Tú te callas en este momento, ¿está claro?*
- Futuro de indicativo: *No dejarás a tu hermano solo esta tarde.*
- Estar + gerundio: *¡Ya lo estás limpiando!*
- A + infinitivo: *¡A trabajar!*
- Interrogación: *¿Por qué no te estás quieto un rato?*

Image represents an interpretation of a Mayan codex.

Actividad 1 Según la tradición náhuatl, existían unas normas que todo hijo debía conocer y que su padre le enseñaba. Completen el siguiente párrafo con el imperativo de los verbos que se le dan entre paréntesis.

Padre náhuatl: Hijo, no (dormir) _____duermas_____ toda la noche, porque es una muestra de pereza. (Levantarse) _____Levántate_____ a medianoche para orar y así complacer a los dioses. (Tener) _____Ten_____ cuidado al andar por los caminos. No (ir) _____vayas_____ con mucha prisa ni con mucho espacio, pues las personas que así hacen son tenidas por locos. (Hablar) _____Habla_____ con mucho sosiego y no (alzar) _____alces_____ la voz para no parecer rústico o bobo. No (mirar) _____mires_____ con curiosidad a las mujeres, especialmente las casadas, porque dice el refrán que el que curiosamente mira a la mujer comete adulterio con la vista. No (hacer) _____hagas_____ caso de las habladurías sobre otros; no (responder) _____respondas_____ ni (decir) _____digas_____ cosas semejantes. (Ser) _____Sé_____ obediente, no (parecer) _____parezcas_____ perezoso. No (esperar) _esperes_____ a ser llamado dos veces y si te mandan hacer algo (actuar) _____actúa_____ con rápidez y presteza. En tus atavíos (mostrarse) _____muéstrate_____ honesto y no demasiado fantástico. No (buscar) _____busques_____ mantas curiosas ni muy labradas, ni tampoco (traer) _____traigas_____ atavíos rotos y viles, porque es señal de pobreza y bajeza. No (comer) _____comas_____ demasiado por la mañana y por la noche. (Almorzar) _____Almuerza_____ antes de comenzar el trabajo...

Actividad 2 *Los padres siempre mandan.* Escriban seis mandatos (tres afirmativos, tres negativos) que solían recibir de sus padres cuando eran niños. Traten de no repetir los verbos de la actividad anterior.

_____

_____

_____

_____

_____

_____

Actividad 3 En la sociedad náhuatl, los sabios también daban consejos a sus pupilos. Hoy en día, los profesores siempre les piden cosas a sus estudiantes. En parejas conviertan los siguientes infinitivos en mandatos informales (vosotros) y formales (ustedes).

> **Modelo**   Venir preparados a clase.
> *Venid* preparados a clase. / *Vengan* preparados a clase.

a.	Hacer la tarea.	haced / hagan
b.	No hablar en inglés.	no habléis / no hablen
c.	Preguntar si tenéis dudas.	preguntad / pregunten
d.	Estudiar cada capítulo.	estudiad / estudien
e.	No llegar tarde a clase.	no lleguéis / no lleguen
f.	Trabajar en parejas.	trabajad / trabajen
g.	No dormir en clase.	no durmáis / no duerman
h.	Participar en las discusiones.	participad / participen

Actividad 4 Los mandatos se usan también para dar instrucciones en manuales y libros de texto. El siguiente párrafo contiene instrucciones que se pueden seguir para investigar los códices antiguos de las culturas precolombinas. Lean el texto con atención y completen los espacios en blanco con el mandato formal (usted) correspondiente utilizando los verbos que se encuentran más abajo.

Primero, _____haga_____ una investigación preliminar en la red, sobre el aspecto que le interese más. Después de tener una información básica _____vaya_____ a la biblioteca y _____busque_____ referencias en libros y artículos. _____Imprima_____ una copia de la lista y _____hable_____ con el bibliotecario para averiguar dónde está el material más relevante. _____Escuche_____ sus recomendaciones, porque él lo puede ayudar. _____Saque_____ el material que necesita y _____tome_____ notas mientras lo lee. Finalmente, _____consulte_____ a su profesor/a si tiene dudas.

buscar	escuchar	hacer	ir	tomar
consultar	hablar	imprimir	sacar	

Actividad 5 En grupos de tres, empleen los mandatos informales para crear un pequeño diálogo en el que tres compañeros de cuarto discuten sus asuntos domésticos. Sigan el modelo y utilicen pronombres para evitar repeticiones innecesarias.

Modelo   bajar el volumen de la música

Estudiante 1: Bajad el volumen de la música, porque estoy escribiendo un ensayo.

Estudiante 2: Pues vete a la biblioteca a escribirlo.

Estudiante 3: Sí, escríbelo en otro sitio... recuerda que esta noche vienen nuestros amigos a ver el partido de fútbol.

a. organizar una fiesta

b. arreglar el cuarto

c. hablar con los padres

d. ir al supermercado

e. lavar la ropa

f. ¿?

Un poco más lejos

Actividad oral Un/a profesor/a de arqueología y sus dos ayudantes organizan un viaje a Centroamérica para hacer un estudio de campo. En grupos de tres improvisen un diálogo en el que planean el viaje. Incluyan la siguiente información y empleen los mandatos para repartir las tareas equitativamente.

reservaciones de avión

lugar de alojamiento

medio de transporte local

equipo técnico

traductor

informes, grabaciones

publicación de los resultados

conferencias

Actividad escrita En su viaje a Centroamérica el equipo de arqueólogos descubrió unas valiosas piezas procedentes de una cultura indígena hasta ahora desconocida. En parejas escriban una carta. En ella deben:

1. describir cómo las encontraron;

2. explicar qué hicieron con ellas;

3. pedir ayuda (monetaria y logística) a la Universidad para poder continuar con la investigación. Expliquen la importancia que tiene su proyecto dentro del campo de la arqueología.

Empleen todas las estructuras gramaticales vistas hasta el momento, haciendo especial hincapié en los pronombres de objeto directo e indirecto y el imperativo.

_____

_____

_____

_____

_____

_____

_____

_____

_____

_____

_____

EXTENSIÓN: OTROS USOS DEL IMPERATIVO

Hay algunas formas del imperativo en singular que tienen significado propio (a veces diferente del significado original del verbo) y que cumplen otras funciones expresivas:

¡Anda! ¿Qué haces aquí?	sorpresa
¡Ándale, que ya llegamos!	animar a la acción
Venga, que se hace tarde.	animar a la acción
¡Venga ya!	incredulidad
Mira qué gracia tiene el chico.	expresar ironía
Mira que me enfado, ¿eh?	amenaza
Dale, qué pesado eres.	queja, crítica
Chale, amigo.	acuerdo
Vaya película más buena.	admiración
Órale.	acuerdo

Actividad   Lea los diálogos siguientes y, con la ayuda de su profesor/a, subraye los mandatos que pueden tener otro significado diferente al original. ¿Qué significado tienen esas palabras en los textos?

1. – Venga, sé bueno y ayúdame con la tarea de la clase de español...

   – Toma, ¿crees que no tengo nada mejor que hacer?

2. – ¿Cuándo vas a hablar con tu novio sobre vuestra boda?

   – Mira, ahora no es el mejor momento para este tema.

3. – ¡Deja de jugar con ese nuevo juego!

   – Anda, no te enfades tanto y ven a jugar conmigo.

4. – Date prisa, Juan, que nos tenemos que ir.

   – Órale pues, ahora mismo acabo.

5. – ¡A los López les tocó la lotería!

   – Vaya, qué suerte, me alegro por ellos.

¿Conoce usted alguna otra expresión informal en español que puede añadir a la lista anterior? Repase alguna revista o periódico en español, o tome nota de lo que escuche en algún programa en español de televisión o radio.

- **En el horizonte:** La medicina azteca:
  Prácticas y especialidades médicas

- **Brújula:** El pretérito perfecto

- **Extensión:** El pretérito perfecto en
  el mundo hispanohablante

PRELECTURA

1. ¿Qué medicamentos se utilizan con más frecuencia en nuestra sociedad? ¿Para qué se usan?

2. ¿Cuál es la diferencia entre la medicina tradicional y la medicina alternativa? ¿Qué tipos de medicina alternativa conocen?

3. Describan la escena que aparece en la ilustración. ¿Qué relación hay entre los dos personajes? ¿Qué está ocurriendo? Den detalles.

Encourage students to speculate on the nature of the herbs in the photograph and the possible means of preparation (pills, infusions, powders).

Aztec midwife administering herbs to a woman after childbirth.

En la cultura azteca la medicina institucional era responsabilidad de una casta elegida de sacerdotes, ya que muchas veces se pensaba que la enfermedad estaba conectada al designio divino. Existían también médicos y médicas que atendían a la gente del pueblo. Algunas de estas prácticas se basaban en los aspectos más espirituales y religiosos, otras contaban con remedios científicos que entonces se consideraban eficaces, como por ejemplo la sangría (extracción de la sangre contaminada del enfermo), la purga o el empleo de ciertas formas de anestesia y antisépticos.

Asimismo, los aztecas poseían grandes conocimientos anatómicos. Los médicos solían utilizar las manos para localizar el punto específico que daba origen a la dolencia. Muchas veces le daban masajes al paciente para ablandar durezas musculares e incluso le ofrecían remedios "neutros" basados en el efecto placebo, mediante los cuales el enfermo mejoraba por sugestión psicológica. Enfermedades comunes como los dolores de cabeza se aliviaban aplicando hojas de tabaco en la frente. Para el dolor de estómago se aconsejaban purgas a base de piñones tostados. El resfriado se curaba recetando una hierba muy parecida a la menta. Los aztecas tenían un amplio y sofisticado conocimiento de las hierbas medicinales y sabían de las propiedades curativas de plantas y minerales. Una famosa compilación de estos saberes farmacéuticos, conocida como *El herbolario azteca de la Cruz de Badiano*, recoge remedios que todavía hoy se consideran válidos para problemas oftalmológicos como las cataratas y los tumores oculares.

El herbolario azteca de la Cruz de Badiano was written in Náhuatl by Martín de la Cruz and translated into Latin by Juan Badiano. The text became known in Spain in 1552 and influenced medical practices of the times.

La medicina azteca contaba con muchas especialidades. Las parteras recomendaban ejercicios concretos de preparación

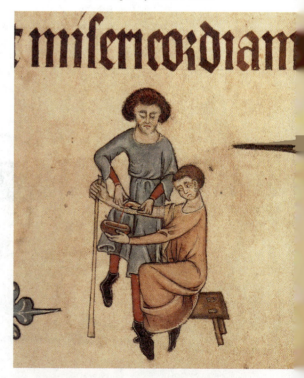

Médico realizando una sangría

para el parto, así como una dieta equilibrada a las futuras madres. Unos médicos daban consejos de higiene dental como, por ejemplo, lavarse la dentadura con agua fría, limpiarse la boca con un paño y con carbón molido o untarse con determinadas raíces. Se aconsejaba pasar entre los dientes un palillo para evitar las caries. Otros médicos eran especialistas en traumatología. Para curar las fracturas aplicaban unas tablillas sobre la extremidad quebrada y la envolvían con un emplasto de hierbas curativas. Sobre las heridas ponían obsidiana molida. Para el mal del jugador de pelota (dolor muscular debido al excesivo ejercicio) se debía comer la corteza de un árbol llamado *apitzalpatli* ablandada con agua.

Importados por los europeos desde el siglo XVI, los remedios y aportes de la medicina azteca tuvieron gran influencia en las prácticas médicas de la época. Asimismo, son objeto de profundos estudios por parte de antropólogos y médicos contemporáneos.

PREGUNTAS DE COMPRENSIÓN

1. ¿Qué tipos de médicos existían en la cultura azteca?
2. ¿Qué remedios conocían?
3. ¿Cómo hacían su diagnóstico los médicos aztecas?
4. ¿En qué consiste el efecto placebo?
5. ¿Cuáles eran algunas de las enfermedades comunes que sufrían los aztecas? ¿Cómo las curaban?
6. ¿Qué datos menciona el texto respecto a las siguientes áreas de cuidado del cuerpo: la gestación y el parto, el cuidado de la boca y la traumatología?

COMPÁS

Sustantivos

el aporte	la higiene	la raíz
la caries	el mal	el remedio
la casta	el masaje	el resfriado
la dentadura	el paciente	la sangría
la dolencia	el palillo	la tablilla
el dolor	el paño	
la dureza	la partera	
el emplasto	el parto	
la enfermedad	el piñón	
el enfermo	la práctica	
el herbolario	la propiedad	
la hierba	la purga	

Adjetivos

amplio	envuelto
curativo	equilibrado
determinado	molido
divino	parecido
eficaz	quebrado

Verbos

ablandar	elegir	suceder
aconsejar	evitar	untarse
aliviar	mejorar	
aplicar	poseer	
atender	recetar	
contaminar	soler	

Quetzalcoatl, Tenochtitlán, México

Actividad 1 *Familia de palabras.* Con ayuda del diccionario, completen la tabla:

You may want to remind students again of possible variants for some categories, such as **práctica/practicante**.

Sustantivo	Adjetivo	Verbo
práctica/practicante	práctico	practicar
sangre	sangriento	sangrar
equilibrio	equilibrado	equilibrar
dolor	doloroso	doler

Actividad 2 Clasifiquen las siguientes palabras del vocabulario en dos columnas según las dos categorías que aparecen más abajo:

caries	masaje	resfriado
contaminar	purga	sangría
dolencia	quebrado	tablilla
emplasto		

Problemas	Remedios
caries	emplasto
contaminar	masaje
dolencia	purga
quebrado	sangría
resfriado	tablilla

AMPLIACIÓN DE VOCABULARIO

LAS PARTES DEL CUERPO

Externas

la boca	la espalda	el pie
el brazo	la mano	la pierna
la cabeza	la nariz	la rodilla
la ceja	el ojo	
el codo	la oreja	
el dedo	el pelo	
el diente	la pestaña	

Internas

el cerebro
el corazón
el estómago
el hueso
el intestino
el músculo
el pulmón
el riñón

Actividad 1 Escriban las partes externas del cuerpo que corresponden al dibujo.

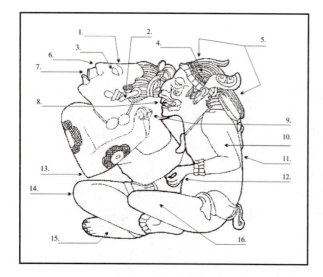

1. ceja
2. oreja
3. ojo
4. pelo
5. cabeza
6. nariz
7. boca
8. diente
9. dedo
10. brazo
11. espalda
12. mano
13. codo
14. rodilla
15. pie
16. pierna

Actividad 2 Relacionen las columnas para emparejar cada órgano con la función que realiza.

cerebro ___d___   **a.** filtrar

corazón ___c___   **b.** respirar

estómago ___e___   **c.** latir

pulmón ___b___   **d.** pensar

riñón ___a___   **e.** digerir

Actividad 3 Con un compañero o una compañera, compare las prácticas actuales de la medicina con las prácticas aztecas. A continuación haga oraciones completas y detalladas siguiendo el modelo.

Modelo

partera/aconsejar/mujer embarazada/dieta/ejercicios preparatorios para el parto

Las parteras aztecas aconsejaban a las mujeres embarazadas hacer ejercicios preparatorios para el parto y seguir una dieta adecuada. Hoy en día las parteras y ginecólogas también les dan consejos sobre alimentación y ejercicios.

1. El "traumatólogo"/aplicar/emplaste/tablilla/extremidad/paciente/curar/ fractura

Note the terms **traumatólogo, dentista** and **fisioterapeuta** are used in order to make medical functions more accessible to students.

_____

_____

_____

2. El "dentista"/recomendar/higiene dental/limparse/untarse/caries/muelas

_____

_____

_____

3. El "fisioterapeuta"/curar/músculo/terapia/ejercicio/rehabilitación/corteza

_____

_____

_____

Lean el siguiente fragmento adaptado de Fray Bernardino de Sahagún.

La médica es buena conocedora de las propiedades de las hierbas, raíces, árboles y piedras, y en conocerlas tiene mucha experiencia, no ignorando muchos secretos de la medicina. La que es buena médica sabe bien curar a los enfermos, y por el beneficio que les hace casi los vuelve de muerte a vida, haciéndoles mejorar o convalecer con las curas que hace; sabe sangrar, dar la purga, echar medicina y untar el cuerpo, ablandar palpando lo que parece duro en alguna parte del cuerpo, concertar los huesos, sajar y curar bien las llagas y la gota, y el mal de los ojos, y cortar la carnaza de ellos.

Médica azteca

Actividad 1 En parejas, formen frases combinando los elementos de las tres columnas para hablar de lo que la médica ha hecho últimamente.

Modelo *Recientemente, la médica ha curado a veinte personas del pueblo.*

esta semana	curar	a un enfermo de estómago
este mes	dar la purga	a un niño quemado
recientemente	untar el cuerpo con raíces	a un jugador de pelota
hoy	concertar los huesos	a una anciana
este año	echar medicina	a veinte personas del pueblo

_____

_____

_____

_____

_____

_____

_____

_____

Actividad 2 A continuación, utilicen el vocabulario
que se les da para hablar de lo que la médica hizo
la semana pasada:

dar un masaje

recetar unas hierbas

aplicar un emplasto

atender en un parto

dar consejos sobre higiene dental

entablillar una pierna

Escultura azteca

Actividad preliminar Lea el siguiente diálogo entre dos personas que están hablando sobre cuestiones de salud y subraye las formas verbales del pasado:

Luis: Ayer leí un texto sobre la medicina azteca y pensé inmediatamente en la medicina alternativa. ¿Alguna vez has probado la medicina natural?

Marta: No, la verdad es que nunca lo he hecho. Mi familia siempre ha tenido mucha fe en los consejos de nuestro doctor. ¿Y tú?

Luis: Nosotros siempre íbamos al mismo médico, hasta que un día mis padres se decidieron a visitar a una homeópata...

Marta: Ahora que lo pienso... una vez yo me tomé unas pastillas naturales para dormir.

Luis: ¿Y qué tal? ¿Te dieron buen resultado?

Marta: Sí, pasé más de doce horas durmiendo.

Luis: Pues yo antes tomaba muchas infusiones relajantes, pero estos últimos meses he podido dormir bien sin tomar nada.

Al hablar en el pasado, en español se pueden usar tres tiempos verbales: **pretérito**, **imperfecto** y **pretérito perfecto** (también conocido como presente perfecto).

Como vimos en los temas 4 y 5, el pretérito y el imperfecto se combinan en la narración:

Pretérito	Imperfecto
Tiempo simple que se refiere al pasado, poniendo énfasis en el principio o el final de una acción. Representa un avance en un relato.	Tiempo simple que señala una acción habitual en el pasado, el transcurso de acciones o eventos o la descripción de circunstancias.
Al llegar los colonos a los nuevos territorios, se propagaron muchas enfermedades que antes eran desconocidas.	*Habitualmente, los enfermos seguían los consejos que recibían de sanadores.*
El mundo de la medicina tradicional cambió radicalmente con el descubrimiento de la penicilina y las técnicas de desinfección.	*Muchas enfermedades se curaban con remedios naturales, que todavía hoy se conservan de generación en generación.*
	En la sociedad azteca, había médicos de diferentes especialidades.

Asimismo, podemos incorporar a nuestro discurso otras formas del pasado, como el pretérito perfecto.

CONJUGACIÓN DEL PRETÉRITO PERFECTO

El pretérito perfecto se forma con el presente de indicativo del verbo **haber** más el participio pasado de cualquier verbo.

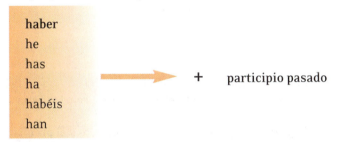

haber
he
has
ha
habéis
han

$+$ participio pasado

El participio pasado de un verbo se forma sustituyendo el sufijo de infinitivo (**-ar, -er, -ir**) por las terminaciones **-ado, -ido**.

Verbos que terminan en -ar	Verbos que terminan en -er	Verbos que terminan en -ir
hablado	comido	vivido

Algunos verbos y sus derivados tienen formas irregulares en su participio:

Infinitivo	Participio	Infinitivo	Participio
abrir	abierto	hacer	hecho
reabrir	reabierto	rehacer	rehecho
		deshacer	deshecho
cubrir	cubierto	morir	muerto
descubrir	descubierto		
recubrir	recubierto	ver	visto
decir	dicho	poner	puesto
desdecir	desdicho	posponer	pospuesto
		anteponer	antepuesto
escribir	escrito	volver	vuelto
transcribir	transcrito	resolver	resuelto
reescribir	reescrito	revolver	revuelto

¡Atención! Algunos verbos tienen dos participios, uno que aparece en el pretérito perfecto y otro que funciona como adjetivo:

bendecir (*he bendecido* / una persona *bendita*)

freír (*has freído* / unas patatas *fritas*)

imprimir (*han imprimido* / la palabra *impresa*)

maldecir (*ha maldecido* / un lugar *maldito*)

soltar (*habéis soltado* / un perro *suelto*)

USOS DEL PRETÉRITO PERFECTO

- Se usa para expresar un evento reciente o cercano al presente en la mente del hablante.

  Esta mañana he estado en la consulta del médico.
  Esta semana he ido al museo arqueológico dos veces.
  Este año he estado en México, en España y en Argentina.

- Conecta el pasado con el presente.

  La medicina natural se ha practicado desde la antigüedad.
  Los remedios y productos aztecas han resultado de gran interés para las ciencias.

En general, **la diferencia gramatical entre el pretérito perfecto y el pretérito** es la siguiente:

El **pretérito perfecto** nos conecta, de modo directo o indirecto, cualquier experiencia del pasado con el momento presente. **El pretérito** coloca los sucesos en un momento pasado sin "contacto" con el presente. Por ejemplo:

–¿Has tomado alguna vez valeriana para poder dormir?

–No, no la he tomado nunca.	*–Sí, la tomé una vez hace diez u once años.*
(hasta este momento: **pretérito perfecto**)	(se concreta el momento pasado: **pretérito**)

You may want to refer students to the **Extensión** of this unit **(El pretérito perfecto en el mundo hispanohablante)** at this point.

¡Atención! El uso del pretérito perfecto es más frecuente en el español peninsular (de España). Los hablantes hispanoamericanos optan muchas veces por el pretérito para expresar acciones en el pasado reciente.

Esta mañana he desayunado poco (España).
Esta mañana desayuné poco (México).

PRÁCTICA GRAMATICAL

In many Latin American countries these verbs may be conjugated in the preterite without changing the meaning of the text.

Actividad 1 El jefe de un grupo de guerreros aztecas comenta la última batalla en la que han participado. Completen el siguiente diálogo con el pretérito perfecto de los verbos entre paréntesis.

Sacerdote: ¿Qué (ocurrir) __ha ocurrido__ en la última batalla? En el templo (nosotros, escuchar) __hemos escuchado__ que los combates (ser) __han sido__ muy sangrientos.

Jefe: Sí, (tener, nosotros) __hemos tenido__ muchos heridos y muertos. Algunos guerreros (morir) __han muerto__ por falta de atención médica.

Sacerdote: ¿Por qué los dioses (enfadarse) __se han enfadado__ tanto con nuestro pueblo?

Jefe: Nuestros altos consejeros (llevarnos) __nos han llevado__ a la guerra sin motivos claros y sin preparación. Yo (hacer) __he hecho__ todo lo posible por vencer, pero el enemigo (defenderse) __se ha defendido__ valientemente.

Sacerdote: En los últimos años nuestros médicos (tener) __han tenido__ mucho trabajo con tanta guerra. Como siempre, harán todo lo posible para salvar la vida de los heridos.

Actividad 2 Converse con su compañero o compañera acerca de las siguientes ideas relacionadas con problemas de salud. Háganse preguntas utilizando los elementos que se les dan y añadiendo toda la información posible (*cuándo, dónde, con quién, por qué*). Asegúrense de emplear alguna de estas expresiones de uso frecuente con el pretérito perfecto: *últimamente, alguna vez, hace poco, esta semana/semestre/año, recientemente.* A continuación explique al resto de la clase lo que ha hecho su compañero o compañera.

Encourage students to give more information at this point instead of merely conjugating verbs. You may want to assign specific situations to different groups to allow for longer dialogues that could be presented to the class.

Modelo

ir al médico

Estudiante 1: ¿Has ido al médico este semestre?

Estudiante 2: Sí, lo he visto cinco veces en un mes. Además he ido al hospital dos veces más.

Estudiante 1: ¡¿Por qué has ido tantas veces?! ¿Qué te ha pasado?

Estudiante 2: Pues... es que... he estado muy estresado con los estudios últimamente y no he dormido bien y he tenido problemas de salud.

1. tener gripe
2. tomar antibióticos
3. consultar a un médico no tradicional
4. estudiar anatomía
5. romperse la pierna o brazo
6. hacer los ejercicios de rehabilitación
7. decir al profesor que estás enfermo como excusa
8. ¿?

You may want to review the uses of the preterite and the imperfect prior to assigning this activity.

Actividad 3 Una estudiante española de farmacia escribe un informe acerca de sus hallazgos sobre plantas medicinales en México. Escoja entre el pretérito perfecto, el pretérito y el imperfecto para completar los espacios en blanco con el tiempo adecuado según el contexto.

decir	usar	enseñar	descubrir	tener
recibir	estar	encontrar	llevar	aprender

Estimado profesor:

Como sabe estas últimas semanas ___he estado___ en México investigando las propiedades de ciertas plantas medicinales que frecuentemente ___usaban___ los aztecas para curar a los enfermos. Al principio, ___tuve/tenía___ problemas para comunicarme con la gente, pero rápidamente ___aprendí___ a expresar algunas ideas básicas en la lengua náhuatl.

   A lo largo de este último mes, los nativos de la zona me ___han enseñado___ a clasificar las plantas que ___encontré___. La primera semana ___descubrí___ veinte variedades diferentes de raíces cicatrizantes y recientemente las ___he llevado___ al laboratorio de la universidad para obtener un análisis detallado de su composición. ¿___Ha recibido___ usted ya los resultados de las pruebas? A mí, los empleados del laboratorio no me ___han dicho___ nada todavía.

Saludos,

Emilia

UN POCO MÁS LEJOS

Actividad oral   Teniendo en cuenta todo lo que han aprendido sobre los aztecas, discutan en grupos las siguientes cuestiones: ¿Cuáles de los conocimientos que tenía esta civilización siguen vigentes? ¿Cómo han llegado hasta nosotros? ¿Qué influencia han tenido en nuestra sociedad? ¿Han sido modificados por la ciencia moderna? Den ejemplos específicos y compartan la información con el resto de la clase.

Have students change groups for the oral activity in order to stimulate discussion and class dynamics.

Actividad escrita   En grupos, hagan una pequeña investigación acerca de un aspecto de la ciencia azteca que les parezca interesante (medicina, astronomía, matemáticas, urbanismo...). Cada estudiante deberá escoger un área diferente e investigarla por su cuenta.
Utilicen las siguientes preguntas como guía. En clase, compartan su información para escribir un párrafo general entre todos sobre los conocimientos que tenían los aztecas.

The research for this activity should be assigned as homework. If time allows, have students share their information with other groups or open discussion to the rest of the class.

Depending on the needs of your class at this point, you may want to focus on either the written or the oral aspect of these activities.

Calendario azteca

1. ¿Qué conocimientos tenían los aztecas en el área escogida? ¿Qué prácticas realizaban?

2. ¿Qué impacto tuvieron estos conocimientos en la vida azteca?

_____

_____

_____

_____

_____

_____

_____

EXTENSIÓN: EL PRETÉRITO PERFECTO EN EL MUNDO HISPANOHABLANTE

Quizá usted ha notado diferencias entre los profesores de español que le han dado clases hasta el presente, o entre los amigos hispanos o no hispanos con los que practica el idioma. Algunas de estas diferencias pueden estar relacionadas con:

La pronunciación: La mayoría de los hablantes dice "Barcelona" con el sonido /s/ = "Barselona" mientras que en el centro y norte de España se oye "Barzelona" con /θ/.

El vocabulario: Un "autobús" en España puede ser un "colectivo" en Argentina, un "camión" en México o una "guagua" en Venezuela.

Los verbos: El uso del pretérito perfecto puede dividirse en dos grandes áreas:

Pretérito perfecto en España

El hablante de español peninsular usa el presente perfecto para referirse a acciones que ocurren en el pasado reciente (*esta mañana me he sentido un poco enfermo*) y acciones pasadas conectadas con el presente (*siempre he confiado en los médicos naturistas*).

Pretérito perfecto en Latinoamérica

En Latinoamérica, muchas más acciones en el pasado se suelen expresar con el pretérito, e incluso hay zonas donde el presente perfecto casi no se usa nunca: (*esta mañana salí temprano a trabajar, nunca consulté a un médico naturista*).

Actividad Lea la respuesta del profesor a la carta de la Actividad 3 y subraye los pretéritos que podrían convertirse en pretérito perfecto en otros dialectos del español.

Estimada estudiante:

Muchas gracias por su amable carta e informe, que recibí esta semana por correo. Viajé mucho estos días y por eso no pude contestarle antes. Me alegra mucho saber de su colaboración en este tiempo con los nativos de la zona. Esa no es una tarea fácil. Durante toda mi vida intenté hacer lo mismo, pero sin mucho éxito, quizá porque no tengo muy buenas destrezas sociales. Voy a llamar al laboratorio porque todavía no me enviaron los resultados sobre la composición de las plantas; no conseguí ponerme en contacto con ellos.

Saludos y buen viaje de regreso.

Profesor Martínez

Pregunte a su profesor/a sobre la manera en que él o ella emplean el pretérito y/o el pretérito perfecto en su propio dialecto.

Templo azteca

Hans Holbein, *Retrato de hombre joven*, 1523

- **En el horizonte:** La Peste Negra en España: Epidemias y medicina en la Península
- **Brújula:** Los pronombres relativos
- **Extensión:** El *lo* neutro

PRELECTURA

1. ¿Cuáles han sido las epidemias más devastadoras en la historia de la humanidad?

2. ¿Qué consecuencias han tenido estas epidemias?

3. ¿Cómo se puede controlar una epidemia?

4. ¿Qué enfermedad creen que padecen los individuos de la ilustración? ¿Qué síntomas presentan? ¿Qué remedios les ha dado la médica? ¿Cómo puede curarlos?

Possible answers may include: the plague, AIDS, polio, tuberculosis, malaria.

Smallpox epidemic, illustration from Bernardino de Sahagún (Spanish missionary), *Historia de las cosas de Nueva España* (1569–75).

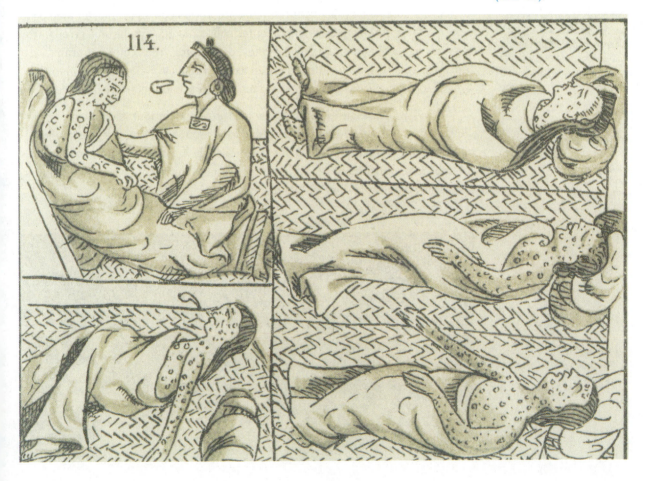

La Península Ibérica experimentó una profunda crisis durante el siglo XIV. Las guerras en los territorios fronterizos, la mayoría ya bajo dominio cristiano, las luchas entre monarquía y nobleza por el control político y los fuertes conflictos sociales afectaron a la economía y la agricultura. El hambre se apoderó de la población, cada vez más débil. Estas condiciones, unidas al hacinamiento y la falta de higiene, propiciaron la aparición de enfermedades contagiosas. La más devastadora fue la Peste Negra, contagiada a través de la pulga de la rata y más tarde por la respiración del aire contaminado.

La Peste Negra llegó de Oriente, se extendió rápidamente y asoló Europa en pocos años. Pronto la enfermedad empezó a circular por la Península. Pueblos enteros quedaron desolados. Algunos oportunistas aprovechaban para robar en las casas de las víctimas, contribuyendo a propagar la epidemia y agravando así la situación. La peste fue una enfermedad misteriosa en su origen, aunque poco a poco se descubrieron datos importantes sobre ella que ayudaron a erradicarla, como su relación con la falta de higiene. Los síntomas más comunes eran: hinchazón de los ganglios linfáticos en axilas, ingles y cuello, fiebre, pústulas, convulsiones y mareos. En la mayoría de los casos, conducían a la muerte.

A pesar de la escasez de profesionales, los conocimientos médicos continuaron difundiéndose por los territorios árabes y cristianos. Los árabes conocían desde hacía tiempo la obra científica de Aristóteles y Galeno, que ellos mismos habían traducido del griego. La medicina musulmana contaba con tres ramas principales: la dietética, la farmacología y la cirugía, basadas en los preceptos galenistas.

The number of doctors in the Iberian Peninsula was significantly reduced by the Inquisition's prohibition that prevented many Jewish and Muslim doctors from practicing.

Galen: Greek doctor who worked for the Roman emperor Marcus Aurelius in the 2nd century AD, making great discoveries in human physiology.

Jacopo Tintoretto, *Víctimas de la Peste Negra*, 1549

En la España cristiana también se conocían algunos de estos tratados orientales (gracias a las traducciones de Alfonso X) que se utilizaban en las recién creadas universidades. Los medicamentos medievales se elaboraban a partir de los herbolarios griegos: libros que recogían descripciones de plantas medicinales. Los primeros hospitales se fundaron en puntos de peregrinaje (como el Camino de Santiago) y rutas de las Cruzadas. Se trataba de edificios modestos, con camas y medios rudimentarios que se encontraban a cargo de órdenes religiosas y militares, por lo que los primeros enfermeros fueron monjes y caballeros.

PREGUNTAS DE COMPRENSIÓN

1. ¿Qué circunstancias propiciaron la crisis del siglo XIV en la Península Ibérica?

2. ¿Cómo se propagó por Europa la Peste Negra?

3. ¿Cuáles eran los síntomas más frecuentes de esta enfermedad?

4. ¿Por qué fue tan difícil erradicarla?

5. ¿Qué conocimientos médicos tenían los musulmanes de la Península? ¿Y los cristianos?

6. ¿Dónde se fundaron los primeros hospitales? ¿A cargo de quién estaban?

Antiguo Hospital de León, Parador Nacional

COMPÁS

Sustantivos

la axila	la falta	el mareo
el caballero	la fiebre	el medicamento
la cirugía	el ganglio linfático	el monje
la convulsión	el hacinamiento	la pulga
el cuello	el hambre	la pústula
el dato	la hinchazón	la rama
la escasez	la ingle	el síntoma

Adjetivos

científico	desolado	fronterizo
débil	devastador	

Verbos

agravar	asolar	propagarse
apoderarse	contagiar	propiciar
aprovechar	difundirse	

Encourage students to write definitions in their own words rather than using a dictionary.

Actividad 1 Basándose en el modelo, definan las siguientes palabras:

Modelo síntomas

Manifestaciones fisiológicas que acompañan a una enfermedad.

a. contagiar _____

b. débil _____

c. fiebre _____

d. mareo _____

Actividad 2 De cada grupo, seleccionen las palabras apropiadas para el contexto. Pongan atención a la concordancia de género y número. Deben utilizar solamente tres de las cuatro palabras.

As a follow-up activity, have students create their own sentences using additional words from the vocabulary list.

Modelo

difundir, apoderarse, caballeros, monjes

La Peste Negra <u>se difundió</u> rápidamente y <u>se apoderó</u> de miles de personas, incluidos los monjes.

1. escasez, pulga, propiciar, cirugía

   La ___escasez___ de higiene que existió durante la Edad Media ___propició___ la reproducción de parásitos como la ___pulga___.

2. ganglios linfáticos, síntoma, rama, hinchazón

   Uno de los ___síntomas___ de la Peste Negra es la ___hinchazón___ de los ___ganglios linfáticos___.

3. medicamento, hacinamiento, asolar, científico

   Debido a la falta de conocimiento ___científico___ y el ___hacinamiento___ de cuerpos, la peste ___asoló___ rápidamente las grandes ciudades.

Arnold Böcklin (1827–1901),
Die Pest (The Plague), 1898.

Actividad 1   Observen la imagen con atención y contextualicen la escena: ¿Dónde se hallan los personajes? ¿Qué periodo histórico se representa? ¿Cuál creen que es el tema (idea principal)? ¿Qué representa la figura central?

Actividad 2   ¿Cómo están distribuidas las figuras del cuadro? Indiquen la importancia de elementos visuales como la composición, el color, la perspectiva (distancia de las figuras respecto al observador). ¿De qué modo contribuyen esos elementos a la expresión del tema?

Actividad 3   En parejas, indiquen cuáles de las siguientes hipótesis les parecen más plausibles para explicar lo que les ha sucedido a los personajes del cuadro.

Answers will vary. Encourage students to justify their responses.

1.   La mujer vestida de rojo, *que* está tumbada sobre otra mujer, es...

   a.   una criada *cuya* ama ha muerto.

   b.   una enfermera *que* trabaja en el hospital local.

2.   La mujer *que* lleva el traje de novia...

   a.   nunca pudo llegar a la iglesia en *la cual* se iba a casar.

   b.   se ha casado esta mañana con el hombre de *quien* estaba enamorada.

3.   *Lo que* más temía la gente durante la Edad Media era...

   a.   no tener los recursos con *los que* poder sobrevivir.

   b.   que murieran las personas a *quienes* querían.

Actividad preliminar Compare los dos párrafos siguientes y trate de averiguar cuál es la principal diferencia:

Los caballeros hospitalarios de San Juan de Jerusalén:

Hacia el año 1050, un grupo de ricos comerciantes de Italia fundó dos hospitales en Jerusalén. Los hospitales atendían a personas enfermas. Había un hospital femenino y un hospital masculino. Los hospitales se encontraban en igualdad de condiciones. Mujeres y hombres cuidaban a los enfermos, comían y asistían al culto juntos. Más tarde, se formó una hermandad religiosa, y el principal objetivo de esta hermandad religiosa era servir a los pobres y a Cristo de acuerdo con la regla de San Agustín. A partir de entonces la separación fue total y las hermanas quedaron subordinadas a la orden masculina. El más importante de los numerosos hospitales de la orden fue el hospital que fundaron en Malta en 1575. Este hospital sigue siendo un magnífico monumento arquitectónico. Los Caballeros Hospitalarios intervinieron en Europa durante los periodos de guerra, conducían ambulancias y llevaban otros servicios médicos. En la actualidad sus funciones han sido adoptadas y ampliadas por la Cruz Roja.

Los caballeros hospitalarios de San Juan de Jerusalén:

Hacia el año 1050, un grupo de ricos comerciantes de Italia fundó dos hospitales en Jerusalén **que** atendían a personas enfermas. Había un hospital femenino y otro masculino, **que** se encontraban en igualdad de condiciones. Mujeres y hombres cuidaban a los enfermos, comían y asistían al culto juntos. Más tarde, se formó una hermandad religiosa, **cuyo** principal objetivo era servir a los pobres y a Cristo de acuerdo con la regla de San Agustín. A partir de entonces la separación fue total y las hermanas quedaron subordinadas a la orden masculina. El más importante de los numerosos hospitales de la orden fue **el que** fundaron en Malta en 1575. Este hospital sigue siendo un magnífico monumento arquitectónico. Los Caballeros Hospitalarios intervinieron en Europa durante los periodos de guerra, conducían ambulancias y llevaban otros servicios médicos **cuyas** funciones en la actualidad han sido adoptadas y ampliadas por la Cruz Roja.

Efectivamente, en la versión de la derecha se evitan repeticiones innecesarias.

Entre dos o más oraciones puede existir una relación de "subordinación": Una oración presenta datos básicos (información que no se puede ignorar → **oración principal**) y la otra oración tiene datos complementarios (información secundaria → **oración subordinada**):

- Mis amigos trabajan en un hospital. + El hospital queda cerca del mar.
  (oración principal)   (oración subordinada)

  Mis amigos trabajan en un hospital <u>que</u> queda cerca del mar.

- En mi vida he conocido a muchos doctores. + A estos doctores les gusta viajar.
  (oración principal)   (oración subordinada)

  En mi vida he conocido a muchos doctores a <u>quienes</u> les gusta viajar.

La subordinación relaciona el contenido de dos oraciones con un mismo sustantivo (*hospital, doctores*), y así evita repeticiones innecesarias. Las oraciones subordinadas que siguen este patrón también se llaman **oraciones de relativo**.

Las palabras *que* y *quien* cumplen la función de **pronombres relativos** que sustituyen al antecedente (el sustantivo que desaparece al integrar la oración secundaria en la oración principal: *hospital, doctores*).

Las oraciones de relativo pueden tener valor **especificativo** (describen características concretas y específicas, necesarias para la identificación del sustantivo) o **explicativo** (contienen información adicional para completar la descripción del sustantivo al que se refieren). Las oraciones de relativo explicativas se escriben entre comas.

Oración especificativa Información esencial	Oración explicativa Información adicional
Los enfermos <u>que se encontraban en el hospital de Jerusalén</u> eran bien atendidos.	*Los enfermos, <u>que se encontraban en el hospital de Jerusalén</u>, eran bien atendidos.*
(La oración de relativo especifica qué enfermos eran bien atendidos: no los enfermos que estaban en el hospital de Malta, sino los que se encontraban en el hospital de Jerusalén).	(La oración de relativo añade información que no es necesaria, pero ofrece detalles adicionales que ayudan a la contextualización: Ya sabemos de qué enfermos hablamos y para completar la información decimos que estaban en el hospital de Jerusalén).

Usos de los pronombres relativos

que

- Puede aparecer en frases con objetos inanimados o seres humanos (en este caso si el antecedente no tiene una preposición delante).

  En la España cristiana se conocían algunos tratados orientales que se utilizaban en las universidades y había personas que hablaban varias lenguas.

- Admite preposiciones delante: **en**, **con**, **de**, **a**, **por**...

  El siglo XIV es el primero en que se propagaron auténticas epidemias de peste, una enfermedad venida de Oriente.
  En el siglo XIV había pocos profesionales médicos con que se podía contar.

quien/quienes

- Pueden aparecer en oraciones sustituyendo a personas.

  Moría de peste quien no era lo suficientemente fuerte.
  Los oportunistas, quienes esperaban su momento, robaban en las casas.

- Admiten preposiciones delante: **en**, **con**, **de**, **a**, **por**...

  Los sabios árabes de quienes se habla en el texto conocían las obras científicas escritas en griego.

el/la que, los/las que

- Alternan con **quien/quienes** en oraciones con personas.

  Al principio, trabajaban en los hospitales los que eran monjes o caballeros.
  Los que tenían recursos, ayudaron a fundar hospitales.

- Pueden aparecer después del verbo **ser** (alterna con **quien/quienes** si el antecedente es una persona).

  Esa enfermedad es la que acabó con gran parte de la Europa medieval.
  Ese galeno es el que/quien me atendió anoche.

- Admiten preposiciones delante: **en**, **con**, **de**, **a**, **por**, **desde**...

  Los tratados de los que hablé son muy interesantes para entender el progreso de la Peste Negra en la Edad Media.

lo que

- Se refiere a conceptos abstractos (difíciles de identificar con una palabra concreta).

  No entiendo lo que pudo originar semejantes epidemias.
  Lo que se pensaba sobre la higiene personal no era suficiente.

- En algunos contextos equivale a **cuanto**.

  No sabes lo que (cuanto) os agradezco esas palabras.

el/la cual, los/las cuales

Estas formas son más comunes en el español escrito y menos en el español oral.

- Pueden alternar con **que** y **quien/quienes**.

  Me ha recetado un medicamento, el cual espero sea eficaz. (que)
  Han venido tus amigos, los cuales parecen bastante cansados. (quienes)

- Admiten preposiciones delante: **en, con, de, a, por, desde...**

  En el pasillo del hospital hay una ventana desde la cual se ve el mar.

cuyo/a, cuyos/as

- Tiene valor posesivo (poseedor + **cuyo** + cosa poseída).

  Leí con interés el libro de ese autor, cuyas opiniones comparto.
  Los peregrinos, cuyo espíritu ya quisiera yo tener, pasaban días sin dormir.

- Admiten preposiciones delante: **en, con, de, a, por, desde...**

  Resulta necesario estudiar los tratados científicos árabes, sin cuya sabiduría la medicina no habría progresado.

A continuación encontrará un repaso esquemático de los pronombres relativos más comunes.

	Referido a personas	Referido a cosas
En frase especificativa (sin comas)	que *Las personas que enfermaban de peste morían rápidamente.*	que *Las malas condiciones higiénicas que había en el siglo XIV propiciaron la aparición de la peste.*
En frase explicativa (con comas)	quien/quienes *Los enfermos de peste, quienes tenían los ganglios hinchados, eran atendidos en hospitales.*	que *La peste, que se propagó rápidamente por la Península, produjo un gran número de muertes.*
Uso con preposiciones	quien/quienes *Los árabes, de quienes se habla en el texto, conocían la obra de Galeno.* *Los enfermos a quienes se atendía en los hospitales comían con regularidad.*	que *Los hospitales de que estamos hablando estaban situados en puntos de peregrinaje.*

PRÁCTICA GRAMATICAL

Gustavo Doré, *Efectos de la Peste Negra sobre el ganado*, 1865

Note that there are acceptable variations depending on the register (more or less formal).

Actividad 1 Escriban los pronombres relativos que mejor completen las siguientes frases.

1. La Peste Negra fue una epidemia _____que_____ devastó Europa en el siglo XIV.

2. La crisis, _____que_____ trajo consigo grandes problemas económicos y sociales, produjo un dramático descenso en la población.

3. _____Lo que_____ no se sabía en la Edad Media era el método de propagación.

4. _____Los que/Quienes_____ padecían la enfermedad eran puestos en cuarentena o llevados a los hospitales.

5. Los pobres, _____quienes_____ sufrieron particularmente los efectos de la epidemia, se desplazaron a otras regiones.

6. El rey, _____cuyas_____ ordenanzas prohibían la entrada de barcos extranjeros, no consiguió remediar la situación.

7. Las consecuencias, _____que/las cuales_____ fueron muy graves, cambiaron la fisonomía de toda la Península.

Actividad 2 Combinen las siguientes frases utilizando pronombres relativos.

> **Modelo**
>
> El hambre se apoderó de la población. La población estaba cada vez más débil (información adicional).
>
> *El hambre se apoderó de la población, que cada vez estaba más débil.*

1. Jaume d'Agramunt fue un intelectual muy importante. Estudió las causas de la peste (información esencial).

Jaime d'Agramunt fue un intelectual muy importante que estudió las causas de la peste.

2. La peste afectó a muchas personas. A estas personas se las encerraba en hospitales (información adicional).

La peste afectó a muchas personas, a quienes se encerraba en hospitales.

3. La peste es una enfermedad devastadora. La peste se contagia por la pulga de la rata (información esencial).

La peste es una enfermedad devastadora que se contagia por la pulga de la rata.

4. La higiene fue uno de los factores importantes en la enfermedad. Su falta era generalizada durante el siglo XIV (información adicional).

La higiene, cuya falta era generalizada durante el siglo XIV, fue uno de los factores importantes en la enfermedad.

5. Los ciudadanos huyeron de la ciudad. Para los ciudadanos la peste suponía un peligro inmediato (información adicional).

Los ciudadanos, para quienes la peste suponía un peligro inmediato, huyeron de la ciudad.

6. Los ladrones robaban sistemáticamente las casas. Para los ladrones la peste fue una gran oportunidad de enriquecerse (información adicional).

Los ladrones, para quienes la peste fue una gran oportunidad de enriquecerse, robaban sistemáticamente las casas.

Actividad 3 En grupos de tres, utilizando los pronombres relativos que se ofrecen a continuación (con todas sus variantes de género y número), escriban definiciones detalladas para las palabras del vocabulario que el instructor les asigne. A continuación lean sus definiciones al resto de los estudiantes, quienes deberán averiguar de qué palabra se trata.

Give each group a list of 4–6 words from the **Compás** section and set a time limit for them to write their definitions. As a follow-up, have students read their definitions so that the rest of the class can guess the defined word.

| que | quien | cuyo | lo que | el cual |

Modelo   *Es una persona que se dedica a la investigación:* el <u>científico</u>

_____

_____

_____

_____

_____

_____

_____

_____

_____

UN POCO MÁS LEJOS

Actividad oral Desde el punto de vista del siglo XIV, algunas de las causas científicas de la Peste Negra eran las que se enumeran a continuación. Después de leer el texto (adaptado de la *Historia de la medicina a la Corona d'Aragó* de Antoni Carbonell) debata con sus compañeros las siguientes cuestiones:

You may have students read text at home to prepare for debate. Students can debate in small groups or as a whole class.

Jaime d'Agramunt, profesor del estudio general de Lérida (muerto en 1348) atribuye las causas de la epidemia a la influencia de los planetas, y los cielos. También puede venir por vientos calientes y húmedos, porque la humedad es madre de la putrefacción como lo son los cadáveres y las bestias muertas. También puede venir del agua calentada por el sol. Acusa entre otras cosas a la suciedad de las ciudades como causa de la peste (por eso hay que evitar dejar desechos y bestias muertas por las calles).

1. Desde nuestra perspectiva actual: ¿cuáles de las causas nombradas pueden ser consideradas científicas y cuáles improbables?

2. ¿Qué sabían y qué ignoraban en la Edad Media acerca de las causas de la enfermedad?

3. Hoy en día ¿existen enfermedades sobre las cuales desconocemos causas y remedios? ¿Qué explicaciones se han dado para explicar sus causas y propagación? ¿Qué prejuicios y leyendas circulan en torno a ellas?

Actividad escrita En la actualidad existen epidemias a pequeña escala que suelen afectar a los niños. En un párrafo relaten su experiencia personal (o la de otras personas conocidas) con una de estas "pequeñas epidemias" (por ejemplo, piojos, sarampión, varicela, paperas). Den detalles acerca de los síntomas que sufrieron, el contagio, la reacción de otros niños y adultos, el tratamiento, la curación. Utilicen los verbos en pasado (pretérito e imperfecto), los pronombres relativos y los pronombres de objeto directo e indirecto.

_____

_____

_____

_____

EXTENSIÓN: EL *LO* NEUTRO

Lo es una forma de artículo neutro invariable (no tiene plural) <u>diferente</u> al pronombre de objeto directo en tercera persona singular. El artículo **lo** siempre acompaña a un adjetivo, un adverbio o una oración subordinada introducida por la partícula **que**.

- ***lo* con adjetivos**

  Esta enfermedad me hace pensar en <u>lo</u> avanzada que está la ciencia hoy en día.

  <u>Lo</u> peor de la Peste Negra fue que murió mucha gente.

- ***lo* con adverbios**

  Es increíble <u>lo</u> mucho que ha progresado el conocimiento científico.

  Imagina <u>lo</u> mal que se encontraba un enfermo de peste.

- ***lo* + *que***

  <u>Lo</u> que quiero investigar está relacionado con enfermedades medievales.

  ¿Qué es <u>lo</u> que dicen los científicos actuales sobre la peste?

Actividad Complete los espacios en blanco en las oraciones siguientes con la forma de *lo* o *lo que* correspondiente.

1. _____Lo_____ peor de la Peste Negra es que se extendía muy rápido.

2. No es _____lo_____ mismo una enfermedad hereditaria que una por falta de higiene.

3. _____Lo_____ malo no es la enfermedad, sino __lo que__ significa a nivel social.

4. En tiempos de crisis, todo el mundo hace __lo que__ puede.

5. A veces nadie comprende __lo que__ cuesta mantener a tu familia sana.

6. Siempre hacemos todo __lo que__ podemos para ayudar a los más necesitados.

7. __Lo que__ me sorprende de Juan es _____lo_____ delgado que está con todo __lo que__ come.

8. Parece mentira _____lo_____ mal que comen los niños en este país.

9. __Lo que__ queremos decir sobre la salud pública es importante para todos.

10. Nunca entendemos __lo que__ representa la pobreza en los países del tercer mundo.

ESCALA LITERARIA DON JUAN MANUEL: EL CONDE LUCANOR

La Edad Media desarrolló y favoreció la literatura del Exemplum, primero como recurso para la predicación y, finalmente, como literatura de recreo y adoctrinamiento de la nobleza. El Conde Lucanor de don Juan Manuel, terminado en 1335, es paradigma de esta orientación. Sus cincuenta "ejemplos" presentan diversas influencias (fábulas griegas, relatos evangélicos, libros orientales, relatos fantásticos, crónicas), pero coinciden en una visión grave de la vida y en una postura de responsabilidad moral, con algunas dosis de ironía y humor.

Lo que sucedió a una zorra que se tendió en la calle y se hizo la muerta (adaptación) Exemplo XXXVIII

Hablando otro día el Conde Lucanor con Patronio, su consejero, le dijo así:

—Patronio, un pariente mío vive en un lugar donde le hacen frecuentes atropellos, que no puede impedir por falta de poder (...). A mi pariente le resulta muy penoso sufrir cuantas afrentas le hacen y está dispuesto a arriesgarlo todo antes que seguir viviendo de ese modo. (...) Os ruego que me digáis qué debo aconsejarle para que viva como mejor pueda en aquellas tierras.

—Señor Conde Lucanor —dijo Patronio—, para que le podáis aconsejar lo que debe hacer, me gustaría que supierais lo sucedido a una zorra que se hizo la muerta.

El conde le preguntó cómo había pasado eso. [Patronio respondió]:

—(...) Una zorra entró una noche en un corral donde había gallinas y tanto se entretuvo en comerlas que, cuando pensó marcharse, ya era de día y las gentes estaban en las calles. Cuando comprobó que no se podía esconder, salió sin hacer ruido a la calle y se echó en el suelo como si estuviera muerta. Al verla, la gente pensó que lo estaba y nadie le hizo caso. Al cabo de un rato, pasó por allí un hombre que dijo que los cabellos de la frente de la zorra eran buenos para evitar el mal de ojo a los niños, y, así, le trasquiló con unas tijeras los pelos de la frente. Después se acercó otro, que dijo lo mismo sobre los pelos del lomo; después otro, que le cortó los de la ijada; y tantos le cortaron el pelo que la dejaron repelada. A pesar de todo, la zorra no se movió, porque pensaba que perder el pelo no era un daño muy grave.

(...) Después llegó otro que dijo que los dientes de zorra eran buenos para el dolor de muelas. Le quitó uno y la zorra tampoco se movió esta vez.

Por último, pasado un rato, llegó uno que dijo que el corazón de la zorra era bueno para el dolor del corazón, y echó mano al cuchillo para sacárselo. Viendo la zorra que le querían quitar el corazón, y que si se lo quitaban no era algo de lo que pudiera prescindir, y que por ello moriría, pensó que era mejor arriesgarlo todo antes que perder ciertamente su vida. Y así se esforzó por escapar y salvó la vida.

Y vos, señor conde, aconsejad a vuestro pariente que dé a entender que no le preocupan esas ofensas y que las tolere (...). (...) Es mejor soportar las ofensas leves, pues no pueden ser evitadas; pero si los ofensores cometieran agravios o faltas a la honra, será preciso arriesgarlo todo y no soportar tales afrentas (...).

El conde pensó que este era un buen consejo. Y don Juan lo mandó poner en este libro e hizo estos versos que dicen así:

Soporta las cosas mientras pudieras,

y véngate sólo cuando debieras.

REFLEXIONES

Después de leer el *Exemplo*:

1. Expliquen la relación que existe entre los dos personajes principales, el Conde Lucanor y Patronio.

2. Expliquen el problema que le plantea el Conde Lucanor a Patronio.

3. Identifiquen las diferentes ofensas que recibe la zorra y cómo reacciona ante ellas.

4. ¿Cuál es la conexión entre la situación de la zorra en la historia y la situación del pariente del Conde Lucanor?

5. ¿Qué consejo le da Patronio al conde? ¿Cómo debe actuar su pariente?

6. A partir de este ejemplo concreto de la zorra, ¿qué enseñanza (moraleja) general se puede extraer?

PERSPECTIVAS

Actividad oral El Conde Lucanor presenta cincuenta *exemplos* o apólogos, cada uno con una lección útil de carácter generalmente moral que se presenta a través de historias ficticias. Hoy en día mucha gente busca ayuda profesional que le ofrezca consejos para resolver sus problemas. En parejas, examinen las siguientes moralejas extraídas del libro de don Juan Manuel y decidan a qué situaciones o problemas actuales podrían aplicarse.

Quien te encuentra bellezas que no tienes,

siempre busca quitarte algunos bienes.

Por quien no agradece tus favores,

no abandones nunca tus labores.

A quien te haga mal, aunque sea a su pesar,

busca siempre la forma de poderlo alejar.

Por padecer pobreza nunca os desaniméis,

porque otros más pobres un día encontraréis.

Actividad escrita Escojan una de las moralejas anteriores y juntos escriban una historia similar al ejemplo del conde Lucanor para ilustrarla.

_____

_____

_____

_____

_____

_____

_____

_____

- **En el horizonte:** Los Andes: Organización administrativa y social del Imperio inca
- **Brújula:** Maneras de hablar sobre el futuro
- **Extensión:** Perífrasis verbales

▶ Construcción inca

PRELECTURA

1. Imperios como el inca insistieron en la imposición de una lengua oficial dentro de sus territorios. Discutan las ventajas y desventajas de esta decisión.

2. En Estados Unidos se hablan diversas lenguas, aunque no existe una lengua oficial. ¿Se debe imponer alguna? ¿Por qué sí o por qué no? ¿Qué lenguas creen que se hablarán más en el futuro?

3. En su opinión, ¿tiene el gobierno la obligación de ofrecer servicios sociales a sus ciudadanos? ¿Qué servicios ofrece el gobierno de su país? ¿Le parecen suficientes o insuficientes? ¿Qué otros servicios cree que debe ofrecer?

4. En la fotografía se puede observar una panorámica de Machu Picchu, una de las ciudades más importantes de la cultura inca. Hagan hipótesis sobre cómo creen que era su organización política. ¿Qué derechos y obligaciones creen que tenían sus ciudadanos?

Remember that students are only making an hypothesis here. They will find more detailed information about Incan civilization in the following reading. The city is believed to have been built in the second half of the 15th century, during the height of Incan civilization (1200–1535).

Machu Picchu

En la región de los Andes se asentaron los quechuas. Este grupo dejó una gran cantidad de huellas culturales y su lengua franca, el quechua, sigue siendo hablada en nuestros días por una vasta comunidad indígena. Los incas (quechuas) formaron una poderosa organización política, social y económica que reunió a más de nueve millones de personas. En realidad, *inca* era el monarca, descendiente directo del Sol y autoridad suprema. Las crónicas indígenas contaban once incas desde el comienzo del Imperio, quienes tenían bajo sus órdenes a una serie de caciques.

Paisaje andino, Perú

Los incas se expandieron a lo largo de la cordillera andina, ocupando los territorios que hoy corresponden a Perú, Ecuador, Bolivia, el norte de Chile y parte de Argentina. La sociedad incaica se articulaba alrededor de *ayllus*, comunidades de familias organizadas por parentesco de sangre, localidad o alrededor de un objetivo común. Cada miembro del *ayllu* era responsable del bienestar y el progreso del grupo entero.

La vasta extensión geográfica del imperio inca requería un eficaz sistema de comunicaciones. Dentro de la red de vías creada y mantenida por esta civilización se encontraba el Camino del Inca. Este camino era un angosto sendero que servía como canal de comunicación y ruta para el traslado de mercancías. Los chasquis o mensajeros lo recorrían incansablemente. El servicio de chasquis es un ejemplo de la sofisticada organización incaica. Consistía en un sistema de postas que operaba a lo largo del camino, con relevos cuando el viaje era demasiado largo. Por medio de estos funcionarios, los pueblos periféricos se mantenían en contacto con el poder central, que residía en Cuzco. Por este camino también viajaban los tributos (impuestos), las órdenes y comunicaciones reales y mercancías desde las tierras bajas a las altas.

El imperio inca contaba asimismo con un sistema de prestaciones sociales, entre las cuales se hallaba el reparto equitativo de alimentos según las necesidades de cada individuo. Así, el estado no se limitaba a cobrar impuestos, sino que tenía formas de redistribuir parte de las riquezas comunes, en caso de necesidad.

Es importante recalcar que la expansión territorial de los incas respondió principalmente a motivos económicos. El cobro de tributos y la regulación de las actividades económicas de la región andina fueron los motores fundamentales del avance incaico en la región.

PREGUNTAS DE COMPRENSIÓN

1. ¿Cuál es el significado de la palabra *inca*?
2. ¿En qué consistía un *ayllu*?
3. ¿Para qué se utilizaba el Camino del Inca?
4. ¿Cómo se redistribuían los tributos y riquezas que recibían el estado inca?
5. ¿Cuál fue el motor de la expansión territorial inca?

La procesión del Inca en el Cusco, Perú

COMPÁS

Sustantivos

la autoridad	el indígena	la red
el cacique	el mantenimiento	el relevo
la cantidad	el mensajero	el sendero
la comunidad	el pago	el traslado
el descendiente	el poder	el tributo
el funcionario	la posta	
la huella	la prestación	

Adjetivos

alto	indigéna	vasto
angosto	mantenido	
bajo	periférico	

Verbos

articularse	operar
asentarse	recalcar
cobrar	recorrer
contar	redistribuir
corresponder	residir
dejar	

Actividad 1 Expliquen cuál de estas palabras no pertenece al grupo dado y por qué:

Answer key: a. prestación
b. recalcar c. descendiente
d. bajo

a. posta, prestación, sendero, relevo

b. pago, tributo, cobrar, recalcar

c. indígena, funcionario, mensajero, descendiente

d. angosto, mantenido, bajo, periférico

Actividad 2 Escriban la palabra de la lista de vocabulario que se corresponde con las siguientes definiciones.

a. Señal o rastro que deja una cultura.

huella

b. Grupo de personas que comparte intereses o características comunes.

comunidad

c. Repetir algo poniendo énfasis.

recalcar

d. Estar establecido, encontrarse en un lugar.

residir

e. Movimiento de un objeto de un lugar a otro.

traslado

Santiago de Chile

Indigenous workers (cheese production), Peru.

Actividad 1 ¿Dónde están los individuos de la imagen (en el campo, en la ciudad o en un pueblo)? ¿Qué indicios encuentran en la ilustración sobre la clase social a la que pertenecen? ¿Qué están preparando?

Actividad 2 En un futuro inmediato: ¿Dónde van a distribuir sus productos? ¿Los van a intercambiar por otros (en este caso, ¿por cuáles?) o van a cobrar dinero por ellos?

Actividad 3 Hagan predicciones acerca de un futuro más lejano. Para ello, completen las siguientes oraciones con ideas de la lista que se les da más abajo.

Note that some ideas can be used to complete various sentences.

1. Aumentarán su productividad, ya que _____

   _____

2. Habrá más demanda de sus productos, porque _____

   _____

3. Ampliarán su grupo de trabajadores _____

   _____

4. Desarrollarán nuevos modos de producción, puesto que_____

   _____

5. Fabricarán nuevos productos, dado que _____

   _____

- contratarán a trabajadores de otro pueblo
- inventarán un nuevo procedimiento para elaborar sus productos
- utilizarán ingredientes de tierras lejanas
- desarrollarán maquinaria especializada
- los clientes estarán satisfechos
- los consumidores pedirán más variedad de productos
- se asociarán con otros fabricantes
- reducirán los gastos de producción

Actividad preliminar Marque las formas de expresar el futuro en el siguiente texto:

Las lenguas indígenas han representado un problema para los colonos desde la Conquista. Ya en 1787, el rey Carlos III prohibía a los aborígenes su habla en el continente e imponía el español como único idioma. Por ello, cuatro siglos después aún resulta difícil encontrar material de estudio en las lenguas sobrevivientes de los pueblos que se aislaron o que ocultaron su idioma nativo. El futuro de un grupo importante de lenguas indígenas es incierto. Por un lado, el número de hablantes potenciales se seguirá incrementando, pues el aumento demográfico de las comunidades indígenas va a continuar siendo alto; por otro lado, la presión por parte de la lengua mayoritaria, el español, se hará patente. No hay que olvidar tampoco que el inglés va a extenderse también a través de los medios de comunicación globales. Con el apoyo de organizaciones internacionales y de los propios gobiernos latinoamericanos, que poco a poco reconocerán la importancia de la diversidad lingüística en sus países, las comunidades indígenas quizá podrán desarrollar sistemas de educación adecuados y con ello asegurar la transmisión de su herencia lingüística y cultural.

¿Le parece una visión optimista o pesimista sobre el futuro de las lenguas indígenas? ¿Cuál es su opinión sobre este tema?

Al hablar de acciones en el futuro, el español nos ofrece varias opciones.

PRESENTE DE INDICATIVO

El hablante anuncia algo que ya está previsto o habla de algo que ya está establecido:

Mañana <u>vamos</u> a Madrid, para visitar el nuevo Museo de las Américas.

El domingo que viene <u>hay</u> una reunión de ex compañeros de cátedra.

EL FUTURO

PRESENTE DEL VERBO *IR* + *A* + INFINITIVO (FUTURO PERIFRÁSTICO)

El hablante presenta las cosas como ya decididas y más próximas a la realidad:

¿Qué va a pasar ahora que Portugal pierde influencia sobre el Atlántico?
España va a vivir una época gloriosa durante unos doscientos años.

La construcción **pensar + infinitivo** marca la intención de hacer o participar en algo:

Los Reyes Católicos pensaban recibir grandes beneficios del nuevo continente.
No pienso participar en el debate sobre el encuentro de la cultura indígena y la europea.

Con **estar al + infinitivo / estar a punto de + infinitivo** se expresa la inminencia de una acción:

Por algún tiempo, la aventura de Colón estuvo a punto de no convertirse en realidad.
Decían que el cambio de mentalidad estaba al caer tras una larga etapa medieval.

FUTURO DE INDICATIVO

Planteamos acciones futuras de manera menos definida o con menor grado de seguridad:

–¿Qué planes tienes para tus vacaciones de primavera?
–Iré a la República Dominicana, para conocer los lugares donde Colón llegó primero.

La conjugación del futuro en verbos regulares se basa en el infinitivo:

	Verbos que terminan en -*ar*	Verbos que terminan en -*er*	Verbos que terminan en -*ir*
yo	hablaré	comeré	viviré
tú	hablarás	comerás	vivirás
él / ella / usted	hablará	comerá	vivirá
nosotros / nosotras	hablaremos	comeremos	viviremos
vosotros / vosotras	hablaréis	comeréis	viviréis
ellos / ellas / ustedes	hablarán	comerán	vivirán

La conjugación de los verbos irregulares (y sus compuestos) presenta varias raíces:

			Cambio en la raíz
querer (malquerer)	→	querr -	querré, querrás, querrán, querremos querréis, querrán
decir (desdecir, contradecir)	→	dir -	diré, dirás, dirá...
hacer (deshacer, rehacer)	→	har -	haré, harás, hará...
haber	→	habr -	habré, habrás, habrá...
saber	→	sabr -	sabré, sabrás, sabrá...
caber	→	cabr-	cabré, cabrás, cabrá...
poder	→	podr -	podré, podrás, podrá...
poner (sobreponer, anteponer)	→	pondr-	pondré, pondrás, pondrá...
venir (intervenir, convenir)	→	vendr -	vendré, vendrás, vendrá...
tener (obtener, retener)	→	tendr -	tendré, tendrás, tendrá...
salir	→	saldr -	saldré, saldrás, saldrá...

PRÁCTICA GRAMATICAL

Actividad 1 Completen el párrafo sobre las profecías de los chamanes incas Q'ero con la forma correcta del futuro de indicativo de los verbos que están entre paréntesis.

Los Q'ero son una tribu inca que se refugió en las montañas de los Andes para escapar de los conquistadores españoles. Sobrevivieron aislados durante más de 500 años, hasta que en 1949 fueron "descubiertos" por los antropólogos. Conservan todas las tradiciones incas, incluida la lengua y ciertas profecías como la que se describe a continuación.

Según los jefes de la tribu Q'ero, en el futuro _____habrá_____ (haber) un gran cambio, llamado *pachacuti*. El mundo _____se pondrá_____ (ponerse) al revés: el orden _____sustituirá_____ (sustituir) al caos y _____vendrán_____ (venir) tiempos de armonía. En este mágico momento, los pueblos de todo el mundo _____se unirán_____ (unirse). Esta unión _____tendrá_____ (tener) como fuerza guiadora el amor y la compasión. Todos los seres humanos _se reconciliarán_ (reconciliarse) con la madre Tierra. Cada región y pueblo del planeta _____aportarán_____ (aportar) sus esfuerzos y _____harán_____ (hacer) todo lo posible por mantener la paz. Entonces, el Águila del Norte y el Cóndor del Sur _____podrán_____ (poder) volar juntos otra vez.

Incas peruanos

Actividad 2 Basándose en la profecía de la tribu de los Q'ero, escriban juntos su propia profecía de cómo será el mundo. Mencionen los siguientes aspectos: política, ecología, relaciones humanas, familia. Utilicen el futuro de indicativo.

_____

_____

_____

_____

_____

_____

_____

As a follow-up, have groups present their plans to the class to select the most appropriate for your city. You might want to encourage debate on their feasibility.

Actividad 3 Usted y su compañero trabajan en el ayuntamiento. Deben diseñar un plan de reformas para mejorar su ciudad o pueblo. Consideren algunos de los siguientes aspectos: urbanismo (carreteras, viviendas, edificios públicos, espacios recreativos, iluminación), ecología (parques, recursos naturales, reciclaje, contaminación), servicios sociales (hospitales, escuelas, seguridad). Empleen el futuro perifrástico (**ir + a + infinitivo**) para describir con detalle su plan y los beneficios que traerá en un futuro próximo.

_____

_____

_____

_____

_____

_____

_____

UN POCO MÁS LEJOS

Actividad oral   La vida del estudiante universitario ha cambiado mucho a lo largo del tiempo. Los avances tecnológicos han facilitado el acceso a la información y el aprendizaje. Los hábitos de los estudiantes también han cambiado. Imaginen cómo serán los próximos cincuenta años y discutan en grupos:

¿Cómo será la vida del estudiante? ¿Cómo serán las residencias?
¿Cómo se preparará el estudiante para sus clases? ¿Qué aparatos electrónicos utilizará?
¿Qué papel tendrá la tecnología?
¿Qué harán los estudiantes en su tiempo libre?
¿Qué harán los profesores?

Encourage students to be creative and express themselves.

Actividad escrita   Imaginen qué ocurrirá a nivel mundial a lo largo del siglo XXI. Señalen fechas y acontecimientos clave y den detalles sobre las consecuencias de cada suceso. Escriban al menos diez frases completas utilizando el futuro.

You may want to have students complete this activity in groups or assign it as homework.

Modelo   *En el año 2015 se descubrirá la vacuna contra el SIDA. La tasa de mortalidad bajará en todo el mundo y...*

_____

_____

_____

_____

_____

_____

_____

_____

EXTENSIÓN: PERÍFRASIS VERBALES

Las perífrasis son grupos verbales que incluyen un verbo conjugado y otro en forma no personal (infinitivo, gerundio o participio). Las perífrasis verbales pueden tener diferentes significados dependiendo de los elementos que contienen.

Perífrasis que marcan el principio de una acción

empezar a + infinitivo	*Colón <u>empezó a sentir</u> pasión por los viajes desde muy pequeño, cuando vivía en Génova.*
ponerse a + infinitivo	*De repente <u>se puso a leer</u> libros de viaje.*
echar(se) a + infinitivo	*Y <u>se echó a pedir</u> dinero para poder llevar a cabo el sueño de su vida, alcanzar las Indias por otra ruta.*

Perífrasis que indican el final de una acción

dejar de + infinitivo	*Los Reyes no <u>dejaron de apoyarlo</u> en todo momento en sus deseos de conquistar un gran sueño.*
acabar de + infinitivo	*Al final, <u>acabó de navegar</u> y llegó al Nuevo Mundo.*

Perífrasis que señalan obligación

tener que + infinitivo	*<u>Tengo que reflexionar</u> un poco más sobre el papel de la Inquisición en el siglo XV.*
haber de + infinitivo	*<u>Hemos de tener</u> en cuenta que en América había civilizaciones altamente desarrolladas.*
deber + infinitivo	*<u>Debemos recordar</u> siempre los efectos negativos de cualquier tipo de colonización.*

Perífrasis que mantienen la duración de una acción

continuar/seguir + gerundio	*Colón y otros tantos aventureros <u>continuaron/siguieron viajando</u> por todo el mundo a pesar de no recibir dinero a cambio.*
andar + gerundio	*El cronista <u>andaba entrevistando</u> a los viajeros para escribir los informes de la travesía.*

Actividad Lea el texto a continuación sobre otras profecías para el futuro del mundo, y subraye todas las perífrasis que encuentre.

¿Llegará el fin del mundo?

Durante siglos ha habido muchas profecías sobre el fin del mundo. Las más conocidas son las de Nostradamus (1503-1566), que expresó sus presagios en cientos de versos. En su opinión, el mundo va a desaparecer por un fenómeno astronómico durante una gran guerra. Los mayas son muy específicos: el mundo dejará de existir el 21 de diciembre de 2012. Pero hay otras teorías sobre el final de la humanidad, como por ejemplo que un gran meteoro deberá impactar contra la Tierra. Otros dicen que después de ese choque, el mundo continúa existiendo, pero con una civilización diferente. En este sentido, algunos piensan que la Tierra ha de entrar en contacto con otros pueblos extraterrestres, aunque no están seguros de si vienen a vivir en paz o a conquistarnos. Otra hipótesis muy popular es que el mundo acabará de ser mundo por un desastre nuclear o un desastre ambiental. Aquí tenemos unos cuantos ejemplos: la crisis de Chernobil, el calentamiento de la atmósfera, la deforestación. Quizá el final deberá venir por una enfermedad similar a la peste en la Edad Media, pero esta vez con un virus creado por el hombre. Por último, muchas religiones nos recuerdan que tenemos que dar gracias a Dios por vivir, y que Él sigue siendo quien decide el final de todo y todos...

El gobernador inca Mayta Capac perdona a los jefes de las tribus conquistadas

Y usted, ¿qué piensa sobre estas profecías? ¿Cree en ellas o no? ¿Puede plantear una hipótesis alternativa para el mundo tal como lo conocemos ahora? ¿Qué deberemos hacer para conservar el mundo durante muchos años en el futuro? ¿Qué tendrán que hacer nuestros gobiernos? ¿Cómo será nuestra vida dentro de 100 años?

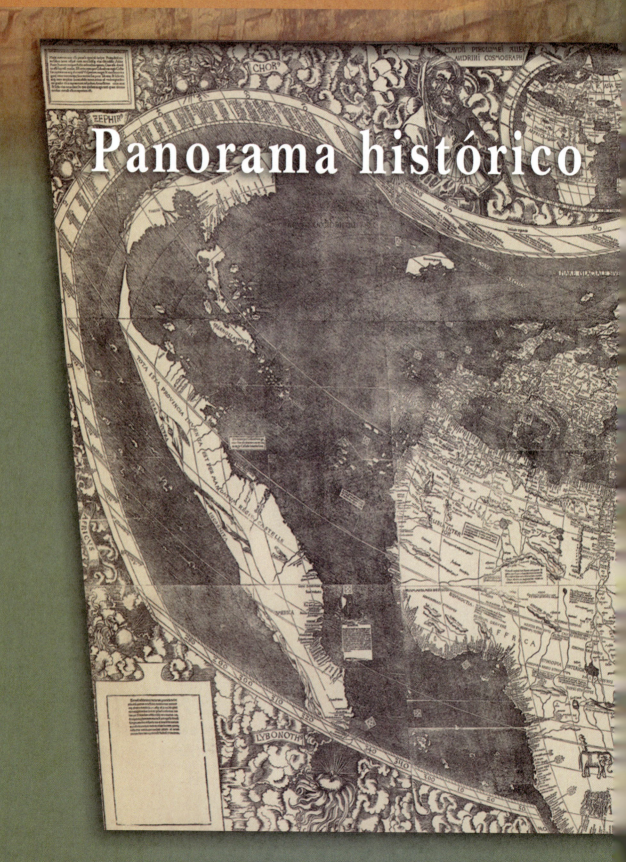

Panorama histórico

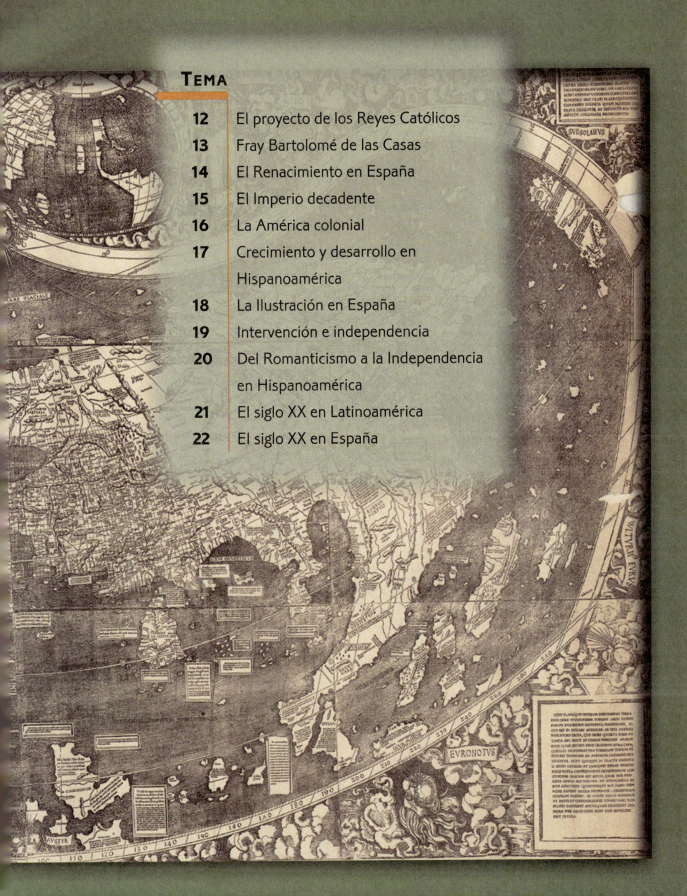

Los Reyes Católicos reciben una embajada de Fez

- **En el horizonte:** El proyecto de los Reyes Católicos: Unificación y expansión
- **Brújula:** Oraciones impersonales
- **Extensión:** Los auxiliares léxicos

Reyes Católicos

1. ¿Cuál es la organización política de su país? ¿Cómo se toman las decisiones? ¿Quién escribe las leyes? Expliquen.

2. ¿Cómo creen que era la organización política medieval en Europa? ¿Quién tomaba las decisiones (los sacerdotes, los nobles, los campesinos...)? ¿Cuál era la función de los diferentes grupos sociales?

3. Busquen posibles conexiones entre la ilustración y la organización de la sociedad medieval.

In medieval Europe the practice of feudalism was widespread. Under feudalism, the granting of land and labor was exchanged for military services.

The Council of Toledo, ninth century (manuscript).

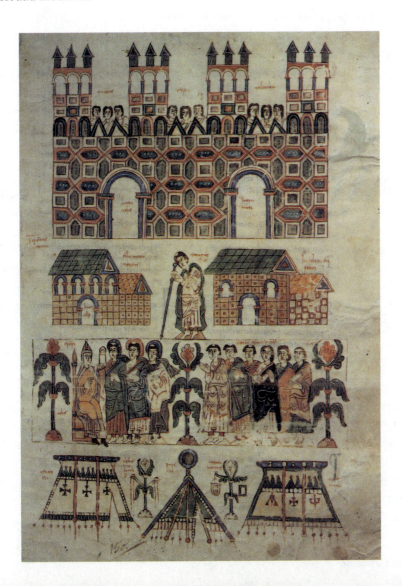

Durante el siglo XV la Península Ibérica se hallaba dividida en varios reinos o estados independientes: Portugal, el reino musulmán de Granada, Castilla, Aragón y Navarra. La organización de estos reinos era de carácter feudal. En el campo, los nobles controlaban grandes latifundios que los campesinos cultivaban. En las ciudades, existía una incipiente clase social con gran poder económico (el patriciado urbano o futura burguesía), la cual convivía junto con las clases más modestas de artesanos, mercaderes y otros grupos de trabajadores.

El poder político se repartía entre la Corona (el rey, quien residía en la Corte) y la alta nobleza rural (los señores feudales). Más adelante, se permitió participar a los habitantes ricos de las ciudades en la toma de decisiones. Así, se formaron las Cortes (especie de parlamento que incluía a representantes de los estamentos sociales más poderosos). Existían además grupos políticos con diferentes intereses. Las desigualdades sociales eran muy pronunciadas, lo que causó diversos tumultos. Los grupos más oprimidos pedían el fin de los abusos de la nobleza, así como el respeto de sus derechos más básicos, que se violaban sistemáticamente. Por otro lado, las calles estaban llenas de mendigos, los cuales dependían de la caridad de la Iglesia para sobrevivir.

La economía giraba en torno al comercio y a industrias como la textil y la fabricación de barcos. Portugal, Castilla y Aragón competían por las principales rutas marítimas mercantiles: la ruta mediterránea (la puerta al comercio con Oriente) y la norteafricana. El Atlántico se empezaba a explorar. El viaje marítimo, que alcanzó su apogeo en las últimas décadas del siglo, respondía a una motivación principalmente económica: encontrar nuevas y más eficientes vías de importación y exportación. Sin embargo, pronto se convirtió también en un medio de conocimiento geográfico y científico.

En 1469, Isabel, reina de Castilla, y Fernando, rey de Aragón, formalizaron un contrato matrimonial por el que ambas coronas se unieron y dejaron de ser rivales. Este fue el comienzo de una profunda transformación política, social y cultural. Los nuevos reyes de Castilla y Aragón realizaron un esfuerzo de centralización para limitar el poder de los nobles feudales y concentrarlo en sí mismos. Fortalecieron varias instituciones como la Inquisición (el tribunal de justicia) y la Santa Hermandad (tipo de policía). Bajo su reinado existieron además cargos como el de corregidor (delegado de los reyes en las ciudades) y numerosos aparatos burocráticos. Como consecuencia de este control central, el poder de los parlamentos o Cortes disminuyó.

REYES CATÓLICOS

Los Reyes Católicos, cuyo proyecto político incluía la expansión territorial y homogeneización social, cultural y religiosa, expulsaron a musulmanes y judíos de la Península, con excepción de aquellos que aceptaron convertirse al catolicismo, impuesto como religión oficial. La Inquisición funcionó como un organismo de control social que vigilaba estrechamente a los conversos. El castellano se impuso como lengua oficial y en 1492 salió a la luz la primera gramática, escrita por Antonio de Nebrija. Se estableció el ducado como moneda común para todo el reino. La llegada a América, en ese mismo año, acabó por consolidar la hegemonía comercial de España frente a Portugal y sentó las bases del imperialismo.

Many converts continued to practice their own religion in secret.

Antonio de Nebrija (1441–1522): Spanish intellectual whose progressive ideas were influenced by the Italian Renaissance.

PREGUNTAS DE COMPRENSIÓN

1. ¿En qué reinos diferentes estaba dividida la Península Ibérica en el siglo XV?

2. ¿Qué consecuencias tuvo la desigualdad social?

3. ¿Cuáles eran los motores de la economía?

4. ¿Qué era un converso?

5. ¿Qué función cumplía la Inquisición española?

6. 1492 fue un año significativo en la historia de España. Mencione dos hechos importantes que tuvieron lugar en ese año.

7. ¿En qué consistía el proyecto de los Reyes Católicos desde el punto de vista económico, social, lingüístico... ?

Los Reyes Católicos, Isabel y Fernando

COMPÁS

Sustantivos

el apogeo	el esfuerzo	la nobleza
el cargo	el estamento	el partido político
la caridad	la hegemonía	la reina
la corona	el latifundio	el tribunal
la corte	el medio	el tumulto
la desigualdad	el mendigo	

Adjetivos

feudal	oprimido	real
incipiente	pronunciado	

Verbos

alcanzar	formalizar	repartir
convivir	girar	sobrevivir
dejar de	hallarse	violar
expulsar	realizar	

The words in this list come from **En el horizonte** and include many cognates not listed in the **Compás** section.

Actividad 1   Agrupen las palabras de la lista para diseñar un mapa semántico alrededor de las siguientes categorías: sociedad, religión, política y economía.

burguesía	Corona	importación	latifundio
campesinos	derechos	industria	mercaderes
catolicismo	desigualdad	Inquisición	musulmán
centralización	estamentos	instituciones	nobleza
comercio	exportación	judío	transformación
converso	expulsar	justicia	tribunal

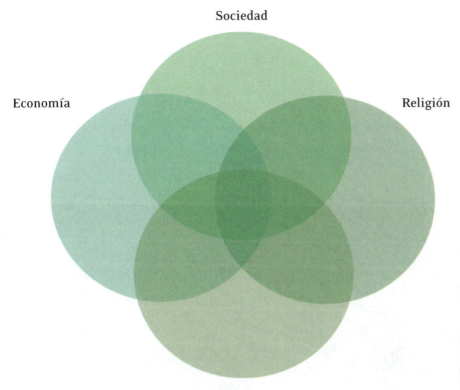

Sociedad

Economía

Religión

Política

Actividad 2 Basándose en el mapa semántico creado, escriban un breve párrafo sobre el panorama religioso, político, social o económico de España del siglo XV.

Expulsión de los judíos de España

_____

_____

_____

_____

_____

_____

The first image represents the presentation of the project to the king in order to obtain financing. The second illustrates Columbus's return to Spain.

Los siguientes cuadros ilustran dos momentos relacionados con los viajes de Cristóbal Colón.

Actividad 1 Comparen la atmósfera visual de las dos escenas: el color, la composición (distribución espacial de los elementos). Comenten el lenguaje corporal de los participantes. ¿Cuáles son sus actitudes? ¿Qué están pensando? ¿Qué se discute en la reunión de la primera imagen? ¿Qué ocurre en la escena del segundo cuadro?

Columbus at the court of Ferdinand, April 1492.

Actividad 2 En grupos, preparen una dramatización basada en las dos escenas. Identifiquen a los protagonistas y escriban diálogos para recrear la interacción que existe entre ellos.

Columbus before King Ferdinand and Queen Isabella after his return from America, March 1493.

You may have students perform both scenes or assign one to each group.

BRÚJULA: ORACIONES IMPERSONALES

Actividad preliminar Lea este texto sobre los antecedentes e influencia de la *Gramática* de Antonio de Nebrija y subraye los sujetos gramaticales (agentes de la acción) que aparecen en cada oración:

Si en el siglo XV uno quería estudiar leyes, derecho o cualquier otra disciplina académica, tenía que hacerlo en latín. Por supuesto, no todo el mundo conocía esta lengua, ya que poca gente tenía acceso a una educación básica. En España, la mayoría vivía día a día, pues la situación económica y social resultaba bastante inestable. A nivel oral, no se hablaba un dialecto estándar del español, pues aún no se tenía conciencia clara de lo que representaba esta lengua. Se decía que sólo las lenguas clásicas merecían ser estudiadas, mientras que las "vulgares" dependían del gusto de sus hablantes. En otras palabras, cada uno hablaba según su propio criterio, hasta que la Gramática de Nebrija convirtió el español en una lengua de cultura y ciencia al mismo nivel que el latín.

Hay diversas razones para que un hablante no quiera expresar el sujeto de una oración: no sabe, no quiere decir, no le interesa quién es. Las opciones para impersonalizar nuestras ideas son:

UNO/UNA

El pronombre **uno/una** y el verbo en 3ª persona de singular sirve para que el hablante se refiera a sí mismo de una manera más general.

Uno nunca piensa en la vida universitaria de otros tiempos.

LA GENTE / TODO EL MUNDO

Las expresiones **la gente** y **todo el mundo** con verbos en 3ª persona de singular sirven para que el hablante no se incluya en la conducta de un grupo.

Mucha gente piensa que esa estructura social tan jerarquizada de la Edad Media se ha mantenido en algunos países hasta el presente.

No me extraña que todo el mundo diga que 1492 fue un año excepcional: Colón llegó a América, Gutenberg inventó la imprenta y Nebrija escribió la Gramática.

Verbo en 3ª persona del plural (sin sujeto específico)

El uso de la 3ª persona del plural es común en situaciones en que el hablante no sabe (o no quiere decir) quién realiza la acción.

Dicen que Colón leyó una y otra vez la obra de Marco Polo.

Dicen que el castellano se convirtió en español a partir de la Gramática *de Nebrija.*

Se + verbo en 3ª persona del singular o plural

La partícula **se** expresa información como algo general sin excluir a nadie, o enfatiza una acción o un lugar sin dar mucha importancia al sujeto. La concordancia entre **se** y el verbo depende de:

El verbo se mantiene en singular si **se + verbo** introduce un infinitivo:

Se permitió participar a los habitantes ricos en la toma de decisiones en las Cortes.

Con verbos transitivos (verbos que admiten objeto directo), el verbo concuerda en número con el sustantivo:

Se creó la Inquisición.

Se crearon varias instituciones represoras.

El verbo aparece siempre en singular si a **se + verbo** le sigue una preposición:

No se sabe de quién viene el principal apoyo de la Inquisición, Fernando o Isabel.

PRÁCTICA GRAMATICAL

Actividad 1 Transformen las frases que se les dan a continuación en frases impersonales con **se**.

Modelo

permitir participar a los habitantes ricos en la toma de decisiones políticas

Se permitía participar a los habitantes ricos en la toma de decisiones políticas.

En el siglo XV...

1. pagar impuestos a los nobles y a la Iglesia

   se pagaban impuestos

   _____

2. cosechar las tierras dentro de los feudos

   se cosechaban las tierras

   _____

3. pasar hambre

   se pasaba hambre

   _____

4. explorar nuevas rutas comerciales

   se exploraban nuevas rutas

5. no poder practicar otra religión además de la católica

   no se podía practicar otra religión

6. controlar a los ciudadanos conversos

   se controlaba a los ciudadanos

Campesinos trabajando en un feudo

Actividad 2 Basándose en el ejercicio anterior, comparen en parejas el mundo del siglo XV y del XXI respecto a las ideas dadas. ¿Qué se hacía en el siglo XV? ¿Qué se hace ahora? ¿Hay alguna diferencia en cuanto a pago de impuestos, hambre, exploraciones, religión, vida cotidiana, sistema político? Utilicen todas las formas de impersonalidad (uno, una, la gente, todo el mundo, dicen que, se...).

Modelo *En el siglo XV se cruzaba el Atlántico en barco. Hoy en día uno puede cruzarlo en avión.*

_____

_____

_____

_____

_____

_____

Actividad 3 Volviendo al texto sobre el siglo XV, en grupos de tres personas reconstruyan los acontecimientos más importantes que tuvieron lugar en este periodo. Hagan una lista de al menos cinco.

Modelo *En 1469 se formalizó un contrato matrimonial entre Isabel de Castilla y Fernando de Aragón.*

_____

_____

_____

_____

_____

_____

You may want to assign this activity as homework to enable students to use the library, Internet, or other sources to find more information.

Actividad 4 Agreguen a la lista del ejercicio anterior otros hechos importantes que conozcan sobre la Europa medieval.

Modelo *En la Edad Media en Europa se inventó la imprenta.*

_____

_____

_____

_____

_____

_____

Cristóbal Colón en La Española

UN POCO MÁS LEJOS

Actividad oral   Dicen que el siglo XV fue un periodo oscuro en la historia de España. Se afirma que el proyecto de los Reyes Católicos era de carácter imperialista y perjudicó a América. Unos opinan que el encuentro entre las culturas indígenas y europeas fue enriquecedor y positivo. Otros aseguran que significó la destrucción del Nuevo Mundo. Utilizando las formas de impersonalidad cuando sea apropiado, hagan un debate expresando sus opiniones al respecto.

Have students work in groups to brainstorm the implications of the arrival of the Europeans in the Americas.

Modelo

Se propagaron enfermedades europeas por América y murieron muchos indígenas.

Se introdujeron nuevos cultivos en América y esto enriqueció la dieta de los indígenas.

Actividad escrita   La brújula y la imprenta fueron dos instrumentos claves en el siglo XV que impulsaron el avance de la civilización occidental durante la Edad Media. Decidan cuál de estos inventos fue más importante en su opinión y escriban un párrafo en el que:

a.   describan el instrumento, cuándo y dónde se descubrió.

b.   expliquen su utilidad y los logros que gracias a él se obtuvieron.

Gutenberg desarrolla la imprenta

You may want to assign this activity as homework to have students research the two instruments. It is also possible to have students talk about other inventions of the period.

_____

_____

_____

_____

_____

_____

_____

Actividad preliminar Lean los siguientes diálogos y traten de identificar las palabras y expresiones auxiliares (de ayuda a la expresión).

—Profesor, ¿realmente la Inquisición quemaba a los herejes?

—Bueno, en algunos casos... mmm..., creo que sí, pero... no sé, tendría que revisar los documentos históricos.

—Profesora, ¿es verdad que los Reyes Católicos terminaron con la diversidad cultural en España?

—Hombre, pues sí, o bueno..., ehhh, vamos a ver, no exactamente, pero... ¿por qué lo preguntas?

Durante una conversación en persona o por teléfono, a todos nos puede faltar una palabra, no recordamos lo que íbamos decir o necesitamos más tiempo para pensar lo que queremos comunicar. Lógicamente, esto también puede pasar cuando hablamos una lengua distinta a la nuestra. Entre otras estrategias, podemos emplear:

- Palabras sin un significado específico: *algo, esto, eso, cosa.*

  en el suelo hay una cosa, no sé qué es eso, en esa bolsa tienes algo de comer

- Expresiones para pedir ayuda de manera verbal (*no entiendo, ¿puede repetir?, ¿cómo?, ¿eh?, ¿qué?, ¿mande?, repita por favor, no puedo explicar en español...*) o de manera no verbal (con gestos con los ojos o los hombros).

- Auxiliares léxicos para llenar el silencio mientras uno está pensando: *eh, mmm, yyy, esto, o sea, este, no sé, pues, bien, pero, ya sabes, en fin, bueno...*

Actividad **a** Lea estos diálogos breves y con su compañero o compañera prepare una adaptación incluyendo los auxiliares léxicos.

Modelo	**En la calle**	
	—Hola, buenas tardes. ¿Sabe dónde hay un banco cerca?	—*Ehhh, esto, perdone,* buenas tardes. Mire, ¿sabe dónde hay *mmm* un banco cerca?
	—Hola, buenas tardes. No estoy muy seguro, pero creo que hay uno al final de la calle.	—*Este, pues, no sé,* no estoy *mmm* muy seguro... quizá, pues, *no sé* ¿al final de la calle?
	—¿Y está muy lejos?	—Y *bueno, en fin,* ¿está *eh pues* muy lejos?
	—A unos cinco minutos.	—Creo, *bien, me parece, yyy* a unos cinco minutos.

En la escuela

—Profesor, ¿puedo hablar un momento con usted de mi tarea?

—Sí, claro. ¿Qué ocurre?

—Profesor, olvidé la tarea en mi habitación, y ahora mi compañero de cuarto cerró con llave.

—Bueno, ¿y qué quiere hacer?

_____
_____
_____
_____
_____
_____
_____
_____

En una fiesta

—Hola, ¿cómo te llamas?

—Me llamo Laura, ¿y tú?

—Me llamo Sam. Creo que nos conocemos de la universidad. ¿Tomas clases de español?

—No las necesito, mis papás son de Argentina.

_____
_____
_____
_____
_____
_____
_____

b Ahora es su turno de preparar otro diálogo breve y representarlo en pequeños grupos o ante los compañeros de clase. Piensen en otros posibles contextos: un hospital, una reunión social, una ceremonia religiosa. Pídanle ayuda al profesor y ¡practiquen un poco antes de actuar!

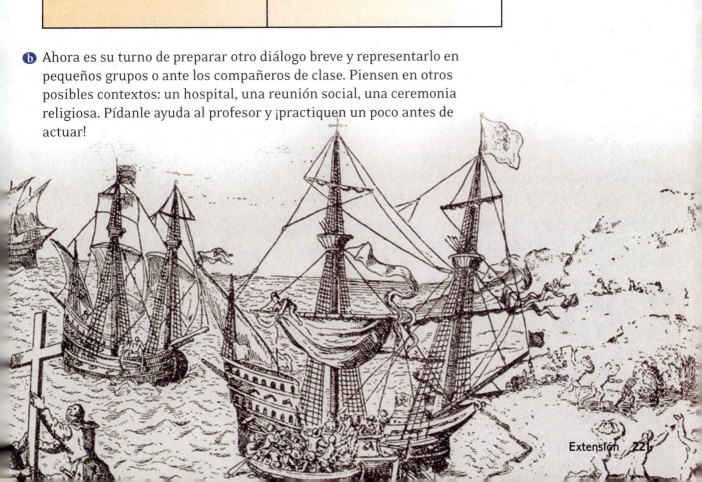

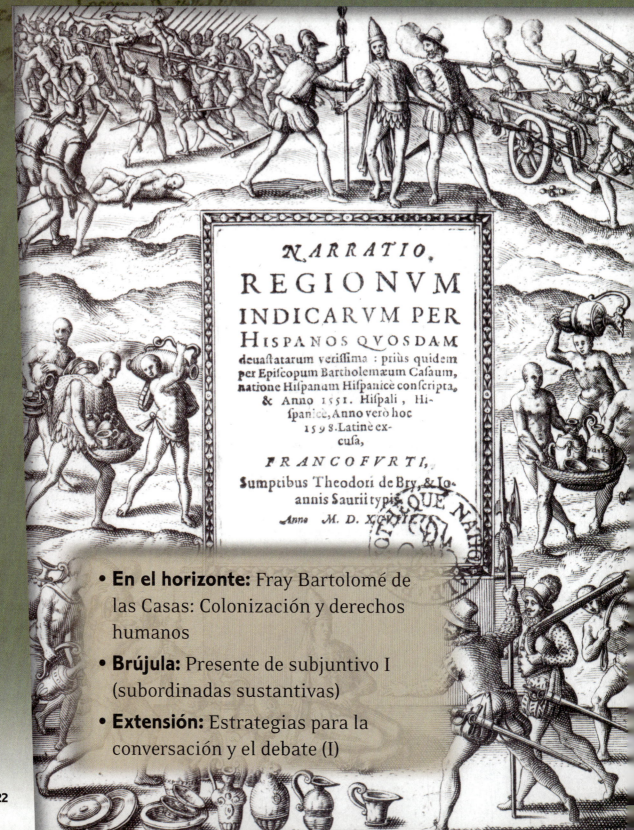

NARRATIO.

REGIONVM

INDICARVM PER

HISPANOS QVOSDAM

deuastatarum veriſſima : priùs quidem
per Epiſcopum Bartholemæum Caſaum,
natione Hiſpanam Hiſpanicè conſcripta,
& Anno 1551. Hiſpali , Hiſpanicè, Anno verò hoc
1598. Latinè ex-
cuſa,

FRANCOFVRTI,

Sumptibus Theodori de Bry, & Io-
annis Saurii typis.

Anno   M. D. XCVIII.

- **En el horizonte:** Fray Bartolomé de
  las Casas: Colonización y derechos
  humanos
- **Brújula:** Presente de subjuntivo I
  (subordinadas sustantivas)
- **Extensión:** Estrategias para la
  conversación y el debate (I)

de las Casas

1. En el cine se ha representado al indígena del continente americano de diferentes formas. Den ejemplos de películas de distintas épocas y expliquen qué imagen se ofrece de ellos. ¿Cómo ha evolucionado dicha representación?

2. ¿Qué importancia tiene para cualquier grupo social la representación que se hace de ellos en el cine (afroamericanos, italianos, hispanos, irlandeses...)? ¿Qué consecuencias sociales tienen esas representaciones?

3. Fíjense en la ilustración: ¿Cuántas escenas pueden identificar? ¿Qué planos pueden distinguir? ¿Qué grupos étnicos aparecen? ¿Qué dinámica existe entre esos grupos?

4. Basándose en la imagen, inventen una pequeña historia en la que relacionen a los distintos personajes que aparecen representados.

P. J. Crook (b. 1945), *Cowboys and Indians* (acrylic on wood).

◀ Bartolomé de las Casas condena el trato que los conquistadores dan a los indígenas

A principios del siglo XVI, la alarmante situación de la América ocupada por los españoles hace que varios grupos de activistas levanten la voz para denunciar los abusos de los conquistadores.

En las universidades españolas muchos intelectuales discuten acerca de los derechos naturales del hombre y cuestionan que un pueblo deba "civilizar" a otro por la fuerza, esclavizándolo. En el marco de esta discusión humanística se escriben textos de protesta contra la destrucción y los excesos cometidos en América, en nombre de la evangelización y del progreso.

Entre esos documentos está la *Brevísima relación de la destrucción de las Indias Occidentales* (1554) escrita por Fray Bartolomé de las Casas (1474-1566), español, fraile y más tarde obispo de Chiapas. De las Casas desea que el rey y la Corte sepan lo que está pasando en América. Con ese propósito, denuncia en su informe los abusos de los conquistadores y pide que se defienda a los habitantes nativos. Finalmente logra que el rey recomiende el estudio cuidadoso del asunto.

Desde el punto de vista de la Iglesia la misión de los españoles en América es conseguir que los indígenas abandonen sus ritos paganos y se conviertan en hijos de Dios. Para Bartolomé de las Casas, es necesario además que se les devuelva lo que es suyo y se los trate como seres humanos.

El principal detractor de Bartolomé de las Casas fue Juan Ginés de Sepúlveda. En el famoso debate que ambos tuvieron en Valladolid (1550-51), Sepúlveda afirmó que los indios eran bárbaros y por eso eran esclavos naturales. Este argumento ha sido usado a lo largo de la historia para justificar el sometimiento de ciertos pueblos. El "otro" siempre es inferior, es salvaje y no puede saber lo que es mejor para sí mismo y para su grupo.

Los esfuerzos de Bartolomé de las Casas culminan en la creación de las *Leyes Nuevas de Indias* (1542) en las que el rey de España, Carlos I, prohibe que "se hagan los indios esclavos" y ordena la gradual desaparición de las *encomiendas* (el sistema de organización administrativo-social por el que se encomienda, es decir, se da un grupo de indígenas a un noble o señor para que se aproveche de su trabajo a cambio de instruirlos en la fe católica).

Es posible que las *Leyes Nuevas* sean un intento por parte del rey de contener el poder feudal de los conquistadores, que cada vez es más fuerte y que muchas veces desafía las órdenes de la Corona. La legendaria frase "obedezco pero no cumplo" alude a esa actitud de desafío ante las regulaciones que el monarca quiere imponer en el Nuevo Mundo: Los encomenderos aceptan las

DE LAS CASAS

leyes en teoría, pero no las cumplen en la práctica. Los fuertes intereses económicos y la falta de supervisión, a causa de la gran distancia que separa América de España, propician que el sistema de encomiendas continúe vigente durante muchos años, contra las ordenanzas reales.

PREGUNTAS DE COMPRENSIÓN

1. ¿Quién era Bartolomé de las Casas? ¿Por qué es importante para la historia de América latina?

2. ¿Qué logró Las Casas con sus esfuerzos y escritos?

3. ¿Qué recomienda Bartolomé de las Casas que se haga con respecto a los indios?

4. ¿Cuál era la opinión de Sepúlveda acerca de los indios? ¿Cuál era el argumento que él usaba para justificar su esclavitud?

5. ¿En qué consistía el sistema de *encomiendas*?

Bartolomé de las Casas

Sustantivos

el abuso	el esclavo	el marco
el argumento	la evangelización	el obispo
la atrocidad	la fuerza	la ordenanza
el conquistador	el habitante	el sometimiento
el detractor	el informe	

Adjetivos

alarmante	cuidadoso	pagano
bárbaro	ocupado	vigente

Verbos

afirmar	culminar	instruir
aludir	denunciar	justificar
aprovecharse	desafiar	lograr
civilizar	devolver	ordenar
contener	encomendar	
cuestionar	esclavizar	

Actividad 1 Relacione las siguientes columnas de sinónimos.

_e_	preocupante	**a.** abuso
_c_	metódico	**b.** vigente
_d_	salvaje	**c.** cuidadoso
_f_	educar	**d.** bárbaro
_b_	actual	**e.** alarmante
_a_	exceso	**f.** instruir

Actividad 2 Construyan frases completas con los elementos que se les dan a continuación.

Modelo

denunciar / alarmante / fraile

Los frailes que vivían en el Nuevo Mundo denunciaban ante el rey la situación alarmante de los indígenas.

1. aprovecharse / habitante / conquistador

   _____

   _____

2. encomendar / obedecer / ordenar

   _____

   _____

3. sometimiento / detractor / justificar

   _____

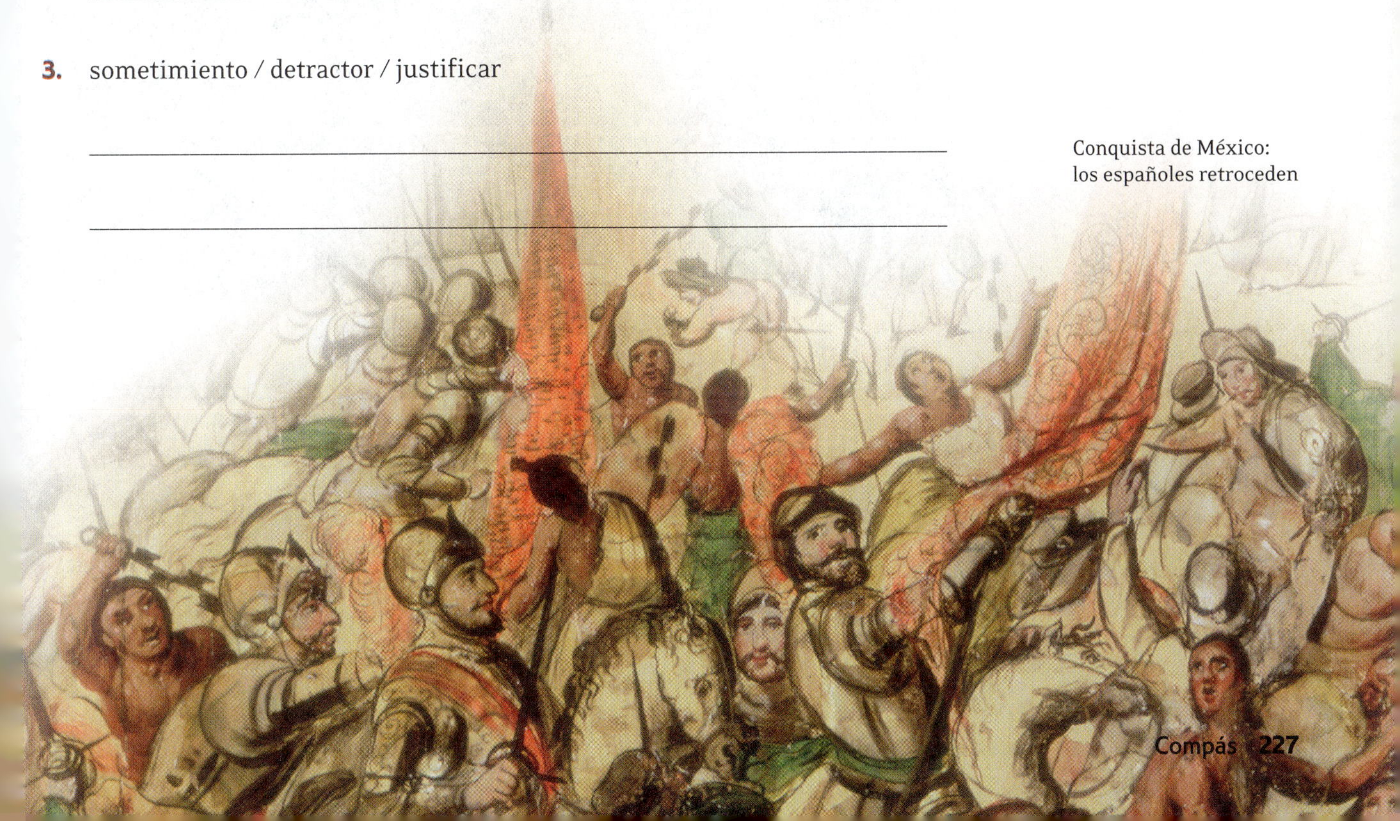

   Conquista de México:
   los españoles retroceden

   _____

Hernán Cortés and la Malinche

Observen la imagen poniendo atención a la figura femenina central.

Actividad 1 Hagan hipótesis acerca de esta persona: ¿Quién es? ¿A qué grupo étnico pertenece? ¿Cuál es su función dentro de la escena?

Actividad 2 Ordenen de manera lógica las siguientes secuencias relacionadas con la imagen.

Order may vary. Have students explain their choices.

a. La Malinche aconseja a Hernán Cortés que proceda con cautela frente a la petición del emisario. _5/6_

b. El indígena especifica uno de estos abusos: El emperador azteca, Moctezuma, exige que los tlaxcaltecas le paguen impuestos desorbitados. _4_

c. El emisario ruega a Hernán Cortés que ayude a su grupo a luchar contra los abusos del imperio azteca. _3_

d. Un emisario de los tlaxcaltecas llega al campamento español; quiere que le permitan hablar con Hernán Cortés. _1_

e. Hernán Cortés espera que los tlaxcaltecas se alíen con los españoles y así puedan finalmente derrotar al emperador. _5/6_

f. Hernán Cortés le recibe y pide que traigan a la Malinche para traducir el mensaje de los indígenas. _2_

Actividad preliminar Lea el siguiente comentario e identifique las frases que aparecen unidas por la palabra **que**.

En la Edad Media, la mayoría de los científicos cree que la Tierra es plana y que tiene sólo tres continentes (Europa, Asia y África). También se piensa que la Tierra ocupa el centro exacto del universo, lo mismo que una yema en el centro del huevo. Algunos dudan que los habitantes del llamado Nuevo Mundo sean seres humanos como los que habitan Europa. Otros temen que el mundo se acabe pronto. Muchos se sienten inseguros y quieren que la Iglesia y las instituciones políticas los protejan. Los Reyes quieren extender la fe católica por América y ordenan que los misioneros evangelicen a los indígenas.

Fíjese en el contraste entre las dos construcciones siguientes:

Oración simple con infinitivo (un único sujeto de la acción)	Oración principal + *que* + oración subordinada (un sujeto diferente para cada oración)
Los Reyes quieren extender la fe católica por América.	*Los Reyes ordenan que los misioneros evangelicen a los indígenas.*

(SUBORDINADAS SUSTANTIVAS)

Cuando queremos expresar dos acciones distintas (*querer / extender*) que corresponden a un único sujeto (*los Reyes*) utilizamos una oración simple. En esta construcción, el primer verbo se encuentra conjugado y el segundo aparece en forma impersonal (infinitivo).

Sin embargo, cuando las dos acciones corresponden a sujetos diferentes (*los Reyes ordenan / los misioneros evangelizan*), debemos emplear una oración subordinada. En este caso, el verbo principal aparece en modo indicativo (*ordenan*) y el verbo subordinado, que depende del principal, aparece en modo subjuntivo (*evangelicen*).

> **¡Atención!** El verbo subordinado va en **indicativo** si acompaña a un verbo principal de actividad mental (*creer, pensar, opinar, imaginar, suponer*), de percepción física o mental (*notar, darse cuenta, ver, observar*), o de expresión oral (*decir, afirmar, explicar, comentar, asegurar*).
>
> *Supongo que los Reyes Católicos <u>quieren</u> más poder.*
> *Veo que <u>estudias</u> mucho para la clase de historia medieval.*
> *La Iglesia Católica asegura que <u>hay</u> vida después de la muerte.*
>
> Sin embargo, **en forma negativa**, estos verbos se emplean también con el **subjuntivo**:
>
> *No veo que <u>estudies</u> mucho para la clase de historia medieval.*
> *Luis no cree que <u>haya</u> vida después de la muerte.*

CONJUGACIÓN DEL PRESENTE DE SUBJUNTIVO

	Verbos que terminan en -ar	Verbos que terminan en -er	Verbos que terminan en -ir
yo	hable	coma	viva
tú	hables	comas	vivas
él / ella / usted	hable	coma	vivan
nosotros / nosotras	hablemos	comamos	vivamos
vosotros / vosotras	habléis	comáis	viváis
ellos / ellas / ustedes	hablen	coman	vivan

Las irregularidades en el presente de subjuntivo se organizan en tres grupos:

Primer grupo: Alteraciones vocálicas

Los verbos con cambios vocálicos en indicativo mantienen esos cambios en subjuntivo. La alteración depende de la posición del acento natural:

	querer	poder	volar	jugar
yo	quiera	pueda	vuele	juegue
tú	quieras	puedas	vueles	juegues
él / ella / usted	quiera	pueda	vuele	juegue
nosotros / nosotras	queramos	podamos	volemos	juguemos
vosotros / vosotras	queráis	podáis	voléis	juguéis
ellos / ellas / ustedes	quieran	puedan	vuelen	jueguen

Los verbos que terminan en **-ir** y tienen en la raíz las vocales **e** (*pedir, sentir*) y **o** (*dormir*) cambian la raíz también en la primera y segunda persona del plural (*nosotros* y *vosotros*):

	pedir	sentir	preferir	reír	dormir
yo	pida	sienta	prefiera	ría	duerma
tú	pidas	sientas	prefieras	rías	duermas
él / ella / usted	pida	sienta	prefiera	ría	duerma
nosotros / nosotras	pidamos	sintamos	prefiramos	riamos	durmamos
vosotros / vosotras	pidáis	sintáis	prefiráis	riáis	durmáis
ellos / ellas / ustedes	pidan	sientan	prefieran	rían	duerma

Segundo grupo: Primera persona irregular en indicativo

La irregularidad de la primera persona en presente de indicativo se extiende a todas las personas en el presente de subjuntivo:

	Presente de indicativo	Presente de subjuntivo
decir →	**digo**, dices, dice, decimos, decís, dicen	**diga, digas, diga, digamos, digáis, digan**
poner →	**pongo**, pones, pone...	**pongo, pongas, ponga, pongamos, pongáis, pongan**
caber →	**quepo**, cabes, cabe...	**quepa, quepas, quepa, quepamos, quepáis, quepan**
crecer →	**crezco**, creces, crece...	**crezca, crezcas, crezca, crezcamos, crezcáis, crezcan**
salir →	**salgo**, sales, sale...	**salga, salgas, salga, salgamos, salgáis, salgan**

Tercer grupo: Verbos con irregularidades propias

Los verbos totalmente irregulares en presente de subjuntivo son muy pocos, pero algunos de ellos resultan muy importantes para la comunicación cotidiana:

	estar	haber	ir	saber	ser	ver
yo	esté	haya	vaya	sepa	sea	vea
tú	estés	hayas	vayas	sepas	seas	veas
él / ella / usted	esté	haya	vaya	sepa	sea	vea
nosotros / nosotras	estemos	hayamos	vayamos	sepamos	seamos	veamos
vosotros / vosotras	estéis	hayáis	vayáis	sepáis	seáis	veáis
ellos / ellas / ustedes	estén	hayan	vayan	sepan	sean	vean

Usos del presente de subjuntivo

- Usamos el presente de subjuntivo en la oración subordinada cuando el verbo de la oración principal (también en presente) expresa una **reacción emocional** hacia algo.

Siento que no quieras estudiar historia conmigo.
Nos parece increíble que algunos grupos quieran dominar a otros.
Mi madre odia que algunos políticos sean tan ambiciosos.

Algunas de las expresiones de emoción más frecuentes que se usan con el presente de subjuntivo son:

lamento que	me enorgullece que	me parece bien/mal/normal/extraño que
me aburre que	me entristece que	me preocupa que
me alegra que	me extraña que	me sorprende que
me duele que	mc gusta que	odio que
me enoja que	me indigna que	siento que

You may want to remind students that these expressions are declinable and agree with their subjects (**odio que, odias que, odia que, odiamos que... / me gusta que, te gusta que, nos gusta que...**)

- También usamos el subjuntivo en la oración subordinada si el verbo de la oración principal expresa **voluntad**, **persuasión**, o **deseo de influir** sobre los demás o sobre algo:

  Queremos que la ciencia del futuro no se <u>desarrolle</u> a partir de prejuicios ni mentiras.
  No puede ser que todavía <u>haya</u> gente sin recursos en el planeta.
  Te sugiero que <u>repases</u> el artículo sobre las misiones en América.

Entre las expresiones de persuasión más frecuentes que se utilizan con presente de subjuntivo se encuentran:

aconsejo que	ordeno que	prohibo que
espero que	permito que	quiero que
exijo que	pido que	recomiendo que
necesito que	prefiero que	temo que

- Finalmente, podemos usar el subjuntivo en ciertas oraciones subordinadas después de verbos que expresan la **duda** del hablante o su distancia con respecto a lo que se refiere: *dudar, no creer, no está claro que, no pensar, no es cierto que...*

  Dudo que <u>haya</u> vida fuera del planeta Tierra.

  La duda se puede expresar también con verbos de certeza en su forma negativa:

Certeza: Indicativo	Duda: Subjuntivo
Estoy seguro (de) que hay vida fuera de la Tierra.	*No estoy seguro (de) que haya vida fuera de la Tierra.*

Por otro lado, un verbo que normalmente expresa duda, en forma negativa puede expresar certeza:

Duda: Subjuntivo	Certeza: Indicativo
Dudo que haya vida fuera de la Tierra.	*No dudo que hay vida fuera de la Tierra.*

PRÁCTICA GRAMATICAL

Actividad 1 Completen el siguiente párrafo con el presente de subjuntivo de los verbos que se les dan más abajo.

Masacre de La Española

En su obra *Brevísima relación de la destrucción de las Indias Occidentales*, Fray Bartolomé de las Casas exige que se ___trate___ a los indios como seres humanos. Después de ver las malas condiciones a las que los indios son sometidos, quiere que los encomenderos ___respeten___ sus derechos naturales. Por eso recomienda al rey que ___cree___ leyes de protección para impedir los abusos. A los colonizadores no les gusta que Fray Bartolomé les ___diga___ cómo deben comportarse en el Nuevo Mundo. Algunos intelectuales como Sepúlveda no creen que la situación ___sea___ tan grave. En un apasionado debate, él y otros detractores de Fray Bartolomé insisten en que se ___mantenga___ el sistema esclavista, ya que les parece apropiado que estos seres "inferiores" ___sirvan___ a los europeos. El rey duda que los conquistadores ___compartan___ los ideales monárquicos de evangelización y ordena que ___obedezcan___ las leyes de protección de los nativos americanos. Sin embargo, desgraciadamente, la existencia de estas leyes no hace que la situación en América ___mejore___.

compartir	decir	mejorar	respetar	servir
crear	mantener	obedecer	ser	tratar

Actividad 2 En grupos de tres personas, combinen los siguientes
elementos para expresar su opinión acerca del tema tratado.

(No) creer			Fray Bartolomé	querer	
(No) dudar			Sepúlveda	ver	
(No) parecer	que		el Rey	saber	...
(No) gustar			los indígenas	escuchar	
(No) opinar			los colonizadores	tener	

_____

_____

_____

_____

_____

Actividad 3 En parejas adopten uno de los siguientes papeles: Fray
Bartolomé y un encomendero. Utilicen el subjuntivo de emoción para
reaccionar ante las siguientes afirmaciones de acuerdo con su papel.
Hagan frases completas.

Bartolomé de las Casas
defiende la causa de los
indígenas ante Carlos V

Me gusta que	Me alegra que	Me parece... que
Me entristece que	Odio que	Me enoja que
Me preocupa que	Me enorgullece que	

1. Los indígenas deben trabajar de sol a sol sin descanso ni paga, para poder ser buenos cristianos.

2. Los conquistadores europeos no tienen derecho a ocupar territorios americanos.

3. Los indígenas son iguales a los europeos.

4. Las tierras americanas pertenecen al estado español.

5. Los indígenas y los europeos no pueden casarse o mezclar su sangre.

6. El catolicismo es la religión oficial única y verdadera de América.

_____

_____

_____

_____

_____

_____

Actividad 4 En nombre del rey de España, escriban en parejas los seis primeros artículos de las leyes de protección al indígena y expliquen la importancia de cada uno. Utilicen el subjuntivo de influencia o voluntad.

Depending on available class time, students may explain the importance of each article orally to the rest of the class or include their explanations in the paragraph.

Yo, el rey, ordeno	
insisto en	
mando	que...
exijo	
pido	
prohibo	

_____

_____

_____

_____

_____

UN POCO MÁS LEJOS

Actividad oral Dividan la clase en dos partes: Sepúlveda y sus seguidores; Bartolomé y los frailes dominicos. En grupos, utilizando las citas que aparecen más abajo, elaboren una lista de hechos que justifiquen sus respectivos puntos de vista sobre la colonización de América. A continuación presenten sus conclusiones y recomendaciones frente al otro grupo. Hagan un debate en el que defiendan su posición.

You may want to have students review the **Extensión** that follows before beginning this debate.

Ginés de Sepúlveda:

Pues concluyendo, digo que es lícito subjectar estos bárbaros desde el principio para quitarles la idolatría y los malos ritos, y porque no puedan impedir la predicación y más fácil y más libremente se puedan convertir, y para que después desto no puedan tornar atrás ni caer en herejías y con la conversación de los cristianos españoles más se confirmen en la fe y pierdan ritos y costumbres barbáricas.

"12a. objeción de Sepúlveda" al sumario elaborado por fray Domingo de Soto donde resume las posiciones de ambos clérigos. En B. de las Casas, *Obra indigenista*. Edición de José Alcina Franch. Alianza Editorial (Libro de bolsillo), Madrid 1985. pág. 216

Bartolomé de las Casas:

Considerando, pues, yo (muy poderoso señor), los males e daños... de aquel vastísimo e nuevo mundo de las Indias, concedidos y encomendados por Dios y por su Iglesia a los reyes de Castilla para que se los rigiesen e gobernasen, convirtiesen e prosperasen temporal y espiritualmente, como hombre que por cincuenta años y más de experiencia... no podría contenerse de suplicar a Su Majestad... que no conceda ni permita las... conquistas... (hechas contra aquellas indianas gentes, pacíficas, humildes y mansas que a nadie ofenden), [y que] son inicuas, tiránicas y por toda ley natural, divina y humana, condenadas, detestadas y malditas.

Brevísima relación de la destrucción de las Indias Occidentales (1554). Edición de André Saint-Lu. Ediciones Cátedra, S.A., Madrid 1982. pág. 68

Adalberto Ríos Szalay, *Fuente de la Patria*

Actividad escrita   Investiguen y escriban un breve informe (empleando el vocabulario y la gramática vistos en este capítulo) sobre uno de los siguientes temas.

You may want to follow up with an oral presenation of students' findings.

1. Influencia de la *Brevísima relación de la destrucción de las Indias Occidentales* en la Europa del siglo XVI.

2. Comparación entre el tratamiento de los indígenas en la América del norte y la del sur.

_____

_____

_____

_____

_____

_____

_____

_____

_____

_____

_____

_____

_____

_____

_____

EXTENSIÓN: ESTRATEGIAS PARA LA CONVERSACIÓN Y EL DEBATE (I)

En español existen expresiones idiomáticas que se usan frecuentemente en la conversación, el debate y en general, cualquier intercambio de ideas que realizamos con otras personas. Estas expresiones cumplen diferentes funciones expresivas (por ejemplo: pedir opinión, mostrar acuerdo). Algunas de las expresiones más frecuentemente utilizadas son:

Para pedir una opinión	Para expresar una opinión
¿usted/tú qué opina(s) de/sobre... ?	(yo) creo que...
¿a ti/usted qué te/le parece(s)... ?	pienso que...
¿usted/tú qué cree(s) sobre... ?	me parece que...
¿quiere(s) decir/comentar algo sobre... ?	me imagino que...
¿tiene(s) alguna idea sobre... ?	supongo que...
¿qué opinión tiene(s) de/sobre... ?	quizá / tal vez / a lo mejor...
¿qué tal (un tema)?	es posible / es probable
...	seguramente...

Para mostrar acuerdo	Para indicar desacuerdo
(estoy) de acuerdo	no estoy de acuerdo
(yo) también pienso / opino así / lo mismo	(yo) no pienso / opino así / lo mismo
tengo la misma opinión	no tengo la misma opinión
comparto tu opinión	no comparto tu opinión
me parece bien tu comentario	a mí no me parece bien / no me gusta eso
excelente / fenomenal / maravillosa idea	en absoluto / para nada / claro que no
...	...

Actividad Piense en los siguientes temas y prepárese para un debate con uno o más compañeros en la clase.

You may want to choose this debate instead of the one proposed in **Un poco más lejos** if you feel that it is more appropriate.

La educación obligatoria hasta los 18 años

La edad mínima para beber alcohol

Las madres solteras (o los padres solteros)

La participación en las organizaciones internacionales

La religión en la política

...

Otras expresiones útiles:

lo que quiero decir es…	¿puede(s) repetir, por favor?
creo que no me explico bien	tengo dudas (sobre ese punto)
creo que me he expresado mal	no lo sé
creo que hay un malentendido	no me acuerdo
¿me lo puede(s) explicar otra vez?	no estoy seguro
¿qué quiere(s) decir con eso?	no te/se lo puedo decir

Mapa de Venezuela

La literatura colonial estudia diferentes relatos sobre la visión europea de la colonización de América. Los cronistas tenían que informar al rey de España lo que pasaba en el Nuevo Mundo. En esta "Carta de Relación" a la Princesa, su autora, Isabel de Guevara, da testimonio de su participación en la empresa colonizadora, y específicamente en la primera fundación de Buenos Aires en 1536.

Muy alta y poderosa señora:

A esta provincia del Río de la Plata, con el primer gobernador de ella, don Pedro de Mendoza, hemos venido ciertas mujeres. Como la armada llegó al Puerto de Buenos Aires con mil quinientos hombres y les faltó bastimento,[1] fue tan grande el hambre, que al cabo de tres meses murieron mil. Vinieron los hombres en tanta flaqueza que todos los trabajos los hacían las pobres mujeres, así lavarles las ropas como curarles, hacerles de comer lo poco que tenían, limpiarlos, hacer centinela, rondar los fuegos, armar las ballestas[2] y cuando algunas veces los indios les venían a dar guerra, dar alarma por el campo a voces, sargenteando y poniendo en orden los soldados. Porque en este tiempo –como las mujeres nos sustentamos con poca comida– no habíamos caído en tanta flaqueza como los hombres. (...)

Determinaron subir río arriba, así flacos como estaban y en entrada de invierno, en dos bergantines,[3] los pocos que quedaron vivos. Y las fatigadas mujeres los curaban y los miraban y les guisaban la comida trayendo la leña a cuestas, de fuera del navío, y con palabras varoniles; que no se dejasen morir, que presto darían en tierra de comida, metiéndolos a cuestas en los bergantines con tanto amor como si fueran sus propios hijos. (...)

Después determinaron subir el Paraná en demanda de bastimentos, en el cual pasaron grandes trabajos las desdichadas mujeres; porque todos los servicios del navío los tomaban ellas, sirviendo de marcar la vela y gobernar el navío (...).

Verdad es que estas cosas ellas no las hacían por obligación, sino solamente por caridad. Así llegaron a esta ciudad de la Asunción que,

---

[1]comida, provisión para el sustento del ejército
[2]armas de fuego
[3]barcos de dos palos y vela

aunque ahora está muy fuerte de bastimentos, entonces estaba de ellos muy necesitada. Las mujeres volvieron de nuevo a sus trabajos, haciendo rozas[4] con sus propias manos, rozando y carpiendo[5] y sembrando y recogiendo el bastimento, sin ayuda de nadie, hasta que los soldados guarecieron[6] de sus flaquezas y comenzaron a señalar la tierra y adquirir indios e indias a su servicio.

He querido escribir esto para hacerle saber la ingratitud que conmigo se ha usado en esta tierra, porque se repartió la mayor parte de lo que hay en ella y me dejaron afuera sin darme indios ni ningún género de servicios. Mucho me quisiera hallar libre para irme a presentar delante de Vuestra Alteza con los servicios que a V. M. he hecho y los agravios que ahora se me hacen, mas no está en mi mano, porque estoy casada con un caballero de Sevilla que se llama Pedro Esquivel (...).

Suplico que se me de mi repartimiento perpetuo y en gratificación de mis servicios mande que sea proveído mi marido de algún cargo conforme a la calidad de su persona.

Nuestro Señor acreciente su Real vida y estado por muy largos años. De esta ciudad de Asunción y de julio 2 de 1556 años.

Servidora de Vuestra Alteza que sus Reales manos besa.

Isabel de Guevara

4 surcos o canales en la tierra, para poder sembrar
5 gerundio del verbo **carpir** (limpiar la tierra de hierbas malas)
6 curaron, se recuperaron

REFLEXIONES

a Después de leer la carta elija cuál de las siguientes opciones resume el contenido.

1. Isabel de Guevara quiere:

   a. que se reconozca su lugar en la historia.

   b. que se le adjudiquen tierras en pago a su sacrificio.

   c. que se premie a todas las mujeres que trabajaron.

2. Durante la primera fundación de Buenos Aires:

   a. los hombres protegieron a las mujeres de la expedición.

   b. las mujeres trabajaron cuando los hombres estaban agotados.

   c. los hombres y las mujeres compartieron la misma cantidad de trabajos y obligaciones.

3. Los trabajos que las mujeres desempeñaron fueron:

   a. tareas tradicionalmente femeninas como lavar la ropa, cocinar, curar a los heridos.

   b. tareas tradicionalmente masculinas como hacer guardia, dar la voz de alarma, organizar a la tropa.

   c. tareas necesarias para la supervivencia del grupo, sin atender la división genérica.

b Con un compañero o una compañera de clase, después de leer la "Carta de Relación" escriba una lista de todas las actividades mencionadas por Guevara hechas por las mujeres de la expedición.

PERSPECTIVAS

Actividad oral En grupos de cuatro discutan qué problemas enfrentaron los fundadores de Buenos Aires, cómo los resolvieron, qué hicieron al llegar a Asunción. Expliquen por qué Isabel de Guevara se siente agraviada.

Actividad escrita La figura de la pionera europea que llega al nuevo mundo ha sido estudiada por la literatura colonial del norte y del sur. Busquen una voz testimonial femenina de los Estados Unidos o Canadá, una mujer europea en América que cuente la vida de sacrificios de los primeros colonos. Comparen esta figura con la de Isabel de Guevara y expliquen cuáles son los parecidos y las diferencias.

El Cardenal Cisneros en la conquista de Orán

- **En el horizonte:** El Renacimiento en España: Reforma y conocimiento
- **Brújula:** Presente de subjuntivo II (subordinadas adjetivas)

en España

PRELECTURA

Reflexionen en parejas sobre estas ideas:

1. Expliquen los siguientes conceptos: teocentrismo, antropocentrismo, *carpe diem.* ¿En qué contexto (religioso, histórico, social...) se usan?

2. Discutan el concepto de "reforma". ¿Es posible llevar a cabo fácilmente una reforma? ¿Qué impedimentos se suelen encontrar? En su opinión, ¿qué reformas (económicas, políticas, religiosas, educativas...) es necesario realizar hoy en día en su país?

3. ¿Qué son los estudios interdisciplinarios? ¿Cómo fomenta su universidad estos estudios? En su opinión, ¿es mejor especializarse o saber un poco de muchas disciplinas diferentes? Expliquen su punto de vista.

4. Mencionen una biblioteca que conozcan. ¿Qué servicios ofrece? ¿Cómo creen que funciona la biblioteca de la fotografía?

Encourage students to guess the meaning of the following prefixes/expressions in Spanish: *teo-:* **dios** (Greek), *antropo-:* **hombre** (Greek), *carpe diem:* **seize the day** (Latin). Have them think of other related words (**teología, antropología**).

Salamanca, Spain, University (built 1415–33), upper story, library.

Charles I (1500–1558): King of Spain 1516–1556, Emperor of the German Empire 1519–1558. Son of Philip, Duke of Burgundy (Hapsburg) and the Duchess Joanna (Juana la Loca) of Spain.

Santa Sede: the center of Catholicism, located in Vatican City.

Woodcut by Jan Stephan von Calcar (1499–1546/50), from Andreas Vesalius (1514–64), *De humani corporis fabrica*, 1543.

Desiderius Erasmus (1466–1536): Dutch humanist, theologian and scholar who exposed the abuses of the Church and advanced the Renaissance.

The doctrine of Illuminism in 16th-century Spain claimed that the illuminating light came from within, the result of exalted consciousness.

Cardinal Cisneros (1436–1517): Influential political and religious figure closely associated with **los Reyes Católicos**.

Juan Luis Vives (1492–1540): Prolific Spanish humanist and philosopher who challenged many of the political and religious ideas of his times.

A la muerte de los Reyes Católicos (Isabel 1504, Fernando 1516) España pasa a ser representada por su nieto, Carlos (I de España y V de Alemania), quien hereda también, por el lado paterno, gran parte de Europa. El primer tercio del siglo XVI se caracteriza por una apertura de España hacia el extranjero, especialmente hacia Italia, máximo exponente del Renacimiento. Este movimiento cultural pone al hombre como centro de la investigación y las artes (antropocentrismo) y supone una gran innovación frente a las ideas de los pensadores medievales, para los cuales el mundo giraba en torno a Dios (teocentrismo) y la existencia humana era vista como un tránsito hacia la vida eterna. La nueva concepción renacentista del mundo da importancia a la vida terrenal y propone que se aproveche el presente (carpe diem). Asimismo, la valoración del individuo abre las puertas al nacimiento de una religiosidad más íntima y personal, opuesta a las prácticas institucionalizadas e impuestas desde la Santa Sede y sus delegaciones. Algunos intelectuales aconsejan que se realicen cambios dentro de la Iglesia y piden que la Biblia se pueda interpretar libremente.

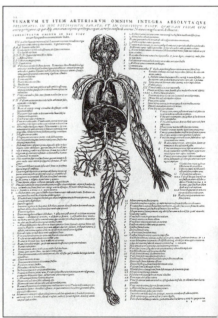

Aparato circulatorio, anatomía de Vesalio

Dos movimientos principales intentan impulsar los cambios en España: el erasmismo, que parte de Erasmo de Rotterdam y el iluminismo. Estas nuevas ideas cuentan con infinidad de seguidores en los ámbitos cortesanos, universitarios (la universidad de Alcalá de Henares va a la cabeza de la innovación) e incluso en la propia Iglesia católica, donde figuras como el cardenal Cisneros consiguen que se adopten nuevas reglas. Los jesuitas llevan a cabo reformas en materia de educación: frente a la enseñanza institucionalizada de las universidades, fundan las Escuelas Pías para jóvenes, que suponen una democratización del saber. Durante el periodo renacentista, en un contexto cosmopolita y abierto, el conocimiento y la ciencia en España alcanzan altas cimas. El filósofo Luis Vives propone en sus tratados que los estudios tengan carácter interdisciplinario. La exploración del territorio americano propicia que se produzcan grandes avances en geografía y cartografía. Se publican modernos tratados de anatomía humana. La literatura y el arte se enriquecen al contacto con las formas artísticas extranjeras.

Sin embargo, el temor a la rápida difusión del protestantismo (culto religioso nacido de las ideas reformistas) y el miedo del clero a perder sus privilegios hacen que crezca la intolerancia religiosa. España encabeza, de hecho, el movimiento de Contrarreforma (lucha contra las ideas reformistas en Europa). La situación empeora debido a la "amenaza" del imperio otomano musulmán, que compite con el imperio cristiano español por el control del Mediterráneo.

Dentro de España, la persecución racial se acrecienta. La Inquisición es el organismo que debe garantizar la "pureza de sangre" de los ciudadanos y, con ese propósito, se asegura de que los conversos sean apartados de la vida pública. Asimismo, se intenta evitar que circulen ciertos libros "peligrosos" (a menudo relacionados con ideas extranjeras y liberales) que figuran en una lista o Index de libros prohibidos. La vida intelectual y las universidades sufren enormemente a causa de esta intolerancia: Se impide que los españoles estudien en el extranjero y se encarcela a muchos profesores sospechosos de difundir las ideas protestantes. España pierde así gran parte de su potencial científico, sumiéndose en un periodo oscuro y decadente, que culminará, como veremos, durante el próximo siglo.

Monasterio de San Lorenzo del Escorial, en la provincia de Madrid

PREGUNTAS DE COMPRENSIÓN

1. ¿Qué cambios de mentalidad se produjeron respecto a la religión durante el siglo XVI?

2. ¿Qué reformas se realizaron en la Península en materia de educación?

3. ¿En qué consistió la Contrarreforma?

4. ¿Qué significaba el concepto "pureza de sangre"? ¿Qué implicaciones sociales tuvo?

5. Mencione tres medidas represivas que se tomaron para "frenar el avance del protestantismo".

6. ¿Cuáles fueron las consecuencias del control político que se ejerció en la universidad?

Sustantivos

el ámbito	el exponente	el nieto
la amenaza	el extranjero	la pureza
la apertura	la infinidad	el tercio
la cima	la lucha	el tránsito
el clero	el nacimiento	

Adjetivos

agudizado	paterno
apartado	peligroso
eterno	próximo
íntimo	sospechoso

Verbos

circular	empeorar	frenar
competir	encabezar	heredar
contar con	encarcelar	impulsar
crecer	enriquecer	suponer
difundir	figurar	

Answers may vary.

Actividad 1 Con ayuda del diccionario, busquen los antónimos para las siguientes palabras.

nacimiento:	muerte
apertura:	clausura
frenar:	impulsar
crecer:	mermar
encarcelar:	liberar
enriquecer:	empobrecer

Actividad 2 Con sus propias palabras expliquen en qué consisten los siguientes conceptos.

Modelo **heredar:** *Cuando una persona muere, sus familiares reciben una parte de su dinero y bienes materiales.*

infinidad: _____

extranjero: _____

pureza: _____

tránsito: _____

peligros: _____

Fachada de la Catedral de León

Execution and burning of heretics in Spain. Copperplate engraving by Bernard Picart (1673–1734).

Actividad 1 Siguiendo el modelo, describan lo que ven en esta imagen.

Modelo En la esquina inferior izquierda hay varios personajes que se dirigen al puerto.

_____

_____

_____

_____

_____

Actividad 2 ¿Qué creen que está observando la multitud reunida en el lugar? ¿Qué están comentando los personajes que aparecen en primer plano portando una cruz?

_____

_____

_____

_____

_____

Actividad 3 Lean el siguiente texto acerca de la celebración de un auto de fe (acto público de condena y ejecución por herejía) y complétenlo con las frases que se les dan abajo.

De madrugada desayunan los reos __d__. A continuación salen a recorrer las principales plazas y calles de la ciudad. La Inquisición les ha asignado castigos __f__. Varios individuos acusados de ser herejes serán ejecutados en el quemadero, entre ellos un profesor __g__. Con la aplicación pública de estos castigos, la Inquisición busca provocar en la población una catarsis (fuerte reacción emocional) __e__. Los prisioneros son conducidos a un teatro o plataforma __a__, sobre la que se les lee la sentencia. Después se les lleva al brasero. Algunos reos solicitan la presencia de un sacerdote __h__. Varios son absueltos (perdonados) de la quema y condenados a penas de cárcel. Otros son quemados vivos entre quejas y gritos __c__. El reo más joven es una muchacha que tiene catorce años y el más viejo una anciana de setenta. No hay nadie __b__.

a. que tiene forma rectangular.

b. que pueda escapar a la implacable justicia.

c. que estremecen a los asistentes.

d. que han sido condenados a participar en el auto de fe.

e. que permita mantener el orden público y evite futuros delitos.

f. que corresponden a la gravedad de sus ofensas.

g. que difundía en sus clases las ideas de Erasmo.

h. que les ofrezca confesión.

BRÚJULA: PRESENTE DE SUBJUNTIVO II

Actividad preliminar Lea las dos columnas con afirmaciones sobre nuestra sociedad actual y conecte los elementos de cada columna relacionados entre sí.

a. Los jóvenes constantemente buscan <u>estímulos</u>… __4__

b. La gente busca <u>referentes</u> políticos… __5__

c. No parece que haya muchas <u>personas</u> con interés en la política… __2__

d. Los padres parecen estar dispuestos a ofrecer a sus hijos <u>todo</u>… __1__

e. A partir de una cierta edad, la gente quiere <u>trabajos</u>… __3__

1. …lo que ellos quieran.

2. …que estén interesadas en promover un mayor equilibrio entre los países desarrollados y subdesarrollados.

3. …que no sean demasiado exigentes y que les dejen suficiente tiempo libre.

4. …que les hagan sentir bien y les diviertan en la escuela, en casa y con sus amigos.

5. …que les garanticen seguridad y tranquilidad.

La función de las oraciones que aparecen a la derecha es similar a la de un adjetivo: añadir elementos de información sobre el sustantivo antecedente (los nombres subrayados en la columna de la izquierda).

(SUBORDINADAS ADJETIVAS)

Sin embargo, esta información se puede presentar de dos maneras diferentes, según la "realidad" o "irrealidad" del antecedente.

"Realidad" del antecedente: Verbo subordinado en indicativo	"Irrealidad" del antecedente: Verbo subordinado en subjuntivo
Vivo en un país que respeta las diferencias culturales.	*Deseo vivir en un país que respete las diferencias culturales.*
Conozco a muchas personas que tienen interés en aprender.	*Quiero conocer a personas que tengan interés en aprender.*
La oración subordinada describe un antecedente conocido: Ese país existe, esas personas existen.	La oración subordinada define un antecedente hipotético: No sé si ese país o esas personas existen o no.

El mismo contraste se puede establecer con oraciones que presentan **lo que**:

Hice lo que tú me dijiste.

Haré lo que tú me digas.

El hablante indica que ya cumplió con la tarea o actividad que se le pedía: La actividad existía.

El hablante todavía no sabe qué va a hacer en el futuro: La actividad todavía no existe, y quizá no llegará a existir nunca.

Actividad 1 *La Universidad de Alcalá de Henares durante el siglo XVI.* Completen las siguientes oraciones adjetivas con la forma correcta del presente de indicativo o subjuntivo, según corresponda.

1. Se buscan profesores que (tener) ____tengan____ ideas nuevas.

2. La universidad necesita estudiantes que (querer) ____quieran____ aprender a pensar de modo independiente.

3. Se ofrecen muchos cursos que (ser) ____son____ interdisciplinarios.

4. Los profesores utilizan libros que (venir) ____vienen____ del extranjero.

5. No hay un profesor que no (estar) ____esté____ titulado.

6. En las aulas hay lectores que (leer) ____leen____ las obras de Erasmo.

7. Existen estudiantes que (matricularse) __se matriculan__ pero que no (asistir) ____asisten____ a clase.

Actividad 2 En parejas, tomando como modelo el ejercicio anterior, describan la situación en su propia universidad: qué hay o no hay, qué cursos se ofrecen, cómo son los profesores, qué falta, qué se necesita. Hagan un mínimo de cinco oraciones adjetivas. No repitan verbos.

_____

_____

_____

_____

_____

_____

_____

_____

_____

Actividad 3 *Su universidad ideal.* En grupos expresen lo que buscan, esperan o quieren de su universidad con respecto a las siguientes categorías. Ofrezcan todos los detalles posibles.

actividades sociales	cursos/contenidos	exámenes/notas	profesores
comida	deportes	precio de la matrícula	residencias

Modelo

Queremos exámenes que no sean difíciles, que se revisen en las clases, que se correspondan con los contenidos estudiados y que...

_____

_____

_____

_____

_____

_____

_____

_____

_____

_____

_____

_____

_____

_____

_____

_____

Actividad 4 *Reformas.* En grupos de tres o cuatro hagan preguntas y den respuestas en torno a las siguientes ideas. A continuación expongan sus conclusiones a la clase. Todos los estudiantes deben participar por igual en el proceso y emplear frases completas.

> impulsar cambios sociales
>
> **Modelo**
>
> *Estudiante 1:* ¿Saben de alguien que haya impulsado cambios sociales?
>
> *Estudiante 2:* Sí, hay varios líderes, como Isabel la Católica y Martin Luther King, Jr., que han impulsado grandes cambios en la sociedad de su época.
>
> *Estudiante 3:* Yo no sé de nadie que haya impulsado verdaderos cambios sociales. Muchas personas lo han intentado, pero en realidad, todo sigue igual.

1. inventar una teoría revolucionaria

2. descubrir nuevas tierras

3. influir en la política internacional

4. instituir una nueva ley

5. modificar el código penal

6. aportar conocimientos científicos

7. censurar obras de arte o literatura

8. criticar al gobierno

9. destruir el medio ambiente

10. obstaculizar el progreso

Un poco más lejos

Actividad oral *El control de la información y la censura.* En grupos reflexionen sobre el control de la información y la censura en los medios de comunicación actuales: ¿Existen agencias u organismos que controlen la información? ¿Qué tipo de información se controla (noticias, películas, documentos oficiales...)? ¿En qué casos creen que se justifica o debe realizarse ese control? ¿Cuándo se convierte en un abuso de poder? ¿Hay grupos que luchen en contra de ese control? A continuación abran el debate a la clase.

Actividad escrita Escriban una carta al gobierno local en la que expliquen los problemas que tiene la ciudad y expongan los cambios que quieren ver implementados. Empleen las oraciones adjetivas para describir la situación actual y lo que desean para el futuro en materia de limpieza, seguridad, educación, servicios públicos, impuestos.

_____

_____

_____

_____

_____

_____

_____

_____

_____

_____

_____

Tiranía del Duque de Alba.

- **En el horizonte:** El Imperio decadente: Crisis, descontento social y teatro
- **Brújula:** Presente de subjuntivo III (expresiones impersonales)
- **Extensión:** Exclamaciones

260

PRELECTURA

Comenten en parejas:

1. Después de leer la definición que se les ofrece, traten de aplicar el concepto de "decadencia" al ámbito político. ¿Pueden señalar ejemplos históricos de decadencia de un estado o administración gubernamental?

   Decadencia (*cadencia = caída*): *declinación, principio de debilidad o de ruina*

2. ¿Qué ocurre cuando un país tiene problemas económicos y sociales? ¿Cómo reaccionan o responden sus ciudadanos?

3. ¿Pueden nombrar espectáculos de masas con los que la población busca entretenerse? ¿Alguno de estos espectáculos les parece de evasión (escape de la realidad)?

4. ¿Con qué tipo de espectáculo relacionan la imagen? ¿Dónde se encuentran todas esas personas?

Charles Eon de Beaumont, called Chevalier d'Eon, French diplomat (sometimes dressed in women's clothes).

Es importante que mencionemos el hecho de que, a pesar del gran desarrollo cultural que se vive en el país durante el Renacimiento, continúa habiendo en España graves problemas sociales a lo largo de todo el siglo XVII. El proyecto imperial de Carlos I y de su hijo Felipe II, con sus enormes gastos militares, lleva al Estado a la bancarrota. Resulta sorprendente que, muchas veces, el dinero y las riquezas procedentes de América vayan directamente a manos de los prestamistas europeos, para pagar la gran deuda de la administración.

Como los ingresos obtenidos a través de la colonización no son suficientes, el monarca tiene que aumentar los impuestos para poder financiar la guerra, lo cual hace que crezca el descontento social y se desaten nuevas rebeliones internas, agudizadas por la persecución inquisitorial y los abusos de los más privilegiados. En los estratos sociales más bajos es difícil encontrar a ciudadanos que no sufran de hambre o luchen por la supervivencia diaria. Incluso la propia nobleza resulta también afectada y, así, encontramos a muchos hidalgos "venidos a menos" (nobles que han perdido su riqueza) como el propio don Quijote.

El Emperador Carlos V

En semejante clima de decadencia social, política y económica, es lógico que florezcan manifestaciones literarias y artísticas de carácter crítico. En el campo literario, Francisco de Quevedo denuncia la miseria de España y satiriza a algunas de las figuras políticas del momento, lo que le acaba convirtiendo en preso político. En el arte, Velázquez retrata, como pintor de la Corte, a los más poderosos, mientras que también incluye en sus cuadros a personajes marginados. La técnica del claroscuro (mezcla de luz y sombras), cuyo origen está en el tenebrismo italiano, encaja perfectamente en el contexto de este siglo, en el que conviven la sombra y la decadencia con la luz y florecimiento de las artes.

Por otro lado, entre una población hambrienta y alienada aumenta la popularidad del teatro. Esta forma de entretenimiento de masas, que permite a los ciudadanos olvidar momentáneamente su situación e introducirse en una realidad "virtual" alimentada por la fantasía, se convierte en todo un fenómeno social. Es interesante que algunas de las obras de teatro representadas tengan un carácter político, de protesta, mientras que otras, fundamentalmente de evasión, estimulan la imaginación del público y lo transportan a lugares y situaciones exóticas. El éxito del teatro, que constituye toda una industria con grandes beneficios, obliga a que se realicen importantes mejoras y renovaciones en cuanto a textos y puesta en escena. Lope de Vega fue el máximo exponente de esta sofisticación, cuyos supuestos publicó bajo el título de *Arte nuevo de hacer comedias*, tratado que ha seguido vigente hasta la actualidad. Los teatros, originalmente pequeños locales (llamados corrales de comedias) en los patios de ciertos edificios, empiezan a proliferar y pronto encontramos sofisticados lugares dedicados a las representaciones.

Esta manifestación artístico-social atrae rápidamente la censura de la Iglesia y el poder, quienes sospechan de cualquier actividad cultural que pueda poner en peligro su hegemonía o "corromper" las buenas costumbres de los ciudadanos. Sin embargo, aunque el clero consigue que se cierren de vez en cuando los teatros y se prohíban algunas obras, los grandes ingresos económicos que produce esta industria y la fuerte adicción que los ciudadanos tienen a las comedias garantizan su supervivencia.

Information on Lope de Vega, Francisco de Quevedo and Cervantes' Don Quijote can be found at the website "Biblioteca virtual Miguel de Cervantes" (http://www.cervantesvirtual.com), where their works can be read online.

Arte nuevo de hacer comedias was published in 1609.

PREGUNTAS DE COMPRENSIÓN

1. Mencionen cinco problemas (económicos, sociales...) a los que se enfrentaba la monarquía imperial española durante este periodo.

2. ¿Cómo influyó esta decadencia en las artes? Den ejemplos específicos (nombres de artistas y características de su obra).

3. ¿Qué función cumplía el teatro durante el siglo XVII? ¿Qué tipos de obras se representaban?

4. ¿Quién fue uno de los responsables de las reformas que se realizaron en la industria teatral?

5. ¿Cómo eran los primeros teatros?

6. ¿Cómo reaccionaron la Iglesia y el poder frente a este gran espectáculo de masas? Expliquen las consecuencias de esta reacción.

COMPÁS

Sustantivos

la bancarrota	el estrato	el prestamista
el beneficio	el éxito	el principio
el campo	el gasto	la sombra
la censura	el hidalgo	la supervivencia
el cuadro	el ingreso	el supuesto
la deuda	la mejora	el tenebrismo
el entretenimiento	el personaje	
la escena	el preso	

Adjetivos

afectado	literario	semejante
alienado	marginado	sorprendente
enorme	procedente	

Verbos

acabar	desatar	florecer
atraer	encajar	obligar
aumentar	financiar	sospechar

Actividad 1 *Familia de palabras.* Con ayuda del diccionario, completen la tabla.

Sustantivo	Adjetivo	Verbo
entretenimiento	entretenido	entretener
sospecha	sospechoso	sospechar
sorpresa	sorprendente	sorprender
marginación	marginado	marginar
censura	censurado	censurar

Escriban las palabras de la lista de vocabulario que correspondan a las siguientes categorías.

<u>éxito</u>

<u>beneficio</u>

<u>aumentar</u>

<u>enorme</u>

<u>mejora</u>

Crecimiento

Decadencia

<u>marginado</u>

<u>tenebrismo</u>

<u>bancarrota</u>

<u>preso</u>

<u>deuda</u>

Diego Velázquez, *Enano de la Corte de Felipe IV*, 1640–45

Diego Velázquez, (1599–1660), *The Forge of Vulcan*, 1630. Apollo reveals to the betrayed Vulcan the faithlessness of his wife Venus. Ovid, *Met.* IV, 171–176.

Actividad 1   Observen con atención el siguiente lienzo del siglo XVII, pintado por Diego Velázquez.

a. ¿Cuál es el tema del cuadro (religioso, político, cotidiano, mitológico)? ¿Qué elementos los llevan a esa interpretación?

b. Describan a los personajes: ¿Cuál es su profesión? ¿Qué relación existe entre ellos? ¿Qué actitudes presentan en este momento? ¿Cuál es la figura más importante en la escena?

c. Piensen en la técnica del claroscuro (alternancia de luces y sombras). Señalen puntos específicos de luz y sombra sobre el lienzo. ¿Con qué propósito creen que se utiliza el claroscuro en este cuadro?

d. ¿Qué paralelos se pueden establecer entre esta imagen y otras técnicas de representación contemporáneas (la fotografía, el cine...)?

Actividad 2 Apolo, el dios del sol, baja hasta las profundidades de la tierra para avisarle a Vulcano de que su esposa, Venus, mantiene una relación amorosa con Marte. Identifiquen a estos dos personajes, Apolo y Vulcano, y recreen el diálogo que tiene lugar entre ellos. Asegúrense de incluir los elementos que se les dan a continuación.

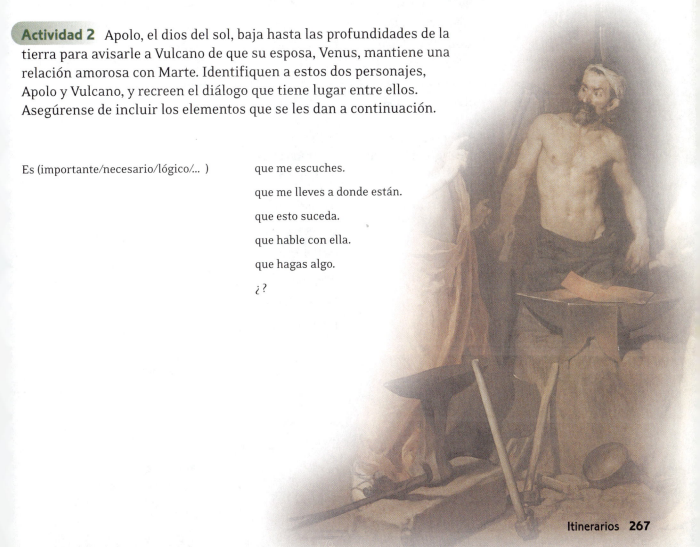

Es (importante/necesario/lógico/...)

que me escuches.

que me lleves a donde están.

que esto suceda.

que hable con ella.

que hagas algo.

¿ ?

Actividad preliminar Lea el siguiente texto acerca de tres mitos literarios españoles.

Tres personajes míticos, tan españoles como universales, nacieron a partir de maravillosas obras literarias: la Celestina, don Quijote y don Juan. Para muchos, la Celestina representa la quintaesencia de la sabiduría popular, que permite recuperar virginidades perdidas, hacer daño a otras personas a través de artes mágicas e introducir amor o deseo en otras personas. En cambio, don Quijote es un símbolo de valentía, honestidad y locura con buena intención. Él se encarga de resolver situaciones desesperadas, ofrecer a las damas toda la protección que se merecen y lanzarse a cualquier aventura simplemente por el hecho de ser todo un caballero. Por último, el mito de don Juan supone al principio la ruptura absoluta de todas las normas y reglas preestablecidas.

¿Qué opinan sobre estos mitos? ¿Ya conocían alguno? ¿Qué otros personajes literarios o populares conocen ustedes?

Para expresar su punto de vista sobre estos mitos o cualquier otra cuestión, el hablante puede emplear una oración impersonal con la estructura es + adjetivo + que + subjuntivo.

	bueno/malo	
	comprensible/incomprensible	
	fácil/difícil	
	importante/irrelevante	
	lógico/ilógico	
	maravilloso/horrible	
Es	mejor/peor	**que + subjuntivo**
	necesario/innecesario	
	normal	
	posible/imposible	
	probable/improbable	
	raro	
	sorprendente	

(EXPRESIONES IMPERSONALES)

Es importante que haya personas como don Quijote en el mundo.

Es necesario que sigamos reflexionando sobre los problemas sociales.

Al igual que las oraciones subordinadas sustantivas, las oraciones impersonales sirven para expresar impresiones, reacciones, voluntad, deseo o duda. Sin embargo, las impersonales no requieren un sujeto en la frase principal.

Frase sustantiva: (Yo) quiero *que ustedes lean el Quijote.*

Frase impersonal: Es importante *que ustedes lean el Quijote.*

¡**Atención!** Recuerde que las expresiones impersonales que indican duda llevan el **subjuntivo**, pero las expresiones que indican absoluta certeza van en **indicativo**.

Duda (subjuntivo)	Certeza (indicativo)
Es posible que La Celestina *sea uno de los libros más leídos en la historia de la literatura.*	*Es cierto que* La Celestina *es uno de los libros más leídos en la historia de la literatura.*

Otras expresiones impersonales indican certeza, y se usan por tanto con el indicativo:

es cierto que	es que
es evidente que	es verdad que
es indiscutible que	está claro que
es obvio que	no hay duda (de) que

¡**Atención!** El verbo **parecer** se puede utilizar con indicativo (en frase impersonal) o con subjuntivo (en frase sustantiva de reacción emocional).

Subordinada impersonal	Subordinada sustantiva (reacción emocional)
Parece que España sufre una crisis enorme durante el siglo XVII.	*Me parece triste que mucha gente pase hambre en la España del siglo XVII.*

You may want to refer students back to the **Brújula** of **Tema 13** to remind them of the use of **parecer** to express emotional reaction.

Práctica gramatical

Actividad 1 Completen el siguiente párrafo con el presente histórico o presente de subjuntivo.

En el siglo XVII es evidente que España (sufrir) _____sufre_____ graves problemas económicos. La monarquía gasta demasiado dinero, la corrupción aumenta y los ciudadanos pasan hambre. Con tantas riquezas que llegan del Nuevo Mundo, resulta incomprensible que el oro que viene de América (ir) _____vaya_____ directamente a los banqueros europeos. Dadas estas circunstancias, es cierto que los prestamistas (beneficiarse) _se benefician_ más que ningún otro grupo, mientras que la población campesina queda desprotegida en favor de una burguesía cada vez más poderosa que comercia con el dinero. Es difícil que la situación financiera (resolverse) _se resuelva_ sin una distribución eficaz del presupuesto nacional. Para mejorar la situación es necesario que los gastos militares (reducirse) _se reduzcan_ y que el país (invertir) _____invierta_____ más dinero en ayuda social para sus ciudadanos, aunque desgraciadamente, esto no ocurre. Es obvio que muchas sociedades modernas (enfrentarse) _se enfrentan_ a los mismos problemas que la España del siglo XVII.

La Catedral de Madrid

Actividad 2 *Déficit económico.* Del mismo modo que un país que tiene una fuerte deuda externa se enfrenta a serios problemas presentes y futuros, un individuo que tiene deudas experimenta grandes dificultades. En parejas utilicen las expresiones impersonales y el presente de subjuntivo para hacer una lista de cinco recomendaciones para evitar la bancarrota personal.

Modelo

Es importante que uno pague puntualmente sus facturas.

No es bueno que la gente se gaste todo el sueldo cada mes.

_____

_____

_____

_____

_____

_____

_____

_____

_____

_____

_____

_____

_____

_____

_____

Actividad 3 *Espectáculos de masas.* En nuestra época, al igual que en el siglo XVII, contamos con una variedad de espectáculos y entretenimientos (deportes, cine...) que sirven como escape de la realidad cotidiana.

1. En grupos elaboren una lista de todas las formas de entretenimiento concretas que forman parte de su vida.

2. Empleando las oraciones impersonales reaccionen ante estos hábitos de evasión y justifiquen su opinión.

Modelo

Es bueno que la gente use el correo electrónico para mantenerse en contacto con la familia y los amigos. Sin embargo, resulta peligroso que uno pase todo el día pegado a la pantalla del ordenador y no se relacione personalmente con otros.

_____

_____

_____

_____

_____

_____

_____

_____

_____

_____

_____

_____

_____

_____

UN POCO MÁS LEJOS

Actividad oral Hagan un diálogo entre un psicólogo y una de las siguientes personas.

Have students brainstorm ideas before creating their dialogues. These can be improvised or written down before being performed.

a. un adicto a los videojuegos

b. un teleadicto

c. un internauta compulsivo

d. un fanático obsesionado por los deportes

Utilizando las oraciones impersonales y la gramática vista anteriormente, el adicto describe su situación y las reacciones de sus familiares, amigos y otras personas, mientras que el psicólogo le da consejos y sugerencias.

Actividad escrita Es importante encontrar un equilibrio entre el trabajo y el ocio (diversión u ocupación reposada) dentro de nuestras vidas. La línea divisoria entre estos dos conceptos varía dependiendo del individuo y la sociedad. En casos extremos, algunas personas caen en la adicción a uno de estos polos (trabajo o entretenimiento). Explique qué le parece apropiado en la vida de un estudiante universitario: cuántas horas debe dedicar al trabajo académico, cuántas al ocio. Utilice las expresiones impersonales: por ejemplo, *es fundamental, es apropiado, no es aconsejable, es mejor que, es peligroso.*

Have students create a list of ideas prior to writing. Activity may be assigned in groups or as homework as time allows.

_____

_____

_____

_____

_____

_____

_____

EXTENSIÓN: EXCLAMACIONES

Además de las expresiones impersonales vistas en la **Brújula** de este tema, en la lengua española existen otras posibilidades para dar nuestra opinión sobre personas, acciones o ideas, a un nivel más informal. En este grupo podemos incluir las construcciones exclamativas:

- *¡Qué* + (adjetivo) + sustantivo!

¡Qué asco!	¡Qué lío!
¡Qué bonitos ojos!	¡Qué problema!
¡Qué buena idea!	¡Qué quilombo!
¡Qué canción tan interesante!	¡Qué sabor más refrescante!
¡Qué hambre!	¡Qué tontería!

- *¡Qué* + adjetivo!

¡Qué bonito/a!	¡Qué lindo/a!
¡Qué chévere!	¡Qué padre!
¡Qué genial!	¡Qué rico/a!
¡Qué guay!	¡Qué vacilón/ona!

- *¡Cuánto/a* + nombre!

¡Cuánta paciencia hay que tener!	¡Cuántos amigos tienes!
¡Cuántos libros tienes en casa!	¡Cuántas cosas bonitas me dices!
¡No sabes cuánta ilusión me hace verte!	¡Cuánta gente hay en esta sala!

> **¡Atención!** Fíjese que todas estas palabras exclamativas llevan acento gráfico para subrayar el énfasis que dan al elemento referido. Recuerde que **si no son exclamativas**, esas palabras **no llevan acento** incluso si están entre signos de exclamación o interrogación:
>
> *¿Que si lo conozco? ¡Claro que lo conozco!*

Actividad Lea las siguientes situaciones y piense en la expresión más apropiada.

1. Un amigo te invita a una fiesta de cumpleaños en un club privado.

_____

2. Tus padres deciden llevarte con ellos de vacaciones.

_____

3. Tu mejor amiga te dice que ha roto con su novio de cinco años.

_____

4. Los New York Yankees ganan las Series Mundiales de béisbol.

_____

5. Los Chicago Bulls recuperan el anillo de la NBA.

_____

6. Tu profesor decide suspender el examen final de español.

_____

7. Un desconocido te regala una flor en el autobús.

_____

¡Su turno! Escriba cuatro o cinco situaciones nuevas y compártalas con su compañero o compañera de clase. ¿Cuál es su reacción?

_____

_____

_____

_____

_____

Patio de hacienda en Yucatán, México

- **En el horizonte:** La América colonial: Grupos sociales, tensiones políticas y florecimiento artístico

- **Brújula:** Presente de subjuntivo IV (subordinadas adverbiales)

- **Extensión:** Los gestos en español

PRELECTURA

1. En el siglo XVII los edificios más importantes solían ser las catedrales y los palacios. Hoy en día, ¿qué edificios se destacan en un núcleo urbano? ¿Dónde están ubicados (centro, periferia...)? ¿Cómo son? ¿A qué grupos representan? ¿En qué estilo arquitectónico fueron construidos? Piensen en los edificios de una gran ciudad que conozcan.

2. ¿Qué edificios son importantes dentro de su universidad? ¿Por qué son predominantes? ¿Qué función tienen?

3. El barroco fue uno de los estilos predominantes en la arquitectura de la América colonial. Describan el retablo que encuentran en la imagen. ¿Cómo son sus columnas? ¿Qué tipo de materiales se han empleado en su construcción? Comenten los elementos decorativos.

You may want to bring other examples to class of Baroque art (painting, sculpture, architecture). For more information about this artistic style, please see **Actividad 1** of the **Práctica gramatical**.

Retable of the Sacrament Chapel, Segovia Cathedral, Spain.

Sor Juana Inés de la Cruz

El siglo XVII en Hispanoamérica se caracteriza por la existencia de tensiones entre la Corona de España y los habitantes de la Colonia. Aunque la administración española se esfuerza por mantener el control de los territorios americanos, un grupo cada vez más numeroso de españoles establecidos en el Nuevo Mundo y de criollos (los hijos de españoles nacidos en territorio americano) empieza a tomar las riendas de la vida política y económica.

España continúa explotando los recursos naturales del Nuevo Continente durante muchos años, hasta que la producción de plata y otros metales preciosos se estabiliza y no alcanza para satisfacer las demandas europeas. Cuando el Rey y sus ministros se dan cuenta de la situación crítica en la que se encuentra el país, intentan buscar una nueva salida en el Nuevo Continente. De este modo, la Corona pone en venta títulos y privilegios, a fin de que la élite adinerada de América contribuya con su fortuna a financiar los enormes gastos militares y burocráticos del gobierno español. Los criollos son los principales beneficiarios de esta transacción y pronto empiezan a sustituir a los españoles en los puestos oficiales.

Mientras que la influencia de la clase criolla en la vida colonial aumenta progresivamente, los indígenas intentan librarse del yugo de la encomienda, aún existente a pesar de la prohibición real. Muchos emigran a las grandes ciudades y se dedican a la artesanía, el comercio o el servicio doméstico entre otras ocupaciones, lo que propicia además el mestizaje racial. Otros se refugian en las montañas y viven de pequeñas granjas autosuficientes. Tan pronto como los encomenderos empiezan a sufrir la falta de mano de obra indígena, el mercado de esclavos se intensifica. Se cree que durante la primera mitad del siglo XVII llegan a Hispanoamérica cerca de 300.000 africanos, condenados a la esclavitud, sin que los misioneros que defendían los derechos de los indígenas muestren interés por este grupo marginado.

A medida que avanza el siglo, las tensiones entre criollos y españoles crecen. Los españoles miran con recelo a esta nueva clase influyente que ha comprado su poder con dinero y que carece de sangre noble. Por su parte, los criollos detestan el control extranjero de la patria en la que han nacido. La juventud criolla más rebelde protagoniza varios disturbios que inquietan a la Corona.

A pesar de estos conflictos, durante el siglo XVII se da en América un florecimiento de las artes, alimentado por el intercambio cultural entre la Península y las Américas. Los libros españoles conviven con la producción literaria de autores criollos como el Inca Garcilaso de la Vega o Sor Juana Inés de la Cruz. El teatro goza de gran importancia, de modo que prácticamente todas las grandes ciudades americanas cuentan con sus corrales de comedias. En la arquitectura y las artes plásticas, el barroco español adquiere en América un tinte especial al mezclarse con los conceptos arquitectónicos indígenas.

Garcilaso de la Vega (1539–1616): born in Peru from an Incan mother and Spanish father.
Sor Juana Inés de la Cruz (1648–95): Mexican writer who became a nun in order to preserve her intellectual freedom.

PREGUNTAS DE COMPRENSIÓN

1. ¿Cuál es la diferencia entre un criollo y un mestizo?
2. ¿Cómo consiguen los criollos títulos y privilegios de la Corona española?
3. ¿Cuál es la situación de los indígenas durante el siglo XVII?
4. ¿Qué hacen los encomenderos ante la falta de mano de obra indígena?
5. ¿Qué dinámica existe entre criollos y españoles?
6. Mencionen tres ejemplos del florecimiento artístico que tiene lugar en América en el siglo XVII.

Hacienda, Yucatán

COMPÁS

Sustantivos

el beneficiario	el interés	el recurso
el criollo	la mano de obra	la rienda
el disturbio	el mestizaje	la salida
la élite	la patria	el tinte
la esclavitud	el privilegio	la venta
el florecimiento	la producción literaria	el yugo
la fortuna	el puesto	
la granja	el recelo	

Adjetivos

adinerado	crítico	influyente
condenado	establecido	rebelde

Verbos

adquirir	emigrar	inquietar
carecer	esforzarse	protagonizar
contribuir	estabilizarse	refugiarse
dedicarse	explotar	satisfacer
detestar	gozar	sustituir

Iglesia colonial,
Yucatán

Actividad 1 Sustituyan en el siguiente párrafo las palabras subrayadas por un sinónimo procedente de la lista de vocabulario. Hagan los cambios de género necesarios.

Dos de los autores <u>importantes</u> del barroco hispanoamericano son el Inca Garcilaso de la Vega y Sor Juana Inés de la Cruz. La <u>obra</u> de estos escritores es un ejemplo del <u>esplendor</u> artístico del siglo XVII en el Nuevo Continente. Sor Juana se distingue particularmente por la incorporación en sus textos de palabras de origen indígena y africano. Por su parte, el Inca Garcilaso refleja en sus *Comentarios reales* <u>la mezcla racial</u> que se da en la sociedad novohispana. Ambos autores han aportado a la cultura hispana ideas que continúan inspirando la creación artística de nuestros días.

Actividad 2 En parejas rellenen la siguiente tabla. A continuación, justifiquen las connotaciones dadas y compárenlas con otros compañeros. Expliquen su elección.

	Denotación (significado objetivo, definición)	**Connotación** (asociación personal, subjetiva)
mestizaje	*mezcla de dos razas*	*diferente, diversidad, exótico, marginación, enriquecimiento, tolerancia, impureza, ruptura*
élite		
explotar		
patria		

ITINERARIOS

Actividad 1 Observen el edificio de la ilustración.

a. ¿Qué tipo de edificio es? ¿Cuál es su función?

b. ¿En qué estilo arquitectónico pueden ubicarlo? Señalen elementos específicos.

c. ¿Cómo imaginan el interior del edificio? Piensen en la distribución, la amplitud, el mobiliario, la luz, la decoración y otras características.

d. Comparen este edificio con otros de función similar que conozcan. Especifiquen detalles arquitectónicos de la fachada y el interior, influencias culturales y otras comparaciones.

Church of San Francisco, Acatepec, Puebla, 1730–90.

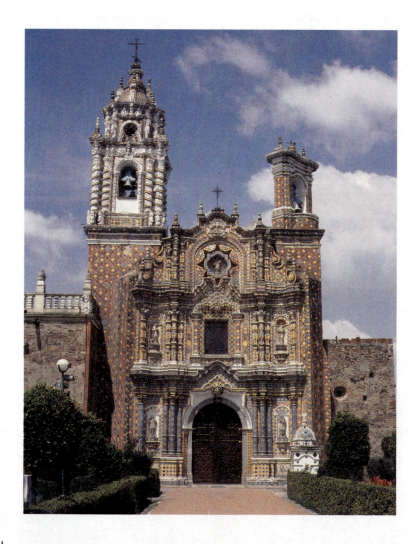

Actividad 2 Completen el siguiente párrafo con las frases que se encuentran más abajo.

Instruct students to read the entire paragraph prior to completing the activity.

El párroco de la iglesia de San Francisco considera que es importante llevar a cabo trabajos de restauración del edificio, para que __b__ y no interrumpan sus prácticas religiosas. Es necesario actuar con rapidez, ya que __d__ al desprenderse pedazos de escayola de la bóveda principal. Aunque __a__, los trabajos no podrán comenzar hasta que __c__. Dichos trabajos serán aprobados con tal de que __e__.

a. la situación es bastante crítica

b. los feligreses puedan asistir a las ceremonias con normalidad

c. el gobierno conceda el financiamiento del proyecto

d. varios individuos han resultado heridos

e. se mantenga el estilo arquitectónico original

Conditional and comparative clauses are usually studied as **subordinadas adverbiales**. To treat them in more detail we have included them in separate sections: comparatives were covered in the **Extensión** of **Tema 1**; conditional clauses with **si** will be studied in **Tema 20**, once students are familiar with the imperfect subjunctive and the conditional.

Las frases subordinadas adverbiales sirven para añadir información circunstancial (contextual) acerca de tiempo, lugar, modo, causa, consecuencia, finalidad y concesión.

Los misioneros abren escuelas en América <u>para que los niños indígenas estudien la religión católica.</u> (finalidad)

<u>Cuando la mano de obra escasea en América,</u> los encomenderos traen esclavos de África. (circunstancia temporal)

A continuación encontrará un esquema introductorio con las frases principales adverbiales, los contextos en los que se usan (ideas que expresan) y las conjunciones más frecuentes que las introducen.

Tipo de frase adverbial	Idea que expresa	Conjunciones que frecuentemente la introducen
temporal	tiempo	cuando, antes de que, después de que, desde que, hasta que, siempre que, tan pronto como, apenas, en cuanto
de lugar	lugar	donde
modal	modo	como, según, sin que
causal	causa	porque, como (*si la frase adverbial va en posición inicial*), ya que, puesto que, dado que
consecutiva	consecuencia	por (lo) tanto, por consiguiente, así que, así pues, luego
final	finalidad	para que, a fin de que, con objeto de que, a que
concesiva	oposición, obstáculo, dificultad que se consigue vencer	aunque, a pesar de que, por mucho que, por más que
condicional	condición	a condición que, a menos que, a no ser que, con tal de que, en caso (de) que, salvo que

(SUBORDINADAS ADVERBIALES)

Las oraciones adverbiales pueden construirse con indicativo o con subjuntivo. La elección del modo depende de:

El punto de vista del hablante: En general el hablante usa subjuntivo cuando expresa información hipotética o habla de acciones que aún no se han realizado, orientadas al futuro. El indicativo se emplea para hablar de hechos constatados (reales) y acciones que ya se han realizado.

La conjunción utilizada: Algunas conjunciones se utilizan exclusivamente con indicativo y otras con subjuntivo. Otras conjunciones permiten alternancia (indicativo o subjuntivo) dependiendo de la idea que se quiera expresar.

Según estos dos parámetros podemos crear tres grandes grupos:

Primer grupo: Siempre con subjuntivo

Conjunciones	Ejemplos
finales: para que, a fin de que, con objeto de que, a que	*El artista barroco trabaja para que la realidad se <u>adapte</u> a su visión propia.* *La lengua se distorsiona a fin de que el autor <u>pueda</u> expresarse.*
condicionales: a condición que, a menos que, a no ser que, con tal de que, en caso (de) que, salvo que	*El contacto entre culturas no existe salvo que haya esfuerzo mutuo (si no hay esfuerzo mutuo).* *Con tal (de) que el poema <u>exprese</u> sus sentimientos, Sor Juana recurre a todo tipo de fuentes literarias.*
antes de que	*Tendré que trabajar muy duro antes de que ese sueño se <u>haga</u> realidad.*
sin que	*La literatura colonial se desarrolla durante años sin que nadie en la Península <u>parezca</u> darse cuenta.*

Segundo grupo: Siempre con indicativo

Conjunciones	Ejemplos
causales: porque, como (*si la frase adverbial va en posición inicial*), ya que, puesto que, dado que	*Como <u>falta</u> la mano de obra indígena, el mercado de esclavos se intensifica en América durante el siglo XVII.* *Muchos indígenas emigran a las grandes ciudades porque <u>quieren</u> librarse del yugo de la encomienda.*
consecutivas: por (lo) tanto, por eso, así que, así pues, luego	*La clase criolla se enriquece y compra títulos nobiliarios, así pues <u>se convierte</u> en la nueva clase influyente.* *La Corona española está preocupada por las tensiones que hay en la América colonial, por lo tanto <u>se esfuerza</u> en mantener el control de los territorios.* *En el siglo XVII en Europa, Descartes proclama: Pienso, luego <u>existo</u>.*

Tercer grupo: Alternancia indicativo/subjuntivo

Conjunciones	Con indicativo hechos constatados, acciones realizadas	Con subjuntivo información hipotética, acciones no realizadas (orientadas al futuro)
temporales: cuando, después de que, desde que, hasta que, siempre que, tan pronto como, apenas, en cuanto	*Viajé por toda la Argentina cuando <u>cumplí</u> 30 años.* *Me compré las obras completas de Sor Juana apenas <u>cobré</u> ayer.* *Sor Juana no dejó de escribir hasta que su confesor se lo <u>prohibió</u>.* *El mercado de esclavos se intensificó en cuanto los indígenas <u>inmigraron</u> a las ciudades.*	*Visitaré el Cuzco cuando mi trabajo me lo <u>permita</u>.* *Te escribiré un poema apenas <u>tenga</u> un momento libre.* *Tomaré clases de literatura hispánica hasta que mi nivel <u>sea</u> bastante bueno.* *Las obras de restauración van a comenzar en cuanto se <u>apruebe</u> el presupuesto.*

Conjunciones	Con indicativo hechos constatados, acciones realizadas	Con subjuntivo información hipotética, acciones no realizadas (orientadas al futuro)
de lugar: donde	*Los indígenas que emigraban a las ciudades trabajaban donde <u>podían</u>.*	*Este verano en Argentina voy a trabajar donde <u>pueda</u>.*
modales: como, según	*Los criollos no se comportaban como la Corona española <u>quería</u>.* *Los misioneros no siempre actuaban según la Corona <u>dictaba</u>.*	*Vamos a hacer las cosas como tú <u>digas</u>.* *Colocaremos los libros según nos <u>indique</u> el profesor.*
concesivas: aunque, a pesar de que, por mucho que, por más que	*El autor barroco no se dejaba influir por otras personas aunque en ocasiones <u>hizo</u> concesiones por dinero.* *Sor Juana continuó leyendo a pesar de que las autoridades se lo <u>prohibieron</u>.*	*El pintor abstracto mantiene su visión sobre la realidad aunque <u>haya</u> gente en desacuerdo.* *Quiero traducir el "Primero sueño" de Sor Juana a pesar de que <u>haya</u> expresiones complejas.*

Catedral de México,
Distrito federal

Actividad 1 Completen las siguientes frases con el presente del indicativo o del subjuntivo, según corresponda.

Aunque el barroco (surgir) _____surge_____ a finales del siglo XVI en Europa, llega a América en el siglo XVII. Cuando (llegar) _____llega_____ al Nuevo Mundo, se convierte en el estilo colonial por excelencia. A la gente este estilo le parece excesivo hasta que (acostumbrarse) _se acostumbra_ al uso exagerado de ornamentación. En cuanto se (construir) _____construyen_____ las primeras iglesias, se utiliza sistemáticamente en la arquitectura sin que (quedar) _____queden_____ excluidas el resto de las artes plásticas. Antes de que los jesuitas (tener) _____tengan_____ que marcharse de las misiones, desarrollan talleres de enseñanza de escultura, pintura y música para que los nativos (aprender) _____aprendan_____ las técnicas occidentales y las (incorporar) _____incorporen_____ a su propio bagaje cultural.

Tonantzintla, Puebla (México), detalle arquitectónico

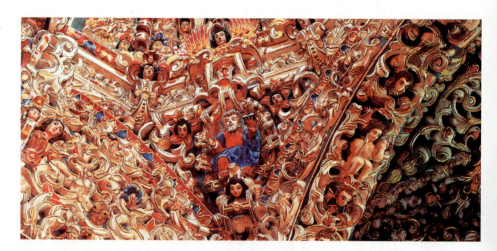

Actividad 2 Siguiendo el modelo que se les da a continuación, creen tres oraciones (en pasado, presente y futuro) sobre algunos aspectos del proceso de la inmigración a partir de los elementos dados.

Modelo

Cuando / llegar los inmigrantes / traer nuevas costumbres y modos de vida.

Cuando llegaron los primeros inmigrantes a América, trajeron nuevas costumbres y modos de vida.

Cuando llegan los inmigrantes a este país, traen nuevas costumbres y modos de vida.

Cuando lleguen los próximos inmigrantes, traerán nuevas costumbres y modos de vida.

Have students examine the model prior to beginning the activity and explain the use of indicative vs. subjunctive. Please note that some additional changes may be required in sentence structure (**primeros inmigrantes / próximos inmigrantes**).

1. Aunque / los comienzos / ser difíciles / acabar adaptándose

_____

_____

_____

2. Tan pronto como / aprender las lenguas autóctonas / poder comunicarse con los grupos locales

_____

_____

_____

3. A pesar de que / sentir nostalgia de su lugar de origen / tener esperanzas en el futuro

_____

_____

_____

4. Después de que / conocer la nueva cultura / incorporar algunos elementos a la propia

_____

_____

Note that all answers require the use of the present subjunctive.

Actividad 3 Completen las siguientes oraciones para expresar opiniones acerca de la mezcla racial (mestizaje).

1. La sociedad no va a mejorar hasta que

    _____

2. En una cultura moderna es necesario tener diversidad a fin de que

    _____

3. Siempre habrá prejuicios en torno a la mezcla racial mientras

    _____

4. Frecuentemente la gente autóctona acepta al nuevo grupo con tal de que

    _____

5. Suele haber bastantes tensiones entre grupos distintos antes de que

    _____

El zócalo, Mérida, México

Un poco más lejos

Actividad oral   El concepto de pureza racial es muy discutible. Todos somos mestizos en algún grado, ya que provenimos de diferentes orígenes raciales, históricos, lingüísticos y religiosos.

En grupos discutan cuál es la situación de mezcla racial en su país y qué creen que opina la gente acerca del mestizaje (se acepta, se rechaza, en qué contextos hay más o menos tolerancia). A continuación, expongan cuáles son, en su opinión, las consecuencias sociales y políticas que trae la mezcla de razas y culturas. ¿Cómo creen que será la situación en el futuro en su propio país y en el mundo?

You may want to turn this activity into a class debate.

Rostros humanos

Actividad escrita A menudo encontramos opiniones diversas frente a los contactos entre grupos diferentes. Hay gente que está a favor de la diversidad y la mezcla de razas y culturas. Otros defienden la preservación de la identidad cultural o prefieren la convivencia sin mezcla.

You may want to have students present their opinions to the class to stimulate discussion.

En grupos escriban un párrafo en el que expresen y justifiquen su propia opinión. Utilicen las expresiones que se les dan a continuación.

a no ser que	cuando	antes de que	en caso de que	apenas
mientras	aunque	para que	con tal de que	salvo que

EXTENSIÓN: LOS GESTOS EN ESPAÑOL

Aprender una lengua también implica saber interpretar y hacer las expresiones faciales, los gestos y las posturas que los hablantes nativos usan en su interacción cotidiana.

Hay gestos para identificar, localizar y cuantificar. Otros expresan sensaciones y sentimientos, y algunos incluso nos representan el objeto exacto sin necesidad de nombrarlo con palabras. Hay gestos que conectan al hablante con el oyente para detener o modificar la comunicación. Y otros gestos están relacionados con ideas o pensamientos íntimos de cada persona.

Y al igual que con el vocabulario, el sistema verbal y la pronunciación, el español también presenta diferencias "dialectales" en el empleo de unos gestos u otros. Estas diferencias dependen de la cultura en la que está inmerso el hablante.

Actividad Lea en la columna de la izquierda la descripción de algunos de los gestos físicos más comunes en el español, y en la derecha su significado. Su instructor va a ayudarle a conectar los elementos de las dos columnas.

Note that these gestures will vary from country to country. You may wish to introduce students to other commonly used gestures.

1. girar el dedo índice en la sien derecha varias veces y levantar las cejas	_4_	tener mucho dinero, ser caro
2. darse golpecitos con la parte exterior de la mano en la mejilla	_5_	muy poco, muy pequeño
3. mover el dedo índice un poco doblado y repetidamente hacia uno mismo	_1_	estar loco
4. frotar los dedos pulgar e índice de la mano derecha entre sí	_6_	desear suerte, evitar la mala suerte
5. acercar el pulgar al índice de manera horizontal hasta casi tocarse	_7_	no saber, ignorar algo
6. dar golpecitos con los nudillos en una superficie de madera	_2_	no tener vergüenza, no ser honesto
7. levantar los hombros y las cejas durante unos segundos	_3_	pedir algo, o pedir a alguien que se acerque

¿Conoce usted otros gestos frecuentemente utilizados? ¿Qué gestos son comunes en su grupo o cultura? Comparta este conocimiento con sus compañeros de clase.

Los villancicos son pequeñas canciones religiosas que se pueden entender como minúsculas lecciones de catecismo dirigidas a un público amplio. En las coplas que siguen se habla de Santa Catarina de Alejandría, santa a la que Sor Juana le dedicó varias composiciones por encargo eclesiástico. Santa Catarina era la patrona de los filósofos, un símbolo de ciencia y fe asociadas.

Coplas

Érase una niña,
como digo a usté,[1]
cuyos años eran,
ocho sobre diez.
Esperen, aguarden,
que yo lo diré.

Ésta (que sé yo,
cómo pudo ser),
dizque[2] supo mucho,
aunque era mujer.
Esperen, aguarden,
que yo lo diré.

Porque, como dizque
dice no sé quién,
ellas sólo saben
hilar y coser...
Esperen, aguarden,
que yo lo diré.

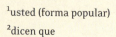

[1]usted (forma popular)
[2]dicen que

Santa Catarina de Alejandría

Pues ésta, a hombres grandes
pudo convencer;
que a un chico cualquiera
lo sabe envolver.
Esperen, aguarden,
que yo lo diré.

Y aun una santita
dizque era también,
sin que le estorbase
para ello el saber.
Esperen, aguarden,
que yo lo diré.

Pues como Patillas
no duerme, al saber
que era santa y docta,
se hizo un Lucifer.
Esperen, aguarden,
que yo lo diré.

Pues con esto, ¿qué hace?
Viene y tienta a un Rey,
que a ella la tentara
a dejar su Ley.
Esperen, aguarden,
que yo lo diré.

Tentóla de recio;
mas ella, pardiez,[3]
se dejó morir
antes que vencer.
Esperen, aguarden,
que yo lo diré.

No pescuden[4] más,
porque más no sé,
de que es Catarina,
para siempre. Amén.

---

[3]por Dios
[4]averiguar, preguntar

REFLEXIONES

a Después de leer el villancico decida cuáles de las siguientes afirmaciones son verdaderas y cuáles son falsas.

1. Las coplas del villancico están contando una historia que el público puede entender sin dificultad. __V__

2. Los versos son largos y tienen muchas subordinadas. __F__

3. La función del estribillo es agregar información. __F__

4. Santa Catarina fue un personaje histórico y religioso. __V__

5. Ella era una mujer anciana y piadosa cuando se enfrentó al rey. __F__

6. Santa Catarina era una mujer que aborrecía la sabiduría. __F__

b En parejas discutan cómo está representada Catarina en estas coplas. Aporten detalles sobre su edad, actividades, costumbres. Busquen dos nombres que se usan para el diablo. Expliquen la relación entre el demonio, el rey y Catarina. ¿Cómo se resuelve el conflicto entre los tres?

PERSPECTIVAS

Actividad oral Divídanse en grupos de tres y preparen preguntas o afirmaciones, teniendo en cuenta el contenido del poema, para cumplir con los siguientes papeles.

a. un periodista que hace preguntas y modera a dos estudiosos que se oponen en sus puntos de vista

b. una historiadora que afirma que las mujeres que han querido estudiar, enseñar, escribir han podido hacerlo en cualquier época

c. un sociólogo que sostiene que históricamente la opción ha estado restringida por la sociedad a la mayoría de las mujeres durante muchos siglos

Actividad escrita Busquen ejemplos de la historia, la literatura, la Biblia que ilustren el tema de las mujeres frente al conocimiento intelectual. Formulen una tesis, busquen después hechos que la sostengan.

_____

_____

_____

_____

_____

_____

_____

_____

_____

_____

_____

_____

_____

_____

_____

_____

_____

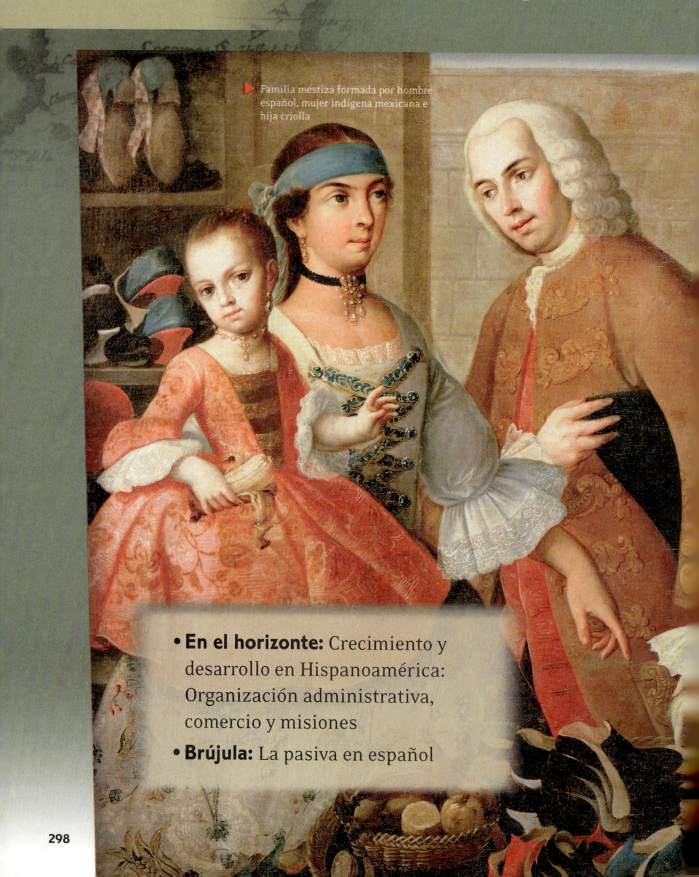

Familia mestiza formada por hombre español, mujer indígena mexicana e hija criolla

- **En el horizonte:** Crecimiento y desarrollo en Hispanoamérica: Organización administrativa, comercio y misiones
- **Brújula:** La pasiva en español

desarrollo en Hispanoamérica

PRELECTURA

1. ¿Cómo ha cambiado el proceso de producción agrícola en los últimos siglos? Piensen en productos, maquinaria, transporte, comercio... .

2. Piensen en algunos de los productos naturales que consumimos (frutas, verduras, vino...) ¿En qué climas se cultivan? ¿Proceden de otros países? ¿Dónde y cómo se cultivan?

3. ¿Qué productos exporta su propio país? ¿A qué lugares se exportan?

4. Observen la imagen de una hacienda que se presenta a continuación. Describan los elementos que ven y hagan hipótesis acerca de lo que se produce en ella, cómo está organizada y cuál es su situación geográfica.

A sugar plantation in the south of Trinidad, c. 1850.

The **virreinato** was the largest territorial division that existed in America. It included territories and cities under a large province supervised by the **virrey** (viceroy), the delegate of the Spanish king in the Americas, who controlled all aspects of political, economic, religious, military and judicial life. The first **virreinato** to appear in America was Mexico (1535), which had jurisdiction over north and central Latin America. It was soon followed by the **virreinato** of Peru (1542) which included the southern territories. Early territorial division of the Americas was mainly motivated by the need to administer justice, and thus the creation of **audiencias** (courts) preceded the establishment of **virreinatos**. The first **audiencias** were created in Santo Domingo, Bogota, Quito, Lima, Charcas, Santiago de Chile and Mexico, Guatemala and Panama Cities. Each of these **audiencias** fell under its geographically corresponding **virreinato**.

La América Latina del siglo XVIII fue escenario de profundos cambios políticos, sociales y económicos. En primer lugar, una serie de reformas administrativas fueron puestas en marcha por las autoridades españolas. Se reorganizaron los virreinatos, estableciéndose dos nuevos: Nuevo Reino de Granada (que incluía los actuales territorios de Colombia, Venezuela, Ecuador y Panamá) y Río de la Plata (Argentina, Uruguay, Paraguay, Chile y parte de Bolivia). A imitación del modelo francés, se subdividieron estos virreinatos en intendencias, lo que supuso una limitación del poder central que ejercía el virrey. Por otro lado, se intentó realizar una fuerte reforma fiscal mediante la sistematización del cobro de impuestos. Esta medida afectó principalmente a criollos, mestizos e indios, de modo que fuertes protestas fueron llevadas a cabo por estos grupos. Dichos levantamientos y la propaganda antiespañola que circulaba por América resultaron difíciles de contener por parte de las autoridades, cada vez más debilitadas.

La crisis económica de la centuria anterior fue superada gracias al auge de la agricultura, la industria y el comercio. En la minería se volvieron a alcanzar altas cuotas de producción al sofisticarse los medios de extracción de metales. Los pequeños campesinos arruinados habían vendido sus tierras a los hacendados, quienes establecieron grandes latifundios en los que se producían maíz, tabaco, cacao, azúcar y plantas medicinales. Muchos de estos productos se exportaban a España favoreciendo el comercio entre la metrópoli y sus colonias, que se intensificó aún más gracias al Reglamento de Libre Comercio (1778). Sin embargo, las dificultades políticas que vivió el gobierno español a finales de siglo mermaron este intercambio comercial. En 1797 el intercambio mercantil entre Hispanoamérica y otras potencias extranjeras fue finalmente autorizado por España, incapaz de satisfacer por sí misma las necesidades de las colonias. Esta medida supuso la apertura de Latinoamérica al capitalismo europeo. Al mismo tiempo, la reducción del número de importaciones españolas propició el desarrollo de la industria hispanoamericana, que debía autoabastecerse con lo que antes importaba de la Península.

Durante este periodo, la sociedad hispanoamericana fue gradualmente transformada a causa del fuerte crecimiento demográfico y el aumento de población mestiza. Se calcula que hacia finales del siglo XVIII había unos 12,5 millones de habitantes en la América Latina. Aunque los mestizos eran a menudo marginados y ridiculizados por españoles y criollos, ya empezaban a ser mayoría en muchos lugares, principalmente en las ciudades. La población indígena se recuperó del descenso que había sufrido en los siglos anteriores y llegó a alcanzar casi los 7 millones de habitantes.

Las órdenes religiosas continuaron con su labor misionera. En particular, los jesuitas se destacaron por su labor de educación y defensa de los indígenas, a los que instruían en las bellas artes y las técnicas de cultivo más avanzadas de Europa. A la vez, aprendían de los indígenas sus lenguas, ritos, costumbres y recopilaban su conocimiento científico. Otro de los campos de influencia de la Compañía de Jesús fueron las universidades y colegios donde se enseñaba a los criollos en las ciudades coloniales. Los sacerdotes, de extensa formación humanista, eran responsables de la educación superior y se puede decir que formaron a los grupos que promovieron la independencia de América en el siglo XIX.

PREGUNTAS DE COMPRENSIÓN

1. ¿Qué reformas administrativas fueron realizadas en América Latina durante el siglo XVIII?

2. ¿A qué grupos sociales afectó principalmente la reforma fiscal que impusieron las autoridades españolas? ¿Cómo reaccionaron estos grupos?

3. ¿Qué consecuencias tuvo para Hispanoamérica la apertura comercial de 1797 y la reducción del número de importaciones de España?

4. ¿Cómo cambió la sociedad hispanoamericana a lo largo del siglo XVIII?

5. ¿Qué impacto tuvieron los jesuitas en América Latina?

Misión jesuita

Sustantivos

el auge	la formación	la propaganda
el aumento	el hacendado	la serie
las bellas artes	el impuesto	el virreinato
la centuria	la intendencia	el virrey
el cobro	el levantamiento	
el crecimiento	la medida	
el descenso	la orden	
el escenario	la potencia	

Adjetivos

anterior	incapaz	ridiculizado
arruinado	minero	superado
debilitado	misionero	

Verbos

autoabastecerse	favorecer	promover
destacarse	intensificar	
ejercer	mermar	

Actividad 1 ¿Qué palabra se corresponde con las siguientes definiciones?

a. _____mermar_____: disminuir en cantidad.

b. _levantamiento_: acto de protesta y rebeldía ante una ley injusta.

c. _____medida_____: prevención que se toma para evitar un problema.

d. _____impuesto_____: tributo monetario que se exige a los ciudadanos.

Actividad 2 Expliquen la relación existente entre los siguientes pares de palabras.

a. aumento / descenso

_____

b. intendencia / virreinato

_____

c. arruinado / debilitado

_____

d. favorecer / intensificar

_____

e. hacendado / virrey

_____

Catedral de Santiago de Chile

Spanish colonial empire in Latin America: Dominican missionaries perform baptisms.

Observen con atención la imagen:

Actividad 1 ¿Qué elementos ven? Describan a las personas que aparecen en el cuadro. Fíjense en su vestimenta, postura y movimientos. ¿A qué grupos sociales pertenecen?

Actividad 2 Desde el punto de vista antropológico, los grupos humanos se organizan en torno a una serie de creencias materializadas en rituales (de iniciación a una creencia o religión, de paso a la adolescencia, reproductivos y de matrimonio, funerarios...). Basándose en su experiencia personal, describan un ritual en el que hayan participado. Aporten detalles sobre las fases del ritual, los participantes, objetos que son utilizados, lugares donde se lleva a cabo, vestimenta, comida y música.

_____

_____

_____

_____

Actividad 3 Con los elementos que se les dan más abajo, completen el siguiente párrafo acerca de la integración de un individuo dentro de otra cultura extranjera.

Un individuo _____ es acogido _____ como inmigrante en otra cultura. Cada día _____ es iniciado _____ en las costumbres de esa cultura nueva y _ es bombardeado _ con información en una lengua que no entiende. Con objeto de acelerar su integración, _____ es obligado _____ a abandonar su propia lengua y tradiciones dentro del trabajo y otras esferas públicas, aunque sí se le permite mantenerlas en privado. _____ Es educado _____ en escuelas estatales, gracias a la generosidad del país que lo recibe.

es obligado	es educado	es acogido
es iniciado	es bombardeado	

Actividad 4 Usted y su compañero o compañera de clase son dos individuos inmigrantes. Preparen un diálogo en el que problematicen las ventajas y desventajas del proceso de asimilación a otra cultura.

Papel A: Usted está a favor de adoptar la nueva lengua y costumbres, ya que le parece fundamental adaptarse al entorno del mejor modo posible.

Papel B: Usted considera fundamental preservar sus propias tradiciones culturales y no está dispuesto a eclipsarlas en favor de la nueva situación.

Brújula: La pasiva en español

Voz pasiva con *ser*

La construcción **ser + participio** es una forma de expresar la **voz pasiva** y un recurso del hablante para cambiar el orden de los elementos en una oración según sus necesidades comunicativas. El sujeto activo se transforma en complemento agente, el objeto directo se transforma en sujeto pasivo.

Carlos III expulsó a los jesuitas de las Américas.	Los jesuitas fueron expulsados por Carlos III.
sujeto objeto directo	sujeto complemento agente
(oración/voz activa)	(oración/voz pasiva)

En español sólo se pueden construir oraciones pasivas con verbos transitivos, es decir, los que tienen un objeto directo. Otros ejemplos son:

Voz activa	Voz pasiva
Especialistas de todo el mundo *consultan* miles de libros jesuitas.	Miles de libros de los jesuitas *son consultados* por especialistas de todo el mundo.
Los jesuitas *aportaron* muchas pruebas sobre la igualdad entre colonos y nativos.	Muchas pruebas sobre la igualdad entre colonos y nativos *fueron aportadas* por los jesuitas.
Los historiadores *seguirán discutiendo* las tesis jesuitas sobre la sociedad indígena.	Las tesis jesuitas sobre la sociedad indígena *seguirán siendo discutidas* por los historiadores.

La pasiva en español es más común en textos escritos que en la comunicación oral.

Discurso oral	Discurso escrito
El profesor Sánchez *enseña* la clase de historia latinoamericana a las 10:00 AM.	La clase de historia latinoamericana *es impartida* por el profesor Sánchez a las 10:00 AM.

La pasiva se emplea sobre todo en artículos periodísticos, textos técnicos o históricos o materiales descriptivos como manuales, guías de viaje e instrucciones de uso.

PASIVA CON *SE* (PASIVA REFLEJA)

Hay ocasiones en que el hablante no desea o no necesita mencionar el sujeto o agente de la oración. En estos casos emplea la construcción denominada pasiva refleja o pasiva con **se**. La pasiva refleja es la opción más corriente en la comunicación oral.

El **se** pasivo no expresa ni género ni número, no presenta la preposición **por** y no se identifica con ninguna persona específica.

The **pasiva refleja** is often classified under the **impersonales**. Because of its double nature, it can be considered an impersonal or a passive. We first introduced it in the **Brújula** of **Tema 12**, as a way of expressing impersonality.

Voz activa (sujeto específico)	Voz pasiva (sujeto omitido)
Las órdenes religiosas fundaron universidades y colegios en América.	*Se fundaron universidades y colegios en América.*

Como hemos visto, dependiendo de qué elemento del discurso quiere enfatizar, el hablante puede escoger entre una oración activa, una oración pasiva con ser o una oración pasiva refleja.

Oración activa (se enfatiza el sujeto, la persona o institución que realiza la acción)	Oración pasiva con ser (se enfatiza el objeto)	Oración pasiva con se (se enfatiza la acción, sin importar quién la realiza)
Las autoridades españolas realizaron una serie de reformas.	*Una serie de reformas fueron realizadas por las autoridades españolas.*	*Se realizaron una serie de reformas.*

Práctica gramatical

Actividad 1 Vuelvan a escribir la siguiente cronología acerca de los grandes acontecimientos del siglo XVIII en Chile. Para ello transformen las siguientes frases activas en frases pasivas con **ser**. Empleen el presente histórico.

Modelo

1730: Un terremoto destruye Santiago.

En 1730 Santiago es destruido por un terremoto.

1. 1747: Felipe V otorga licencia para la creación de la Real Universidad de San Felipe.

   En 1747 la licencia para la creación de la Real Universidad de San Felipe es

   otorgada por Felipe V.

2. 1767: Carlos III expulsa a los jesuitas de Chile.

   En 1767 los jesuitas son expulsados de Chile por Carlos III.

   _____

3. 1778: El rey de España permite el comercio libre.

   En 1778 el comercio libre es permitido por el rey de España.

   _____

4. 1778: El rey de España permite el comercio libre.

   En 1791 las encomiendas y el trabajo forzado son declarados ilegales por

   el gobernador Ambrosio O'Higgins.

5. 1798: Los diplomáticos chilenos obtienen la independencia del Virreinato de Perú.

   En 1798 la independencia del Virreinato de Perú es obtenida por

   los diplomáticos chilenos.

Actividad 2 Combinen los siguientes elementos para crear: a. una frase activa, b. una frase pasiva con **ser** y c. una frase pasiva con **se**. Construyan las frases en el pasado.

> **Modelo**
>
> el Papa Clemente XIV / disolver / la Compañía de Jesús / en 1773
>
> a. *El Papa Clemente XIV disolvió la Compañía de Jesús en 1773.*
>
> b. *La Compañía de Jesús fue disuelta por el Papa Clemente XIV en 1773.*
>
> c. *Se disolvió la Compañía de Jesús en 1773.*

1. el Papa Pío VII / reestablecer / la orden jesuítica / en 1814

   _____

   _____

   _____

2. los jesuitas / crear / abundantes muestras originales de arte religioso / durante el siglo XVIII

   _____

   _____

   _____

3. los artesanos / trabajar / la plata / en los talleres de las misiones

   _____

   _____

   _____

Actividad 3 Completen el siguiente texto con la forma pasiva (**ser** o **se**) que sea más adecuada. Utilicen el tiempo verbal apropiado (presente, pretérito o imperfecto).

La costumbre de tomar mate es de origen muy antiguo. Inicialmente, las hojas _eran masticadas_ (masticar) por los guaraníes, un grupo indígena que vivía en lo que actualmente es Argentina, Paraguay y Uruguay. Más tarde la hierba _se remojaba_ (remojar) en una pequeña calabaza llamada *mati*, donde el líquido _se succionaba_ (succionar) a través de una pequeña caña (bombilla). Durante el siglo XVIII esta hierba _era cultivada_ (cultivar) por los jesuitas en el nordeste argentino. Con el paso del tiempo, el recipiente que _se utilizaba_ (utilizar) para beber el mate, sufrió modificaciones: _se decoró_ (decorar) con adornos de plata y _se añadió_ (añadir) la bombilla metálica. En las familias más acomodadas, el mate _se servía_ (servir) en una bandeja de plata e iba acompañado por unos bizcochitos. Hoy en día también _son empleadas_ (emplear) por los bebedores de mate bombillas desechables de plástico. Esta tradición continúa gozando de gran popularidad en Latinoamérica.

Actividad 4 En parejas, basándose en el párrafo anterior, utilicen la voz pasiva para describir una tradición o costumbre popular de su país. Hablen de sus orígenes, historia, formas de uso y transformaciones.

_____

_____

_____

_____

_____

_____

_____

_____

_____

Un poco más lejos

Actividad oral Empleen las pasivas con **se** para diseñar una encuesta con la que entrevistarán a varios compañeros sobre su lugar de origen. A continuación, en grupos de cuatro, comenten los resultados de su investigación. Deben incluir los siguientes aspectos:

producción agrícola, ganadera e industrial

hábitos alimenticios

productos de exportación/importación

actividades sociales y culturales (fiestas, desfiles,...)

¿?

You may want to have the class brainstorm a list of questions before beginning the activity.

You may ask students to present their results to the whole class and have each group focus on one particular aspect.

Modelo
¿Qué frutas se cultivan en su pueblo/estado/país?

En Florida se cultivan cítricos como la naranja.

_____

_____

_____

_____

_____

_____

_____

_____

_____

_____

Actividad escrita Escojan un país latinoamericano e investiguen su historia durante el siglo XVIII. Con sus propias palabras reconstrúyanla en un pequeño ensayo utilizando la voz pasiva (con **ser** y con **se**).

_____

_____

_____

_____

_____

_____

_____

Escritura jeroglífica
jesuita para la
conversión de los
indígenas

Calle de Alcalá, Madrid, siglo XVIII

- **En el horizonte:** La Ilustración en España: Educación, modernización y crítica social
- **Brújula:** El imperfecto de subjuntivo
- **Extensión:** Diminutivos y aumentativos en español

en España

Discutan en parejas las siguientes cuestiones:

1. En su opinión, ¿qué necesita el ser humano para obtener la felicidad y vivir en armonía con otros seres humanos (dinero y bienes materiales, educación, espiritualidad, buenas relaciones con los demás...)? Hagan una lista por orden de importancia y justifiquen su clasificación.

2. Digan qué saben de los siguientes acontecimientos históricos: la Revolución Francesa, la Revolución Industrial, la Revolución Bolchevique. ¿Dónde y cuándo tuvieron lugar? ¿Cuáles fueron sus causas y consecuencias?

French Revolution (1789), Industrial Revolution (England, 1760–1830 in its first stage), Bolshevik (Russia, 1917).

3. ¿Con qué tipo de acontecimiento histórico asocian la imagen? ¿En qué elementos se basan para llegar a esa conclusión?

4. ¿Qué importancia tiene el periodismo en nuestra sociedad actual? ¿Cuál es su función? ¿Qué tipo de publicaciones periódicas existen? ¿Qué otros medios de comunicación de masas tenemos a nuestro alcance?

Eugène Delacroix (1798–1863), *Liberty Leading the People*, 1830 (oil on canvas).

EN EL HORIZONTE: LA ILUSTRACIÓN

The Industrial Revolution marked a change from an agricultural to an industrial society in the later half of the eighteenth century with the introduction of machinery to accelerate production processes.

The French Revolution proclaimed the ideals of Liberty, Equality and Fraternity.

The Enlightenment aimed to apply methods learned from the scientific revolution to society.

Borbones: Royal family who ruled Spain beginning with Philip V (1683–1746).

Benito Jerónimo Feijoo (1676–1764): Spanish writer and philosopher.

Leandro Fernández de Moratín (1760–1828): Spanish poet and playwright.

Gaspar Melchor de Jovellanos (1744–1811): Spanish statesman and man of letters.

Dos acontecimientos principales marcaron el siglo XVIII en Europa: la Revolución Industrial inglesa, con sus nuevos planteamientos económicos, y la Revolución Francesa, que estaba basada en las ideas reformistas de la Ilustración.

La Ilustración, difundida principalmente por los intelectuales franceses, pretendía impulsar una serie de cambios para que los ciudadanos pudieran alcanzar la felicidad. Dicha felicidad dependía de que la población disfrutara de los bienes materiales necesarios (distribución justa de las riquezas) y de que estuviera convenientemente educada y entrenada en el uso de la razón, de modo que supiera pensar y comportarse de acuerdo a los intereses de todos. Además, era fundamental que se consideraran los derechos humanos y que las relaciones entre los individuos fueran armónicas y basadas en el respeto mutuo. La religión "tradicional", orientada a un dios, debía sustituirse por una religión "natural" basada en el hombre y su bienestar.

En España, gobernada en estos momentos por la dinastía francesa de los Borbones, convivían dos ideologías enfrentadas. Por un lado, existía una minoría ilustrada de intelectuales, que elaboró detallados informes acerca de los problemas del país y consiguió realizar algunos cambios. Sin embargo, los intentos de reforma eran a menudo frenados por la mayoría conservadora, especialmente por los miembros más influyentes de la sociedad, la nobleza y el clero. Por otro lado, era prácticamente imposible que se impusiera un régimen laico en el país que había abanderado la Contrarreforma y donde la Inquisición seguía teniendo gran poder.

Entre la minoría ilustrada que buscaba modernizar España, sacándola de la decadencia y la oscuridad del Antiguo Régimen, se encontraban el padre Benito Jerónimo Feijoo y el dramaturgo Leandro Fernández de Moratín, defensores de la educación y de los derechos de las mujeres. El político Gaspar Melchor de Jovellanos fue responsable de que se revisaran puntos problemáticos en materia de agricultura y espectáculos públicos. Se intentó convertir el teatro, que los ilustrados veían como mera evasión y fuente de incultura, en un vehículo de educación para el pueblo. Con este propósito, se pusieron en escena algunas obras de contenido didáctico que rápidamente fracasaron, ya que eran demasiado "intelectuales" y no aportaban diversión al público, quien simplemente no acudía a verlas.

Durante este siglo se crearon también organismos culturales a semejanza de los franceses (la Real Academia de la Lengua, la Real Academia de Bellas Artes de San Fernando) y se impulsó el periodismo, a fin de que los ciudadanos pudieran estar informados, y por tanto educados, gracias a la lectura de estas publicaciones periódicas. Muchos artistas participaron también en el movimiento crítico y reformista del dieciocho. Un notable ejemplo de arte crítico son *Los Caprichos* de Francisco de Goya y Lucientes, en los que el pintor denuncia, entre otras cosas, la precaria situación social, la incultura y la corrupción.

Goya (1746–1828).

PREGUNTAS DE COMPRENSIÓN

1. ¿Cuáles eran las ideas principales de la Ilustración?

2. ¿Qué ideologías convivían en España durante el siglo XVIII? ¿Qué diferencias existían entre dichas ideologías?

3. ¿Era posible establecer un régimen laico en España? ¿Cuáles eran las dificultades?

4. ¿Qué defendían los ilustrados Moratín y Feijoo?

5. ¿Cuál fue la actitud de los ilustrados hacia los espectáculos públicos y, en particular, el teatro?

6. Citen dos organismos que se crearon en España durante el siglo XVIII.

7. ¿Qué son *Los Caprichos*?

Francisco de Goya, *Familia del Infante don Luis de Borbón*, 1783-84

COMPÁS

Sustantivos

el acontecimiento	la felicidad	la minoría
el defensor	la incultura	el periodismo
el dramaturgo	la lectura	el planteamiento
el espectáculo	la mayoría	el régimen

Adjetivos

armónico	ilustrado	orientado
dicho	justo	precario
enfrentado	laico	reformista
fundamental	mutuo	

Verbos

abanderar	depender de	entrenar
acudir	disfrutar	fracasar
comportarse	elaborar	gobernar

Francisco de Goya, *Carlos IV y su familia,* 1800

Actividad 1 *Mapa semántico.* Empleando las palabras de la lectura y de la lista de vocabulario elaboren un mapa semántico a partir del concepto "Ilustración".

Actividad 2 A continuación escriban un párrafo en el que resuman las ideas principales de la Ilustración española. Utilicen el mapa semántico y no repitan frases de la lectura.

_____

_____

_____

_____

_____

_____

_____

Observen el siguiente grabado, perteneciente a la colección *Los Caprichos*, de Francisco de Goya:

Francisco de Goya, "Of what ill will he die?", plate 40 of *Los Caprichos,* 1799

Actividad 1 Describan en detalle lo que ven y lo que sucede en la escena.

_____

_____

_____

_____

_____

_____

_____

_____

Actividad 2 Los ilustrados trataron de luchar contra el progresivo descenso de calidad de la enseñanza universitaria en España. Este fenómeno era particularmente grave en ciertas especialidades de gran importancia social como la medicina. ¿De qué modo creen que ejemplifica el grabado de Goya esta situación?

Actividad 3 Reflexionen acerca del contenido de esta obra y traten de interpretarla:

a. desde el punto de vista de un ciudadano madrileño del siglo XVIII, que se encuentra inmerso en el contexto social y político de la Ilustración.

b. desde su propia perspectiva como individuos del siglo XXI, en su contexto cultural. Piensen en cuál es la situación actual dentro de su comunidad respecto a educación, servicios sanitarios, etcétera. ¿Tiene vigencia el grabado de Goya dentro de ese contexto actual?

BRÚJULA: EL IMPERFECTO

Hasta ahora hemos analizado diferentes tipos de subordinación:

- sustantiva (persuasión, duda, reacción emocional):

Odio que no podamos asistir a un concierto al aire libre por el mal tiempo.

- adjetiva ("realidad" o "irrealidad" del antecedente):

Busco a una persona que conoce la música clásica del siglo XVIII (esa persona existe).

Busco a una persona que conozca la música del siglo XVIII (no se sabe si esa persona existe o no).

- adverbial (expresiones de tiempo, modo, finalidad, condición, concesión):

Vamos a asistir a la ópera cuando comience la temporada.

He comenzado a ahorrar para que podamos viajar a Austria.

No dejaré de fumar aunque te moleste.

- expresiones impersonales donde el hablante expresa puntos de vista con la construcción **ser + adjetivo + que**:

Es lógico pensar que la situación social mejore al llegar el siglo XVIII.

Es comprensible que mucha gente no aprecie el teatro del Siglo de Oro.

Todos estos tipos diferentes de subordinación han sido vistos en su uso con el presente de subjuntivo. Sin embargo, es importante saber que dentro de una oración compuesta, si el verbo de la frase principal se encuentra en tiempo pasado (y exige subjuntivo), el verbo de la frase subordinada debe estar en el **imperfecto de subjuntivo**.

Presente	Pasado
Quiero que España tenga un gobierno progresista.	*Los ilustrados querían que España tuviera un gobierno progresista.*
(verbo de la frase principal en presente, verbo de la frase subordinada en presente de subjuntivo)	(verbo de la frase principal en pasado, verbo de la frase subordinada en imperfecto de subjuntivo)

CONJUGACIÓN DEL IMPERFECTO DE SUBJUNTIVO

Para conjugar los verbos en imperfecto de subjuntivo, se sustituye **-ron** de la 3ª persona de plural del pretérito de los verbos por las terminaciones **-ra o -se**:

habla-ron → habla-ra (habla-se).

Conjugación regular

	Verbos que terminan en *-ar*	Verbos que terminan en *-er*	Verbos que terminan en *-ir*
yo	hablara/hablase	comiera/comiese	viviera/viviese
tú	hablaras/hablases	comieras/comieses	vivieras/vivieses
él / ella / usted	hablara/hablase	comiera/comiese	viviera/viviese
nosotros / nosotras	habláramos/hablásemos	comiéramos/comiésemos	viviéramos/viviésemos
vosotros / vosotras	hablarais/hablaseis	comierais/comieseis	vivierais/vivieseis
ellos / ellas / ustedes	hablaran/hablasen	comieran/comiesen	vivieran/viviesen

La terminación **-ra** es la más comúnmente utilizada para formar el imperfecto de subjuntivo. Sin embargo el hablante puede escoger emplear la opción **-se**.

- **Verbos irregulares**. Se mantiene la irregularidad que aparece en la 3ª persona del plural del pretérito de indicativo: dije-ron → dije-ra.

	decir	pedir
yo	dijera/dijese	pidiera/pidiese
tú	dijeras/dijeses	pidieras/pidieses
él / ella / usted	dijera/dijese	pidiera/pidiese
nosotros / nosotras	dijéramos/dijésemos	pidiéramos/pidiésemos
vosotros / vosotras	dijerais/dijeseis	pidierais/pidieseis
ellos / ellas / ustedes	dijeran/dijesen	pidieran/pidiesen

	querer	tener
yo	quisiera/quisiese	tuviera/tuviese
tú	quisieras/quisieses	tuvieras/tuvieses
él / ella / usted	quisiera/quisiese	tuviera/tuviese
nosotros / nosotras	quisiéramos/quisiésemos	tuviéramos/tuviésemos
vosotros / vosotras	quisierais/quisieseis	tuvierais/tuvieseis
ellos / ellas / ustedes	quisieran/quisiesen	tuvieran/tuviesen

CORRELACIÓN DE TIEMPOS
CON EXPRESIONES QUE REQUIEREN SUBJUNTIVO (I)

Con las expresiones que requieren subjuntivo (*no creo que, dudo que, te recomiendo que...*) la correlación de tiempos entre las frases principales y subordinadas responde a las siguientes reglas:

Frase principal (indicativo)	Frase subordinada (subjuntivo)
presente *Dudo que...*	presente *...sea importante*
pretérito perfecto *Nunca he dudado que...*	presente *...sea importante*
imperfecto *Dudaba que...*	imperfecto *...fuera importante*
pretérito *En ese momento dudé que....*	imperfecto *...fuera importante*

Ejemplos:

Los ilustrados <u>desean</u> que todos los ciudadanos <u>tengan</u> acceso a la educación.

(presente/presente de subjuntivo)

A lo largo de la historia los gobernantes <u>han querido</u> que el pueblo los <u>respete</u>.

(pretérito perfecto/presente de subjuntivo)

La gente <u>exigía</u> que el teatro <u>fuera</u> un espectáculo divertido.

(imperfecto/imperfecto de subjuntivo)

Con sus obras, Goya <u>pretendió</u> que la gente <u>conociera</u> los desastres de la guerra.
(pretérito/imperfecto de subjuntivo)

PRÁCTICA GRAMATICAL

Actividad 1 Completen el siguiente párrafo con el tiempo y modo adecuados de los verbos que aparecen más abajo.

Según los ilustrados era importante que todos los ciudadanos _____ *consiguieran* _____ un nivel mínimo de bienestar para que _____ *pudieran* _____ ser felices. Estos intelectuales pensaban que el uso de la razón _____ *era* _____ fundamental y dudaban que el teatro _____ *influyera* _____ de manera positiva en la gente. Querían un sistema social que _____ *fomentara* _____ la educación, a fin de que todos los individuos _____ *supieran* _____ cómo comportarse adecuadamente. Aunque *se enfrentaron / se enfrentaban* a la oposición de los grupos más conservadores, los ilustrados españoles consiguieron llevar a cabo importantes reformas, antes de que _____ *cambiaran* _____ los vientos de la política y su influencia en el gobierno _____ *acabara* _____. El periodo ilustrado español terminó sin que realmente se _____ *llegara* _____ a modernizar el país.

acabar	conseguir	fomentar	llegar	saber
cambiar	enfrentarse	influir	poder	ser

Actividad 2 El ministro Manuel Godoy subió al poder en 1792, durante la monarquía de Carlos IV. Buscando modernizar España, se rodeó de ilustrados y emprendió grandes reformas. Siguiendo el modelo hablen del propósito de esas reformas. Utilicen las expresiones *para que, a fin de que, con el propósito de que, de modo que, con la esperanza de que, buscando que.*

Modelo
Godoy quiso emprender reformas / España modernizarse
Godoy quiso emprender reformas para que España se modernizara.

1. Godoy creó leyes / los ciudadanos tener mejores condiciones de vida

_____

2. Los ilustrados de Godoy buscaron alternativas / el gobierno dar más servicios sociales a los necesitados

_____

3. Los políticos reformistas del siglo XVIII trabajaron sin descanso / todo el mundo estar contento con la política nacional

_____

4. El ministro de Carlos IV habló con el rey / haber más medios de información disponibles

_____

5. Carlos IV y sus ministros promovieron la educación / los médicos, abogados y otros profesionales conocer mejor su campo

_____

Actividad 3 *La felicidad infantil.* ¿En qué consistía la felicidad para ustedes cuando eran pequeños? En grupos de tres, siguiendo el modelo hagan frases expresando lo que querían, buscaban, esperaban, les gustaba, odiaban... .

Modelo *Cuando era pequeño/a, quería que mis amigos me prestaran siempre sus juguetes porque mis padres no me compraban nada. Buscaba un chico/a al que le gustara la aventura porque...*

_____

_____

_____

_____

_____

_____

_____

_____

Un poco más lejos

Actividad oral La influencia de las artes. En grupos, hagan una lista de artistas (pintores, escultores, músicos...) de cualquier época o lugar que hayan usado sus obras para criticar, hacer un comentario social o influir en la vida de los demás. A continuación, hablen con sus compañeros sobre la importancia de su obra: qué querían que la sociedad entendiera, qué propósitos tenían. Utilicen todos los usos del subjuntivo estudiados.

Actividad escrita La vida cotidiana en la España del siglo XVIII. Goya recoge en sus cuadros escenas cotidianas de la vida de los madrileños. En ellas podemos apreciar algunas de las formas de ocio y entretenimiento que existían en la gran ciudad durante este periodo.

Francisco de Goya, *El baile a orillas del Manzanares*, 1777

a. Hagan una pequeña investigación acerca de las formas de ocio y esparcimiento de los ciudadanos madrileños en el siglo XVIII.

b. Busquen, dentro de la obra del pintor Goya, aquellos cuadros que muestran esta temática e infieran, a partir de ellos, qué actividades eran importantes para la gente en el siglo XVIII. Escojan uno especialmente representativo para acompañar su trabajo.

c. Con la información recopilada, escriban un breve ensayo en el que comparen la vida cotidiana de la época con la nuestra actual.

Modelo

En el siglo XVIII era importante que la gente se divirtiera al aire libre. Hoy en día la mayoría de la población se entretiene en casa con el televisor.

_____

_____

_____

_____

_____

_____

_____

_____

_____

_____

_____

_____

_____

_____

_____

_____

_____

_____

_____

_____

_____

_____

_____

_____

_____

_____

_____

_____

_____

_____

_____

_____

_____

_____

Extensión: Diminutivos y aumentativos en español

Los diminutivos son un elemento muy importante en la comunicación oral y escrita del español. Hay varias opciones dialectales para el diminutivo (libro → librito, librillo, librico, libriño, librete, librín...), pero el significado básico es común: reducir algo o alguien a nivel literal o figurado. Usamos los diminutivos para:

- Dar un tono amistoso a un mensaje: *un momentito por favor, ¿desea alguna cosita más?, me lo dijo un pajarito.*

- Hablar de algo o alguien con afecto: *el abuelito cumple 80 años mañana, te quiero mucho amorcito, ella es la mejor hermanita.*

- Reducir la posible agresividad de un mensaje: *necesito un tiempito más para terminar con la tarea, te veo un poco más gordito, a veces parecéis tontitos.*

- Reducir el valor de algo: *anoche vimos una peliculita de amor, este carrito no resiste nada.*

Hay algunas diferencias geográficas en el uso de los diminutivos. Por ejemplo, **-ito/-ita** se usa en todos los países hispanohablantes, **-illo/-illa** es común en el sur y centro de España, **-ico/-ica** en gran parte de Centroamérica y el Caribe e **-ín/-ina** en el norte de España. Pero la diferencia dialectal más importante es la mayor o menor presencia en el lenguaje oral: los diminutivos son mucho más usados en Latinoamérica, sobre todo en México y los países centroamericanos: *ahoritita mismo le ayudo, clarito que me acuerdo de ti, esas casas son toditas igualitas, cállese un tantito que no puedo pensar.*

Los aumentativos (libro → libr**azo**, libr**ón**, libr**ote**) también son muy populares en la lengua oral, pero generalmente tienen un sentido negativo:

un rico → un ricachón	*persona con demasiado dinero*
un soltero → un solterón	*persona que no ha podido casarse con nadie*
una pregunta → un preguntón	*persona que hace demasiadas preguntas*
un carro → un carrazo	*un carro demasiado llamativo*
una palabra → una palabrota	*una mala palabra*

Actividad 1 Lea estas oraciones y subraye las palabras que podrían ser reemplazadas por un diminutivo. Hay varias posibilidades.

1. Pablo es el chico más simpático de toda la escuela.

2. Pobre bebé, parece que tiene un poco de fiebre.

3. Isabel ya aprendió a decir adiós con la mano, y sólo tiene diez meses.

4. Mucha suerte tenéis vosotros, que ya volvéis a casa esta tarde.

5. Todos los niños de mi clase de español tienen cara de ángel.

Actividad 2 El aumentativo con **-azo/-aza** de las palabras de la lista puede incrementar el efecto visual o sonoro de la acción del verbo. Busque el espacio en blanco que mejor se corresponde con cada una en las oraciones que siguen, y después pida ayuda a su instructor para formar el aumentativo correcto.

cabeza	codo	golpe	puerta	puño

1. Pobre Luis, qué _____ recibió con la pelota de tenis durante el partido.

2. Esos niños estaban jugando y de repente se dieron un _____.

3. En la fiesta de graduación de anoche hubo que entrar a _____.

4. La pelea de boxeo de esta tarde promete muchos _____.

5. Se enfadaron durante la reunión y salieron de la oficina dando un _____.

▶ Entrada triunfal de los franceses en Madrid, 1808

- **En el horizonte:** Intervención e independencia: Ocupación, nacionalismo y pensamiento
- **Brújula:** El condicional
- **Extensión:** Expresiones de cortesía en español

independencia

1. ¿Es aconsejable que unos países ayuden a otros a resolver sus conflictos? ¿Qué tipo de ayuda deben en su opinión ofrecerles (económica, militar...)?

2. A menudo en la historia se ha clasificado como "traidores" o "personas peligrosas" a individuos que simpatizaban con ideas extranjeras. ¿Pueden ofrecer ejemplos provinientes de la historia de su propio país?

3. ¿Qué entienden ustedes por una "guerra de independencia"?

4. ¿Qué organismo político aparece representado en la fotografía? ¿Cuáles son los cometidos de dicho organismo?

United Nations: Passing of Resolution 786 by the Security Council in New York (reinforcement of UN peace troops in the former Yugoslavia by 75 military observers to oversee the ban on military planes in the airspace above Bosnia and Herzegovina).

Napoleon Bonaparte (1769–1821): French emperor who conquered a vast part of Europe.

José Bonaparte (1768–1844).

El distanciamiento entre la España conservadora y la progresista continuó acrecentándose durante el siglo XIX. La situación empeoró a causa de los acontecimientos internacionales: España fue ocupada por el ejército francés, que al mando del general Napoleón había iniciado una serie de invasiones imperialistas "para que Europa pudiera ser modernizada".

En la Península, la ocupación fue bienvenida por los sectores más reformistas, los cuales esperaban que la intervención de Francia fuera la solución a la inestabilidad y las luchas internas que vivía el país. Los ilustrados españoles creían también que dicha ocupación ayudaría a que finalmente fueran impulsadas las reformas sociales necesarias para que España saliera adelante. Sin embargo, la "ayuda" francesa se convirtió rápidamente en una imposición: José Bonaparte, el hermano de Napoleón, fue nombrado rey de España ante el desacuerdo de gran parte del pueblo español. La mayoría de los españoles acabó viendo en la operación napoleónica una violación de la soberanía nacional, y tan pronto como las verdaderas intenciones colonizadoras de Napoleón fueron descubiertas, comenzó una sangrienta guerra de independencia. Los españoles emplearon técnicas de guerrilla para luchar contra el poderoso ejército francés, mientras que los franceses apresaron y fusilaron sistemáticamente a "rebeldes" españoles, sin que las autoridades españolas pudieran mediar en el conflicto.

Los desastres de la guerra fueron captados por Goya en una serie de grabados que todavía hoy son estudiados como uno de los ejemplos más contundentes de periodismo gráfico. Los intelectuales, entre ellos el propio Goya, que simpatizaban con las ideas ilustradas, pronto fueron considerados "traidores" por su conexión ideológica con Francia (eran conocidos despectivamente como los "afrancesados") y muchos de ellos tuvieron que exiliarse.

Cuando finalizó la guerra con la derrota de Napoleón, la monarquía fue restaurada y las Cortes se reunieron para crear la Constitución de 1812. España se enfrentaba al reto de la reconstrucción y a grandes problemas, entre ellos la sublevación de las colonias americanas, las cuales proclamaron progresivamente su independencia durante este siglo. En el siglo XIX las revoluciones y el nacionalismo brotaron en todo el mundo como reacción a los regímenes autoritarios e imperialistas. En 1898 las últimas colonias españolas (Cuba, Puerto Rico y Filipinas) quedaron bajo el control de Estados Unidos, que las había ayudado estratégicamente a conseguir la independencia.

INDEPENDENCIA

La interminable sucesión de conflictos bélicos en los que se vio España durante este periodo, sumió a los pensadores españoles en una especie de pesimismo filosófico (antecedente del existencialismo) del que participaron escritores como Miguel de Unamuno. Por otro lado, en oposición al movimiento idealista romántico que durante la primera parte del siglo había dominado la literatura y las artes, surgieron en Europa el realismo y el naturalismo. El realismo consistía en la observación de la realidad y su recuento con todo lujo de detalles. En consonancia con las nuevas ideas darwinistas, el naturalismo retrataba la lucha por la supervivencia de los más pobres y marginados. Se denunciaba particularmente la situación en las ciudades, donde el proletariado vivía en condiciones infrahumanas, y en los pueblos, en los que los terratenientes adinerados seguían abusando de los campesinos. Emilia Pardo Bazán, aristócrata muy influyente en los círculos culturales, fue uno de los máximos exponentes de la literatura española del momento, junto con autores como Benito Pérez Galdós, gracias al cual conocemos detalles sobre los conflictos políticos y la sociedad española de la epoca.

Miguel de Unamuno (1864– 1936): Spanish writer and philosopher associated with the literary movement **Generación del 98**.

Emilia Pardo Bazán (1851–1921).

Benito Pérez Galdós (1843–1920).

PREGUNTAS DE COMPRENSIÓN

1. ¿Cómo fue recibida en España la ocupación francesa?

2. ¿Quién documentó gráficamente la guerra entre el ejército francés y la guerrilla española?

3. ¿Qué problemas tenía España al finalizar la guerra napoleónica? ¿Cuáles fueron las medidas que se adoptaron?

4. ¿Qué ocurrió con las últimas colonias españolas?

5. ¿Cuál fue la actitud de los pensadores españoles ante los conflictos bélicos del siglo?

6. ¿Cuáles son los dos movimientos literarios basados en la observación de la realidad que surgieron a finales del siglo XIX? Nombren dos escritores de importancia dentro de estos movimientos.

Napoleón Bonaparte se dirige a Madrid

COMPÁS

Sustantivos

la derrota	la guerrilla	la sucesión
el desacuerdo	la invasión	el terrateniente
el distanciamiento	el recuento	el traidor
el grabado	el reto	
la guerra	la soberanía	

Adjetivos

bélico	infrahumano	sangriento
contundente	interminable	

Verbos

acrecentar	colonizar	simpatizar
apresar	fusilar	sumir
brotar	mediar	

Actividad 1 Completen la siguiente tabla con la forma nominal apropiada.

Concepto	Agente (activo)
guerra	guerrero
sucesión	sucesor
soberania	soberano
invasión	invasor
traición	traidor

Actividad 2 ¿Qué palabras asocian con los siguientes conceptos? Hagan una lista de posibles connotaciones para cada término y expliquen su elección. A continuación escriban un breve párrafo contextualizando cada palabra en el que empleen algunas de las connotaciones dadas.

> **Modelo**
>
> <u>colonizar</u>: *morir, descubrir, esclavizar, civilizar, violar, expandir, aprovecharse*
>
> *El concepto de colonización es visto a menudo de modo negativo por la sociedad que sufre sus efectos. Para la <u>civilización</u> colonizada el elemento extraño trae la <u>esclavitud</u> y la <u>muerte</u> para <u>aprovecharse</u> de sus recursos naturales. Por otro lado, la cultura que coloniza habla de <u>civilizar</u>, mejorar y <u>expandir</u> sus fronteras como un beneficio para ambas partes.*

a. simpatizar: _____

_____

_____

_____

_____

b. derrota: _____

_____

_____

_____

_____

c. distanciamiento: _____

_____

_____

_____

_____

El buitre carnívoro.

Napoleon Bonaparte (1769–1821), emperor of the French, 1804–15. "El buitre carnívoro" (The flesh-eating vulture), a satire of Napoleon's downfall. Etching and aquatint, c. 1815/20, by Francisco de Goya (1746–1828). From the *Disasters of War*.

Actividad 1 Con ayuda de las palabras que se les dan, describan este grabado, titulado *El buitre carnívoro.*

agitación	dominar	muchedumbre	pueblo
agresivo	gritar	pajarraco	rastrillo (tridente)
amenaza	guerra	poder	rebelde
descontento	luchar	protestar	soberanía

Actividad 2 En relación al contexto de principios del siglo XIX en España, traten de interpretar la imagen. ¿Qué simbolismo tiene en su opinión la figura del buitre?

_____

_____

_____

_____

Actividad 3 ¿Si se tratara de una obra contemporánea, que creen que podría simbolizar este grabado? ¿Qué paralelos pueden establecer entre la situación que se da en esta imagen y la realidad sociopolítica que vivimos hoy en día en el mundo?

_____

_____

_____

_____

Brújula: El condicional

Actividad preliminar Lean las siguientes preguntas y piensen en posibles respuestas.

¿Qué pasaría si Cuba y Puerto Rico todavía fueran territorio español?

¿Cómo sería Latinoamérica sin la llegada de los españoles en 1492?

¿Qué lengua se hablaría en Estados Unidos si los peregrinos del Mayflower se hubiesen quedado en Groenlandia?

¿Cuál sería la relación entre los pueblos indígenas norteamericanos, centroamericanos y sudamericanos?

Mientras el futuro verbal sólo puede referirse al presente o al futuro cronológico, el condicional puede hacer referencia a acciones presentes, futuras y pasadas, al igual que hipotéticas.

Morfología del condicional

En los verbos regulares, el condicional se forma con el infinitivo más las terminaciones correspondientes.

	Verbos que terminan en *-ar*	Verbos que terminan en *-er*	Verbos que terminan en *-ir*
yo	hablaría	comería	viviría
tú	hablarías	comerías	vivirías
él / ella / usted	hablaría	comería	viviría
nosotros / nosotras	hablaríamos	comeríamos	viviríamos
vosotros / vosotras	hablaríais	comeríais	viviríais
ellos / ellas / ustedes	hablarían	comerían	vivirían

La conjugación de los irregulares (y sus compuestos) presenta varias raíces.

			Cambio en la raíz
querer (malquerer)	→	querr-	querría, querrías, querría, querríamos, querríais, querrían
decir (desdecir, contradecir)	→	dir-	diría, dirías, diría...
hacer (deshacer, rehacer)	→	har-	haría, harías, haría...
haber	→	habr-	habría, habrías, habría...
saber	→	sabr-	sabría, sabrías, sabría...
caber	→	cabr-	cabría, cabrías, cabría...
poder	→	podr-	podría, podrías, podría...
poner (sobreponer, anteponer)	→	pondr-	pondría, pondrías, pondría...
venir (intervenir, convenir)	→	vendr-	vendría, vendrías, vendría...
tener (obtener, retener)	→	tendr-	tendría, tendrías, tendría...
salir	→	saldr-	saldría, saldrías, saldría...

USOS DEL CONDICIONAL

Los usos más importantes del condicional son:

Hipótesis o probabilidad

- El hablante habla desde el presente sobre algo ocurrido en un pasado cronológico:

—¿Tú entiendes por qué hubo tantos conflictos en España en el siglo XIX?

—No sé, quizá no <u>habrían resuelto</u> problemas que ya venían de antes.

- El hablante habla desde el presente sobre algo que no ha ocurrido todavía, pero que podría ocurrir en el futuro:

—¿Qué soluciones propones para resolver conflictos similares de ahora en adelante y en cualquier país?

—Yo <u>abriría</u> muchos niveles de diálogo y daría espacio a todas las opiniones.

Recomendaciones o consejos

El condicional se utiliza para expresar una opinión.

—¿Qué te parece la situación de las antiguas colonias españolas en África?

—Yo en su lugar <u>pediría</u> ayuda a la ONU.

—Y tú, ¿qué opinas?

—<u>Diría</u> que mejor no entraran en conflicto con los países vecinos.

Futuro del pasado

El condicional en estas oraciones expresa una acción futura respecto a un punto en el pasado. Esta acción puede detenerse en el pasado (*dijo que vendría ayer*), llegar hasta el presente (*dijo que vendría hoy*) y puede ir más allá (*dijo que vendría un día de estos*).

—¿Qué te dijo Pedro sobre los problemas de la universidad?

—Bueno, dijo que <u>vendría</u> a visitarnos y <u>hablaríamos</u> con tranquilidad, porque hay muchos temas de interés.

PRÁCTICA GRAMATICAL

Actividad 1 La condesa Emilia Pardo Bazán, escritora de la época, escribió cuentos y novelas en las que retrata la crudeza de algunas situaciones sociales en España. En su relato "Las medias rojas" cuenta la historia de una joven gallega que sueña con emigrar a América para escapar de un padre violento. Complete el párrafo con el condicional de los verbos entre paréntesis.

Ella pensaba que en América (tener) ___tendría___ un futuro mejor, que (poder) ___podría___ trabajar y que (ahorrar) ___ahorraría___ suficiente dinero para ser independiente. Quizás al otro lado del Atlántico (encontrar) ___encontraría___ dificultades, pero confiaba en que (haber) ___habría___ más posibilidades que obstáculos. Estaba segura de que (saber) ___sabría___ desenvolverse y organizar su vida en el nuevo país. Cuando el padre supo de sus intenciones, la golpeó violentamente y le gritó que nunca (salir) ___saldría___ de casa ni del pueblo. Como resultado de la paliza, ella perdió un ojo y varios dientes y se dio cuenta de que nunca la (admitir) ___admitirían___ en el país extranjero, ya que sus lesiones eran permanentes.

Wilhelm Leibl, *Joven tejiendo*

Actividad 2 *Las promesas de Napoleón.* Utilizando el condicional, pasen las siguientes oraciones al estilo indirecto.

You may want to remind students that a transformation to indirect speech may require a change of person in the dependent clause.

Modelo

"Acabaré con la inestabilidad y la corrupción del país."

Dijo que acabaría con la inestabilidad y la corrupción del país.

Napoleón dice al gobierno español...

1. "Traeré ayuda financiera."
2. "Habrá paz y prosperidad duraderas."
3. "Francia ayudará a modernizar España."
4. "Los españoles podrán decidir quién los gobernará."
5. "No intervendremos en los asuntos de política interior."

Napoleón dijo al gobierno español que...

1. _____

2. _____

3. _____

4. _____

5. _____

Actividad 3 Imaginen que su país es invadido y ocupado por otra nación. Esta nación extranjera toma el control del gobierno, los medios de comunicación y los recursos económicos de su país. En grupos, utilizando el condicional hablen de:

- ¿Cómo reaccionarían los jóvenes y los viejos, los conservadores y los liberales, distintos grupos sociales? ¿Se acrecentarían o disminuirían las diferencias entre ellos?

- ¿Habría protestas? ¿Qué harían frente a ellas?

- ¿Cómo se organizarían? ¿Existiría alguna forma de resistencia inmediata y a largo plazo?

- ¿Se justificaría el uso de la violencia por parte del pueblo ocupado?

- ¿Cuáles serían las consecuencias de la ocupación?

Un poco más lejos

Actividad oral Piensen en las expectativas que tenían sobre la universidad antes de asistir a ella: ¿Cómo pensaban que sería? En grupos comenten qué encontraron en realidad y si se cumplieron esas expectativas. Aporten todos los detalles posibles acerca de profesores, clases, compañeros, residencia, comida, vida social, tecnología, servicio médico.

Modelo *Antes de llegar a la universidad yo pensaba que tendría mucho tiempo libre y que..., pero me di cuenta de que...*

Actividad escrita Predicciones y recomendaciones. Rellenen la siguiente tabla con lo que las siguientes personas les predijeron o recomendaron para su futuro. Para hablar de las predicciones utilicen el condicional y para las recomendaciones, el imperfecto de subjuntivo. A continuación, escriban un pequeño ensayo explicando lo que le dijeron y qué ocurrió verdaderamente: ¿Se cumplieron esas predicciones? ¿Qué recomendaciones les resultaron útiles? ¿Cuáles siguieron y cuáles ignoraron?

Persona	Predicciones (condicional)	Recomendaciones (imperfecto de subjuntivo)
padres	*que sería médico/a*	*que estudiara biología*
amigos/as		
profesor/a de la primaria o el instituto		
compañeros/as de clase		
tíos/as		

Mis padres predijeron que sería médico/a y me recomendaron que estudiara biología. Sin embargo yo me dediqué a la literatura porque...

_____

_____

_____

_____

_____

_____

_____

_____

Biblioteca Nacional, Madrid

Extensión: Expresiones de cortesía en español

El imperfecto puede expresar una relación social concreta entre los participantes de una conversación:

–¿_Podía_ hablar un momento con usted?
–¿Qué _deseaba_, señorita?
–_Quería_ informarme sobre las clases de matemática avanzada.

El español nos ofrece otras posibilidades para indicar cortesía, respeto o distancia, a menudo con el condicional o el imperfecto del subjuntivo.

- En estas expresiones de cortesía es posible emplear **imperfecto de indicativo, condicional o imperfecto de subjuntivo, según el nivel de formalidad** que se establece entre los hablantes.

   –Hola, buenas tardes ¿_quería/querría/quisiera_ usted ayuda para comprar algo?
   –Profesora, ¿_podía/podría/pudiera_ hablar con usted un momento?
   – _Quería/querría/quisiera_ información sobre las clases de matemática avanzada.

- Se puede emplear el condicional para **suavizar una afirmación**, de modo que no parezca muy brusca, rotunda o molesta o para mostrar **respeto** hacia la persona que se comunica con el hablante.

   –Buenos días, profesor. ¿_Podría_ pedirle un favor muy importante?
   –Vamos a ver, ¿de qué se trata?
   –Es que mañana _necesitaría_ salir temprano de clase.
   –Bueno, a mí no me _importaría_.

- También se usa el condicional cuando **uno no quiere responsabilizarse o no está seguro de algo**.

   Según las últimas informaciones, parece que el presidente de la universidad subiría las tasas de los estudiantes un 20% el próximo año.

Actividad Lea las siguientes situaciones sociales y piense en lo que usted haría y diría en caso necesario.

Modelo
Su compañera de clase le invita a una reunión familiar donde habrá gente de todas las edades.
   Llevaría unas flores para su mamá o su abuela, me presentaría primero a las personas mayores...

1. Viaja en un autobús urbano donde no hay asientos libres y en una parada entra una mujer embarazada con varias bolsas en una mano.

2. Recibe una invitación para asistir a una fiesta con el presidente de la universidad, varios profesores y unos cuantos compañeros de clase.

3. Lo llaman de un concurso de televisión para participar en un programa.

4. Un amigo le quiere regalar un coche para celebrar su cumpleaños.

5. ...

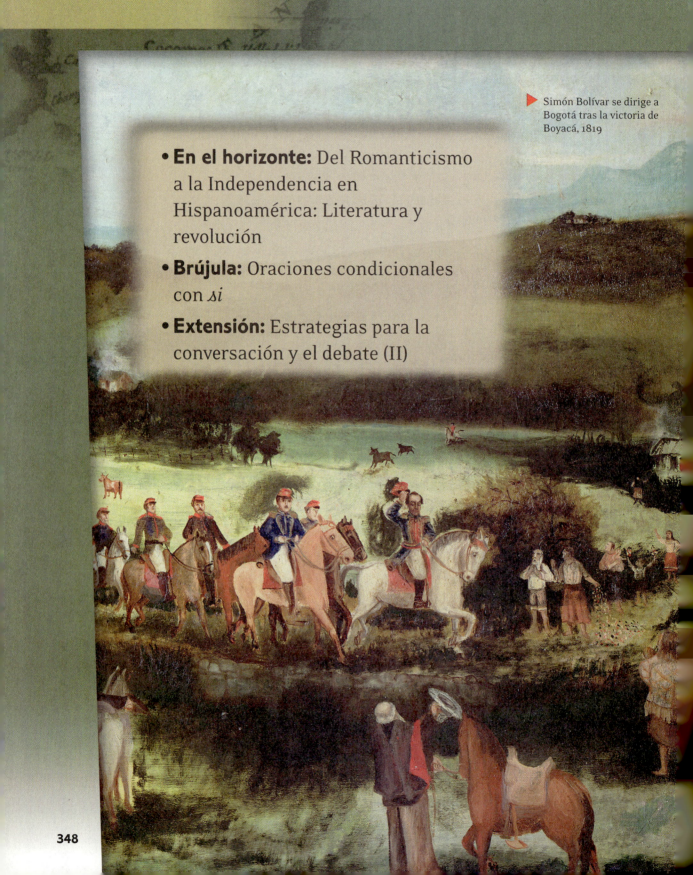

- **En el horizonte:** Del Romanticismo a la Independencia en Hispanoamérica: Literatura y revolución
- **Brújula:** Oraciones condicionales con *si*
- **Extensión:** Estrategias para la conversación y el debate (II)

Independencia en Hispanoamérica

PRELECTURA

1. ¿Cuáles son las acepciones del término "romántico" en el habla cotidiana y en el ámbito académico (literatura, música, arte)?

2. ¿Son importantes las emociones en nuestra sociedad? ¿Es aceptable mostrar emociones en público? ¿Qué emociones son más toleradas?

3. ¿Qué emociones está experimentando el individuo de la imagen? ¿Cómo las exterioriza?

4. ¿Qué significa el concepto de "amor a la patria"? ¿Es importante que los ciudadanos sientan este tipo de amor? ¿Cómo se manifiesta el patriotismo en su país?

5. ¿Qué saben de la historia de los Estados Unidos en el siglo XIX?

Gustave Courbet (1819–77),
Le Désespére (*The Despairing Man,* self-portrait), 1841
(oil on canvas).

El Romanticismo en la América hispana significó no solamente una renovación del pensamiento y la estética, sino que también influyó en el sistema de organización política que adoptaron las colonias españolas. Desde el punto de vista ideológico, la libertad individual y la independencia política se transformaron en los grandes ideales del pensamiento y los motores de la acción revolucionaria.

El cultivo de las letras fue fundamental dentro de este agitado siglo XIX. En la literatura del Romanticismo el amor es uno de los temas preferidos, pero sobre todo los amores trágicos e infelices. Los elementos más relevantes dentro del relato romántico son la muerte, la soledad, la locura, el heroísmo, el egocentrismo y el predominio de las pasiones sobre la razón. Asimismo, el

Carl Lessing, *Paisaje romántico*, 1828

paisaje cobra gran importancia como reflejo exterior de las emociones interiores. La Edad Media y la religiosidad cristiana son tomadas como modelo de comportamiento y como fuente de inspiración. Hay una búsqueda del pasado en el que se proyecta una visión idealizada y utópica del mundo.

En este siglo de transformaciones, la literatura de ficción sirvió como una forma de lucha contra las tiranías y de denuncia contra los atropellos del poder. No es una casualidad que muchos de los escritores criollos fueran también los políticos revolucionarios. La búsqueda de la libertad individual los llevó a la búsqueda de las libertades políticas y de la solidaridad entre las antiguas colonias.

De las revoluciones de independencia en la América hispana surgieron los estados modernos latinoamericanos. Como todos los movimientos históricos, estas revoluciones obedecieron a una multiplicidad de causas y probablemente no habrían sido posibles si no se hubieran dado factores como el clima intelectual de la Ilustración, las universidades donde se discutían los conceptos políticos y sociales, el debilitamiento del poder imperial y la crisis que significó para España la invasión napoleónica. Influyeron además el agotamiento del monopolio económico español y las presiones ejercidas por una potencia como Inglaterra que buscaba nuevos mercados para ubicar los productos que había empezado a producir desde la Revolución Industrial. La declaración de independencia norteamericana (1776) también fue un modelo a considerar, así como las ideas diseminadas a raíz de la Revolución Francesa (1789).

Dos de las figuras importantes de las luchas de independencia en Sudamérica fueron José de San Martín y Simón Bolívar. Ambos soñaban con una unión de estados del sur como los Estados Unidos del norte. El proceso de independencia se desarrolló principalmente entre 1810 y 1825 y partió de varios puntos geográficos. Mientras que Bolívar realizaba su campaña guerrillera en Nueva Granada (desde Venezuela y Colombia), San Martín se ocupaba del sur, actuando desde Río de la Plata. En 1814, San Martín continuó su expedición militar por Chile y Perú. Más de mil esclavos negros ofrecieron su ayuda en el campo de batalla, a cambio de la libertad. En 1824 se derrotó cerca de Ayacucho, en Perú, al último ejército español que ofrecía resistencia. Si los independentistas no hubieran contado con la presencia de los esclavos y otros grupos sociales marginados en sus filas, la victoria no habría estado garantizada.

Cuando terminó la guerra, los criollos que la habían instigado, y que pasaron a ocupar los cargos importantes en los nuevos gobiernos, se enfrentaron a graves problemas sociales y políticos. Se agudizó el malestar

José de San Martín (1778–1850); Simón Bolívar (1783–1830): Each spent time in Europe and was exposed to many of the ideas of the Enlightenment and the French Revolution. Both were given the nickname **Libertador** for their contributions to the independence movements of Latin America.

social y hubo frecuentes revueltas, ya que los mestizos e indígenas se dieron cuenta de que la independencia había favorecido a los criollos, mientras que ellos mismos continuaban en situación precaria. Ante la impotencia de los nuevos estados, incapaces de poner orden en el caos de la posguerra, surgió en muchos pueblos y ciudades el fenómeno del caudillismo, que consistía en el dominio de un personaje fuerte o caudillo, generalmente un terrateniente o militar, quien mandaba a través de alianzas con otros hombres fuertes y de amenazas a la población.

Los fuertes gastos militares y burocráticos obligaron a los jefes de estado a pedir créditos a bancos extranjeros, con los que poco a poco adeudaron a sus países. Pronto se olvidó a los héroes de la revolución: Bolívar, acusado de déspota, tuvo que abandonar su puesto y San Martín, apartado de la política, vivió el resto de su vida en Europa. Las ideologías enfrentadas y las tendencias separatistas que existían en cada región salieron a la superficie. El ideal de una sola Hispanoamérica unida quedó en una mera utopía. Así, el antiguo virreinato de Nueva Granada, que durante años fue la Gran Colombia, quedó dividido en Venezuela, Colombia y Ecuador. El virreinato del Perú pasó a ser Perú y Chile. Río de la Plata se convirtió en los estados de Argentina, Bolivia, Uruguay y Paraguay. La federación de la América Central, que había obtenido la independencia en 1821, se desgajó en México, Honduras, Guatemala, El Salvador, Nicaragua y Costa Rica. Entre 1811 y 1870 estas nuevas repúblicas aprobaron sus respectivas constituciones. Más tarde siguieron República Dominicana, Panamá y Cuba.

A pesar de las dificultades a las que se enfrentaron los promotores de la independencia, el hundimiento del sistema colonial supuso el comienzo de una nueva era en la historia de Hispanoamérica. Sin embargo, es importante reconocer que no hay una sola historia de Latinoamérica, sino múltiples historias que se entrelazan en más de veinte países con diversidad cultural y étnica.

PREGUNTAS DE COMPRENSIÓN

1. ¿Cuáles fueron los ideales románticos más importantes?

2. ¿Qué temas trataron los autores románticos en sus obras?

3. ¿Qué lugar ocupaban razón y pasión dentro del movimiento romántico?

4. Mencionen algunas de las causas que propiciaron las revoluciones en Hispanoamérica.

5. ¿Cómo se llevó a cabo la independencia de las colonias hispanas? ¿Qué figuras fueron clave en este proceso y cuál fue su contribución?

6. ¿A qué problemas se enfrentaron los gobiernos hispanoamericanos después de la guerra?

7. ¿En qué consistía el caudillismo?

8. ¿Cómo intentaron resolver los jefes de estado de las nuevas repúblicas los problemas económicos del país?

SIMON BOLIVAR
LIBERTADOR I PADRE DE LA PATRIA.

Simón Bolívar con una nativa de América

COMPÁS

Sustantivos

el agotamiento	la denuncia	el predominio
la alianza	la estética	la razón
el atropello	la independencia	el reflejo
la búsqueda	las letras	la renovación
la campaña	la libertad	la revuelta
el caos	la locura	la soledad
la casualidad	el malestar	la solidaridad
el comportamiento	el orden	la tiranía
el debilitamiento	el pensamiento	

Adjetivos

agitado	ideológico	utópico
garantizado	preferido	
idealizado	trágico	

Verbos

adeudar	derrotar	ocuparse de
adoptar	desgajarse	partir de
agudizar	diseminar	proyectar
aprobar	instigar	soñar
consistir en	obedecer	ubicar

La Casa Rosada,
Buenos Aires, Argentina

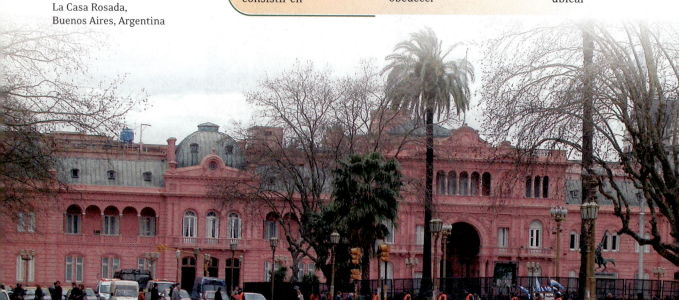

Actividad 1 Ofrezcan antónimos y sinónimos para las siguientes palabras.

Antónimos		Sinónimos	
cordura	locura	idealista	utópico
cómico	trágico	favorito	preferido
orden	caos	provocar	instigar
esclavitud	libertad	abuso	atropello
bienestar	malestar	vencer	derrotar

Actividad 2 Definan los siguientes términos y ofrezcan ejemplos para ilustrarlos.

Modelo

solidaridad: *sentimiento de unión con otras personas a través de una causa común.*
Ejemplo: Un ciudadano es injustamente apresado y el pueblo le muestra su solidaridad en una manifestación.

a. tiranía

_____
_____
_____

b. alianza

_____
_____
_____

c. ideológico

_____
_____
_____

d. razón

_____
_____
_____

Johann Hamza (1850–1927),
A Romantic Marriage Proposal,
c. 1815 (oil on canvas).

Fíjense en el cuadro que se les muestra:

Actividad 1 Describan el ámbito en el que tiene lugar (interior y exterior de la escena). Den todos los detalles posibles acerca de la decoración, clima, atmósfera, color y textura.

Actividad 2 Hagan hipótesis sobre los acontecimientos que preceden y siguen a la escena. ¿Qué pasó antes y después de este momento?

Actividad 3 Digan si están de acuerdo o no con las siguientes afirmaciones:

a. Si ella fuera más valiente se fugaría con él.

b. Si el padre los sorprende en este momento, ella actuará con naturalidad.

c. Si él hubiera pedido oficialmente la mano de su novia, ya se habrían casado.

d. Si ella tuviera una buena dote, la familia de él no se opondría a la boda.

Actividad 4 Preparen un diálogo entre los personajes del cuadro que corresponda al siguiente contexto: Ella acaba de escuchar unos pasos por la escalera, en dirección a su cuarto...

_____

_____

_____

_____

_____

_____

_____

_____

_____

_____

En español, el hablante puede emplear una frase subordinada condicional con si para expresar una condición necesaria para que se cumpla el objetivo (propósito) que expresa la acción principal.

Si tengo tiempo este verano,   *estudiaré la historia colonial de Hispanoamérica.*
(condición)   (objetivo)

> El orden de las frases puede invertirse. Cuando la frase condicional aparece en segunda posición no es necesario emplear una coma: *Estudiaré la historia colonial de Hispanoamérica si tengo tiempo este verano.*

Dependiendo del grado de posibilidad del objetivo, se emplea una de las tres estructuras posibles:

Primer grupo: Posible

El hablante se refiere a una condición que considera posible para poder realizar la acción principal.

En la frase condicional con **si** se emplea el presente de indicativo. Para construir la frase principal u objetivo, tenemos tres opciones: el presente de indicativo, el futuro perifrástico (**ir a**) o el futuro simple de indicativo, según lo cerca que esté el objetivo en la mente del hablante.

Si tengo dinero este mes, **presente de indicativo**	*me compro la novela.* **presente de indicativo**	objetivo inminente
Si tengo dinero este mes, **presente de indicativo**	*me voy a comprar la novela.* **futuro perifrástico**	objetivo cercano
Si tengo dinero este mes, **presente de indicativo**	*me compraré la novela.* **futuro simple**	objetivo lejano

La frase condicional en presente también puede introducir un mandato:

Si tienes dinero este mes, **presente de indicativo**	*cómprame la novela.* **imperativo**	mandato

Segundo grupo: Poco probable o hipotético

El hablante se refiere a una condición que se plantea como hipotética o poco probable para el cumplimiento de su objetivo.

En la frase condicional empleamos el imperfecto de subjuntivo; en la frase principal, el condicional simple.

Si tuviera dinero,	*me compraría la novela.*
imperfecto de subjuntivo	**condicional simple**

Tercer grupo: Imposible o irrealizable

El hablante expresa un objetivo pasado que ya no se puede realizar y la condición por la que no fue posible realizarlo.

La condición que no se cumplió se construye con el pluscuamperfecto de subjuntivo, el objetivo ya imposible, con el condicional perfecto.

Si hubiera estudiado más,	*habría aprobado el examen de historia.*
pluscuamperfecto de subjuntivo	**condicional perfecto**

MORFOLOGÍA DEL PLUSCUAMPERFECTO DE SUBJUNTIVO

Este tiempo compuesto se construye con el verbo auxiliar **haber** (en imperfecto de subjuntivo) + **el participio pasado** del verbo que empleamos.

	Verbos que terminan en *-ar*	Verbos que terminan en *-er*	Verbos que terminan en *-ir*
yo	hubiera hablado*	hubiera comido	hubiera vivido
tú	hubieras hablado	hubieras comido	hubieras vivido
él / ella / usted	hubiera hablado	hubiera comido	hubiera vivido
nosotros / nosotras	hubiéramos hablado	hubiéramos comido	hubiéramos vivido
vosotros / vosotras	hubierais hablado	hubierais comido	hubierais vivido
ellos / ellas / ustedes	hubieran hablado	hubieran comido	hubieran vivido

*Recuerde que es posible utilizar las formas paralelas del imperfecto de subjuntivo (*hubiese hablado, hubiese comido, hubiese vivido*).

Morfología del condicional perfecto

Se forma con el verbo auxiliar **haber** (en condicional) + **el participio pasado** del verbo empleado.

	Verbos que terminan en *-ar*	Verbos que terminan en *-er*	Verbos que terminan en *-ir*
yo	habría hablado	habría comido	habría vivido
tú	habrías hablado	habrías comido	habrías vivido
él / ella / usted	habría hablado	habría comido	habría vivido
nosotros / nosotras	habríamos hablado	habríamos comido	habríamos vivido
vosotros / vosotras	habríais hablado	habríais comido	habríais vivido
ellos / ellas / ustedes	habrían hablado	habrían comido	habrían vivido

PRÁCTICA GRAMATICAL

Actividad 1 Dos enamorados del siglo XIX han conseguido escapar por unos momentos de la vigilancia familiar para dar un paseo por el jardín. En parejas completen el siguiente diálogo que mantienen en privado:

Armando: ¡Ay, Josefina, se me parte el corazón de pensar en nuestra situación!

Josefina: Si no _____te calmas_____ (calmarse) ahora mismo, me voy.

Armando: ¿Cómo voy a calmarme? Si no te hubieras casado con él, __me habría quedado__ (quedarse) en Uruguay.

Josefina: No seas injusto, sabes perfectamente que si no te hubieras marchado a Florencia para estudiar arte durante diez años, yo _____seguiría_____ (seguir) contigo. Eres un egoísta.

Armando: Amor mío, no puedo vivir sin ti, pero ante todo soy un artista. Si no eres capaz de entenderlo, _____es/será_____ (ser) mejor no vernos.

Josefina: ¡¿Cómo te atreves a decirme semejante barbaridad?! No me dirías eso si _____estuvieras_____ (estar) enamorado de mí.

Armando: No sigas, no es necesario, entiendo perfectamente por qué te casaste con otro. Si yo ___hubiera tenido___ (tener) dinero, me habrías esperado.

Josefina: ¡Cállate! Y no vuelvas a visitarme. Si mi marido se entera, ___nos mata/matará___ (matarnos).

(...)

Actividad 2 En parejas, continúen y finalicen este diálogo de manera original. Utilicen las oraciones con **si** cuando sea posible. Después, dramatícenlo ante la clase.

Actividad 3 En grupos completen las siguientes oraciones de forma original. Comparen sus frases con las de resto de la clase. Pongan atención al tiempo y modo verbal que deben usar en cada oración.

a. Si un líder revolucionario me pidiera que lo ayudara _____

_____

b. Si descubro que mi amante es espía del enemigo _____

_____

c. Si la sociedad perfecta existiera _____

_____

d. No tendríamos tantos problemas en este país si _____

_____

e. Yo no sería tan conservador/liberal si _____

_____

f. La gente organizaría una revolución en este país si _____

_____

g. Si el sueño de unificar Latinoamérica se hubiera hecho realidad _____

_____

h. Si Bolívar no hubiera sido criollo _____

_____

i. Las revoluciones de independencia no habrían tenido tanto éxito si

_____

_____

UN POCO MÁS LEJOS

Actividad oral En grupos, discutan las siguientes cuestiones: ¿Cuáles son los problemas sociales, económicos y políticos más graves de su país? ¿Cómo afectan a los distintos estratos de la sociedad? ¿Es preferible dejar que los políticos tomen todas las decisiones? ¿Por qué sí o por qué no? ¿Qué recursos tiene la población para expresar su descontento? ¿Son eficaces estos recursos para efectuar cambios? ¿Cuál sería el remedio ideal?

Buenos Aires
hacia 1860

Actividad escrita En parejas, escriban un párrafo en el que desarrollen las siguientes ideas: Si ustedes pudieran cambiar un aspecto de la sociedad, ¿cuál elegirían y por qué? Den detalles sobre las causas y las consecuencias de este cambio. ¿Qué compromisos implicaría? ¿Quién se beneficiaría? ¿Qué obstáculos podría enfrentar su propuesta? ¿Se trataría de un remedio a corto, mediano o largo plazo? Expliquen.

_____

_____

_____

_____

_____

_____

_____

_____

EXTENSIÓN: ESTRATEGIAS PARA LA CONVERSACIÓN Y EL DEBATE (II)

Usted ya conoce ideas y expresiones para poder participar con éxito en un debate. Aprendió estrategias para pedir o expresar una opinión, y también recursos para indicar acuerdo o desacuerdo.

Aquí presentamos listas de expresiones para mantener una conversación sin interrupciones o silencios innecesarios, con una estructura sólida y con un desarrollo fluido y natural en español.

Para dar o pedir consejo	Para comenzar y terminar
¿qué hago con...?	primero / en primer lugar...
¿qué es mejor/más conveniente?	antes que nada / ante todo...
¿qué le/te parece...?	para empezar/comenzar...
¿qué me aconseja/aconsejas?	después / después de eso...
lo mejor es que...	entonces/luego...
yo en su/tu lugar...	a continuación...
intente/intenta, procure/procura...	por fin / finalmente...
le/te recomiendo/aconsejo que...	en último lugar...
debería/deberías, tendría/tendrías que...	por último / para terminar...
...	...

Para destacar y persuadir	Para incluir más información
sobre todo...	y además...
lo más importante es que...	y también...
lo fundamental es que...	y otra cosa...
quiero/quisiera destacar que...	y no sólo eso, sino que también...
que quede claro que...	por ejemplo...
¿no ves que...?	para darle/darte una idea...
¿no te das cuenta de que...?	para que tenga/tengas una idea...
...	...

Actividad Piense sobre los siguientes temas y prepárese para un debate con uno o más compañeros en la clase.

- la ayuda a países del tercer mundo
- aprender otras lenguas en la escuela primaria
- la adicción a sustancias tóxicas
- la inmigración a los Estados Unidos
- la censura y la libertad de opinión
- la intolerancia entre grupos religiosos
- la violencia en los deportes

No se olvide de estas otras expresiones útiles:

eso me recuerda que…	perdone/perdona, pero…
antes de olvidarme…	perdone/perdona la interrupción, pero…
cambiando de tema…	tengo dudas (sobre ese punto)
como le/te decía antes…	(yo) quiero/quisiera decir/añadir algo
volviendo a lo anterior…	(yo) tengo algo más que decir
¿de qué estaba/estábamos hablando?	…

Monumento a la revolución del 25 de mayo de 1810, Buenos Aires

José Cadalso (1741-1782) es uno de los representantes de la Ilustración en España. Fue intelectual y militar. Viajó por Europa y participó activamente en la vida cultural española. Preocupado por el presente y el futuro de su país, criticó la sociedad de la época. Escribió varias sátiras, entre ellas, Los eruditos a la violeta, *en la que critica a "los que quieren saber mucho estudiando poco".*

Los eruditos a la violeta o curso completo de todas la ciencias, dividido en siete lecciones para los siete días de la semana

"Instrucciones dadas por un padre anciano a su hijo que va a emprender sus viajes"

Antes de viajar y registrar (examinar) los países extranjeros, sería ridículo y absurdo que no conocieras tu misma tierra. Empieza pues por leer la historia de España (...). Observa la población y cultura de la Francia ... y llega a su Capital.

Después que escribas cada noche lo que en cada día hayas notado de sus tribunales, academias y policía (gobierno), dedica pocos días a ver también lo ameno y divertido. Después encamínate hacia Londres, pasando por Flandes. Nota la fertilidad de aquellas provincias y la docilidad de sus habitantes, que aún conservan algún amor a sus antiguos hermanos los españoles.

En Londres se te ofrece mucho que estudiar. Aquel gobierno compuesto de muchos ... aquel estímulo para la ciencia y oficios, aquellas juntas de sabios. Ocupa dignamente el precioso tiempo que sin estos estudios desperdiciarías de un modo lastimoso con la crápula (el vicio) y libertinaje. No olvides las cortes del Norte y toda la Italia, y notando en ella las reliquias de su venerable antigüedad y sus progresos modernos en varias artes liberales. Después, vuelve a España, ofrécete al servicio de tu Patria, y si aún fuese corto tu mérito o fortuna para colocarte, cásate en tu provincia con alguna mujer honrada y virtuosa y pasa una vida tanto más feliz cuanto más tranquila en el centro de tus estudios y en el seno[1] de tu familia, a quien dejarás suficiente caudal[2] con el ejemplo de tu virtud.

Aquí estaba roto este manuscrito, gracias a Dios, porque yo me iba durmiendo con la lectura, como habrá sucedido a todos vosotros y a cualquier hombre de buen gusto, bello espíritu y brillante conversación. De otro cuño[3] es la moneda con quien quiero enriqueceros en punto de viajes (...).

LOS ERUDITOS A LA VIOLETA

Primero: Olvidad todo lo que sepáis de España luego que toquéis la falda de los Pirineos.

Segundo: Id, como la bala salida del cañón, desde Bayona a París, y luego que lleguéis, juntad un consejo íntimo de peluqueros, sastres[4], bañadores, etc. para que os acicalen y compongan[5].

Tercero: Luego que estéis bien pulidos y hechos hombres nuevos, presentáos en los paseos, teatros y otros parajes, afectando un aire francés, que os caerá perfectamente.

Cuarto: Después que os hartéis[6] de París, o París se harte de vosotros, que creo más inmediato, idos a Londres. En Londres, os entregaréis a todo género de libertad, y volved al continente para correr la posta[7] por Alemania e Italia.

Quinto: Volveréis a entrar en España con algún extraño vestido, peinado, tonillo y gesto, pero, sobre todo, haciendo tantos ascos y gestos como si entrarais en un bosque o desierto. Preguntad cómo se llama el pan y agua en castellano y no habléis de cosa alguna de las que Dios crió de este lado de los Pirineos por acá. De vinos, alabad los del Rin, de caballos, los de Dinamarca... y seréis hombres maravillosos, estupendos, admirables y dignos de haber nacido en otro clima (...)

---

[1]protección

[2]dinero

[3]tipo

[4]personas que hace ropa

[5]arreglen, mejoren la apariencia

[5]canséis

[7]recorrer a caballo

[3] desprecio con afectación

REFLEXIONES

Después de leer el ensayo:

a Identifiquen con una cruz cuáles de los siguientes consejos se ofrecen en el texto.

Mientras estáis el extranjero...

   X   Id al peluquero y al sastre para mejoren vuestra aparencia.

          No frecuentéis teatros ni lugares públicos, pasad el tiempo estudiando en la biblioteca.

   X   Olvidad y no penéis nunca vuestra propria cultura.

Cuando volváis a vuestro páis...

   X   Hablad de todo que habéis visto.

   X   Aparentad que habéis olvidado vuestra lengua materna.

   X   Alabad los vinos y productos extranjeros y no habléis de lo que hay en vuestro país.

b En parejas, discutan cuáles de estos consejos les parecen apropiados para un joven que viaja al extranjero en la actualidad. ¿Cuáles no seguirían? Expliquen sus opiniones.

PERSPECTIVAS

Actividad oral En grupos de tres, improvisen un diálogo tomando la posición del estudiante que va a viajar, su padre/madre y un amigo/una amiga de la universidad.

Papel A: Es la primera vez que usted va a vivir en otro país y les pide consejos a su padre/madre y a su mejor amigo/amiga. Haga preguntas sobre cómo aprovechar mejor la experiencia. Después de escucharlos, decida cuáles consejos le parecen más apropiados y por qué.

Papel B: Usted es el padre/la madre de un estudiante universitario que va a pasar un año en un país extranjero. Le preocupa que su hijo no se adapte, no estudie y esté expuesto a demasiadas distracciones. ¿Qué consejos le daría?

Papel C: Usted es el amigo/la amiga de este estudiante y tiene otra opinión sobre lo que debe y no debe hacer. Explíquele qué pasaría si se dedicara sólo a estudiar, y si observara la cultura y no tomara parte en la vida cotidiana del país.

Actividad escrita Escriban un pequeño ensayo con las ventajas y desventajas de estudiar en el extranjero. Consideren especialmente: qué se puede aprender, cuánto tiempo es necesario para conocer otra cultura, adónde ir, dónde vivir, cuándo hacerlo, cómo integrarse a la cultura estudiada y qué especialidades universitarias se enriquecen con estas experiencias. ¿Qué se puede observar en la gente que vuelve de estudiar en el extranjero? ¿Si ustedes vivieran en otro país, qué transformaciones o cambios personales e intelectuales esperarían experimentar? ¿Creen que cambiarían su carácter, sus gustos, su ideología?

_____

_____

_____

_____

_____

_____

_____

_____

_____

_____

Tema 21 El siglo XX en

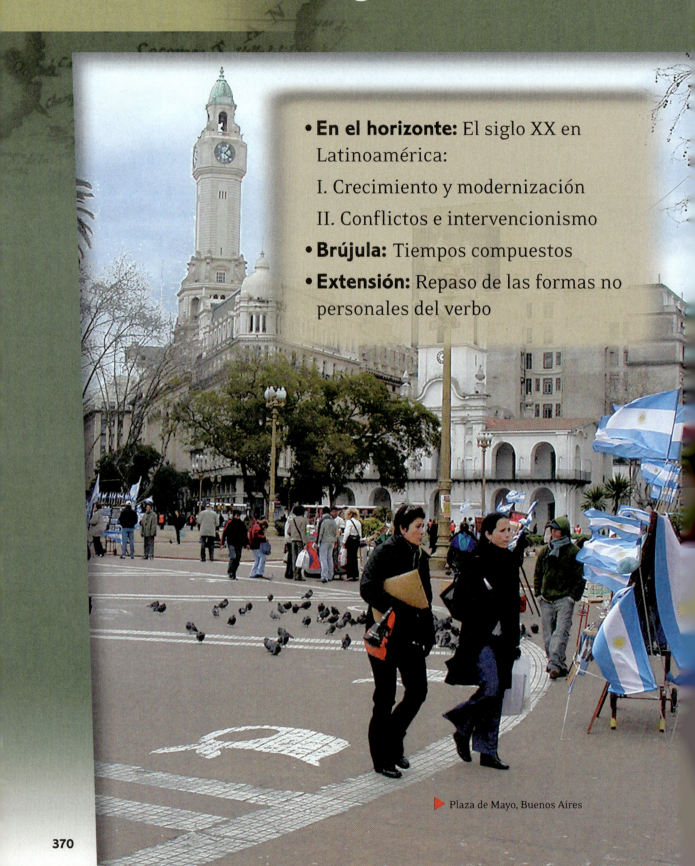

- **En el horizonte:** El siglo XX en Latinoamérica:

  I. Crecimiento y modernización

  II. Conflictos e intervencionismo
- **Brújula:** Tiempos compuestos
- **Extensión:** Repaso de las formas no personales del verbo

▶ Plaza de Mayo, Buenos Aires

Latinoamérica

1. Haga una lista de hechos importantes del siglo XX.

2. En la sociedad industrializada las mujeres trabajadoras fueron ganando terreno en todos los ámbitos sociales gracias a sus esfuerzos. Explique algunos cambios que propiciaron y las circunstancias en que se produjeron.

3. Además de las grandes transformaciones sociales que trajo consigo, la Revolución Industrial tuvo un fuerte impacto en el proceso de urbanización y las condiciones de vivienda de los trabajadores, así como en el medio ambiente. ¿Qué indicios de estos cambios pueden ver en la ilustración?

4. Los medios de comunicación en el recién empezado siglo XX son los diarios y las revistas. Explique la importancia de estas publicaciones.

Eyre Crow (1824–1910),
The Dinner Hour, Wigan, 1874.

I. Crecimiento y modernización

A finales del siglo XIX, Hispanoamérica había experimentado un apogeo económico y demográfico sin precedentes. La política en los nuevos estados había empezado a estabilizarse y la población se había prácticamente duplicado entre 1860 y 1900, gracias a las mejoras sanitarias y de infraestructura (acceso a agua potable, alcantarillado subterráneo) y a la inmigración, entre otros factores.

A principios del siglo XX, la creciente industrialización de los países europeos hizo que se incrementara la demanda de materias primas latinoamericanas, en especial metales para la construcción de máquinas. Durante la Primera Guerra Mundial, el cobre de Perú, México y Chile jugó un papel fundamental en la elaboración de material bélico. Otros productos que salieron sistemáticamente hacia el Viejo Continente fueron el café (de Brasil, Venezuela y Colombia, entre otros), la carne de Argentina y la lana de Uruguay. Paraguay fue el principal productor de yerba mate, que circulaba interiormente por Sudamérica.

Por otro lado, Latinoamérica continuaba importando bienes europeos como maquinaria y ropa, particularmente de Gran Bretaña, aunque pronto Estados Unidos sustituyó a este país como principal vendedor de bienes a sus vecinos del sur. En general el aumento de exportaciones y la apertura y diversificación del mercado hispanoamericano, supusieron un enriquecimiento de estos países, que se tradujo en la modernización de las ciudades y la concentración de fortunas individuales y familiares.

Con la llegada de la industrialización a Latinoamérica, gran parte de la población campesina se trasladó hacia las ciudades, donde pudieron ingresar en el nuevo mundo del trabajo. A pesar del crecimiento demográfico que había tenido lugar en los últimos años, la mano de obra no era suficiente para cubrir todas las necesidades de producción, de modo que mujeres y niños, así como inmigrantes de otros países latinoamericanos y de Europa, fueron masivamente incorporados al proceso industrial.

Estos trabajadores recibían sueldos muy bajos y vivían en condiciones precarias. En ocasiones los dueños de las fábricas y las plantaciones recurrían la amenaza y la coerción para retener a sus trabajadores. Otras veces provocaban su endeudamiento (adelantándoles dinero o vendiéndoles producto a precios desorbitados) y les prorrogaban el pago a cambio de su perpetuo servicio. Los esclavos continuaron empleándose hasta 1867. En estas condiciones de trabajo abundaron las protestas y revueltas, que los gobiernos y caudillos se esforzaron por reprimir, muchas veces mediante el uso de la violencia. Uno de los ejemplos más trágicos de esta dinámica fue la masacre de la empresa bananera estadounidense United Fruit Company en Colombia, ocurrida en 1928 y recogida en la novela *Cien años de soledad*, de Gabriel García Márquez.

The United Fruit Company, created in 1899, was an early example of U.S. corporate activity in Latin America which many times influenced the local government for the corporation's own benefit.

II. Conflictos e intervencionismo

A pesar del gran desarrollo económico que vivió la América Latina, frenado momentáneamente por la crisis de 1929, la desigualdad social continuó agravándose, ya que sólo unos pocos, la minoría criolla y la adinerada clase media, disfrutaban de los privilegios y ventajas que había traído consigo la modernización. El descontento de los campesinos quienes vivían olvidados en la miseria, y de las clases menos favorecidas llevó a movimientos sociales como las revoluciones Mexicana (1910) o Cubana (1959) y a la creación de guerrillas rurales, grupos de rebeldes que se levantaron en armas contra el ejército represor. Para luchar contra los sublevados, los gobiernos crearon sus propios grupos paramilitares. A causa de la violencia descontrolada entre estos grupos de guerrilleros rebeldes y "oficiales", muchas veces convertida en verdaderas guerras civiles, la población sufrió atrozmente. En Nicaragua, por ejemplo, murieron unas cuarenta mil personas entre 1983 y 1987 y en Guatemala, entre 1978 y 1985 fueron asesinadas aproximadamente setenta mil, la mayoría indígenas.

Aunque las injusticias sociales llevaron en ocasiones a las revoluciones y la violencia, se intentaron solucionar también por vía democrática. Uno de los ejemplos más notables de este esfuerzo fue el triunfo del partido Unidad Popular, liderado por Salvador Allende, en las elecciones chilenas de 1970. El gobierno de Allende puso en marcha una serie de medidas de carácter socialista, con objeto de fomentar la participación del estado en la economía y a mejorar la situación de los grupos sociales menos favorecidos. Así, se nacionalizó la industria textil, se proyectó la reforma agraria (redistribución de tierras entre los que las necesitaban) y se creó la Central Única de

Revolucionario mexicano

Trabajadores, para garantizar la participación obrera en los diversos sectores sociales. El gobierno chileno mantuvo además relaciones diplomáticas con otros gobiernos socialistas como el de Cuba.

Sin embargo, las reformas de Allende no fueron bien recibidas por las clases más altas, que no querían renunciar a sus privilegios. Por otro lado, en el contexto de la Guerra Fría, las coaliciones políticas de izquierda eran vistas con desconfianza y recelo por los Estados Unidos. El temor a la "sovietización" de América llevó a esta gran potencia a participar en el golpe de estado que el general Augusto Pinochet llevó a cabo en 1973 y que supuso el principio de la brutal "guerra sucia" en la que miles de personas fueron sistemáticamente torturadas y eliminadas, muchos de ellos estudiantes.

El intervencionismo estadounidense en Latinoamérica había comenzado durante el siglo XIX, con la ayuda prestada a las colonias españolas en su independencia y la posterior ocupación o influencia sobre ellas, como ocurrió en el caso de Cuba. Basándose en la ideología del destino manifiesto (el destino de Estados Unidos era expandirse todo lo posible, así como cuidar y proteger a su hermana menor Hispanoamérica de todo peligro exterior) se proclamó en 1823 la Doctrina Monroe. Se trataba de una serie de medidas para restringir la participación europea en los asuntos de la América Latina. En la práctica, estas medidas supusieron un aumento de la influencia estadounidense en el territorio hispanoamericano.

Durante los años treinta, Estados Unidos decidió aplicar la política "del buen vecino". Dicha política debía sustituir a la actitud "del garrote" (ocupación

Calle Florida, Buenos Aires

military directa, derrocamiento de regímenes de izquierda) que había imperado en las décadas anteriores. Si bien Estados Unidos apoyó durante muchos años las dictaduras militares, desestabilizando la zona, sí continuó invirtiendo su capital y participando en la economía hispanoamericana, así como colaborando en la formación de organismos de libre comercio y asesorando a los líderes latinoamericanos en sus políticas financieras.

En las últimas décadas del siglo XX, el Fondo Monetario Internacional ha prestado dinero a los estados que lo necesitaban. Sin embargo, muchos gobiernos latinoamericanos han despertado abruptamente de este sueño monetario, al tener que hacer fuertes concesiones políticas a las empresas extranjeras, ante la imposibilidad de pagar sus deudas. Gran parte del capital que debía invertirse en el propio país ha ido a parar directamente a manos de los acreedores, acrecentando aún más la crisis económica y social de la que muchos países aún tratan de recuperarse. Para el próximo siglo, Latinoamérica habrá conseguido superar algunos de los obstáculos que hoy encuentra y podrá enfrentarse a los nuevos retos que plantea el futuro.

PREGUNTAS DE COMPRENSIÓN

You may want to assign questions 1–5 for the first part of the reading and questions 6–10 for the second.

1. ¿Cuáles fueron los principales cambios que tuvieron lugar en Latinoamérica a finales del siglo XIX?

2. Mencionen los Principales productos de exportación a principios del siglo XX y durante la Primera Guerra Mundial.

3. ¿Qué consecuencias tuvieron los cambios en materia de importación y exportación en Latinoamérica en el primer cuarto del siglo XX?

4. Expliquen las consecuencias de la modernización latinoamericana a nivel económico, social y laboral.

5. ¿Quiénes se beneficiaron con la modernización?

6. ¿Cuáles fueron las causas de la violencia política en Latinoamérica durante el siglo XX?

7. ¿Qué medidas tomó Salvador Allende para resolver los problemas de Chile en 1970?

8. ¿Qué relación existe entre el término "intervencionismo" y "destino manifiesto"?

9. ¿A qué se denomina "política del buen vecino"?

10. ¿Cuál ha sido la función del Fondo Monetario Internacional en la economía de Latinoamérica durante las últimas décadas del siglo XX?

Hombre con acordeón, Buenos Aires

COMPÁS

Sustantivos

el acreedor	el derrocamiento	la injusticia
el alcantarillado	el descontento	la máquina
el arma	la diversificación	la masacre
la coalición	el endeudamiento	las materias primas
el cobre	el garrote	la miseria
la coerción	el golpe de estado	el precedente

Adjetivos

creciente	favorecido	perpetuo
descontrolado	frenado	potable
desorbitado	incorporado	
encaminado	obrero	

Verbos

adelantar	ingresar	reprimir
agravarse	invertir	restablecer
asesorar	nacionalizar	restringir
desestabilizar	prorrogar	solucionar
imperar	recurrir	sublevarse
incrementarse	renunciar	trasladarse

Plaza de Armas, Santiago de Chile

Actividad 1 *Mapa semántico.* Elaboren un mapa semántico en torno a las siguientes categorías.

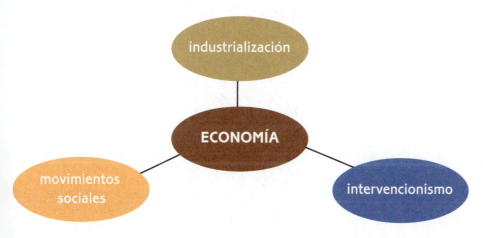

Actividad 2 Rellenen la siguiente tabla y justifiquen su elección de términos.

	Denotación (significado objetivo, definición)	Connotación (asociación personal, subjetiva)
golpe de estado		
nacionalizar		
adelantar		
coalición		

A printing machine room at Leipziger Haus of the publisher F. A. Brockhaus. Woodcut, c. 1870.

Actividad 1 Observen atentamente la imagen de una imprenta. Describan detalladamente el lugar, las tareas que se están realizando y a los individuos que aparecen (sentados y de pie). ¿Cuál es el cargo de cada una de estas personas?

Actividad 2 ¿Qué diferencias encuentran entre la mujer que está de pie en el centro observando y las mujeres que operan las máquinas? ¿Pertenecen a la misma clase social?

Actividad 3 Imaginen la interacción que está teniendo lugar entre:

a. las mujeres que se encuentran en la sección izquierda

b. los hombres que sostienen una página y las dos mujeres que están sentadas a su lado (sección derecha del grabado)

c. la pareja del centro y el hombre que está a su lado (¿De qué están hablando? ¿Qué relación existe entre ellos?)

Actividad 4 Hagan hipótesis sobre el contexto de una de estas mujeres trabajadoras: ¿Dónde y cómo vive? ¿Qué **ha hecho** por la mañana antes de trabajar? ¿Cuántas páginas **habrá conseguido** imprimir al final de su jornada laboral? ¿Qué hará cuando vuelva a su casa? ¿Cómo **habría sido** su vida si **hubiera nacido** en una familia rica?

_____

_____

_____

_____

_____

_____

_____

_____

En capítulos anteriores, ya hemos visto algunos ejemplos de formas verbales compuestas con oraciones como:

Los remedios y productos aztecas <u>han resultado</u> de gran interés para la ciencia de todo el mundo.

Si nos <u>hubiéramos puesto</u> de acuerdo, <u>habría cambiado</u> la fecha de mis vacaciones.

Los tiempos compuestos se forman con el auxiliar **haber** + el **participio pasado**:

Pretérito perfecto	Pretérito perfecto de subjuntivo	Pretérito pluscuamperfecto	Pretérito pluscuamperfecto de subjuntivo	Condicional perfecto	Futuro perfecto	
he	haya	había	hubiera/hubiese	habría	habré	
has	hayas	habías	hubieras/hubieses	habrías	habrás	
ha	haya	había	hubiera/hubiese	habría	habrá	+ participio
hemos	hayamos	habíamos	hubiéramos/hubiésemos	habríamos	habremos	
habéis	hayáis	habíais	hubierais/hubieseis	habríais	habréis	
han	hayan	habían	hubieran/hubiesen	habrían	habrán	

INDICATIVO

• Pretérito perfecto

Establece una conexión entre acciones pasadas y el momento presente o se refiere a un pasado reciente.

A lo largo de mi vida <u>he viajado</u> a muchos países diferentes y <u>he conocido</u> a mucha gente interesante.

Esta semana <u>he visto</u> dos películas en español.

• Pretérito pluscuamperfecto

Se refiere a un <u>pasado anterior</u> al tiempo pasado que mencionamos.

Yo ya <u>había viajado</u> al sureste de México cuando comencé a estudiar la cultura maya.

(Primero viajé al sureste de México y después comencé a estudiar la cultura maya).

• Condicional perfecto

El hablante expresa una hipótesis referida a una situación en el pasado.

¿Qué habrías hecho tú en esa situación?

(pregunta hipotética)

En frases condicionales con **si** denota una acción que nunca se pudo realizar porque dependía de una condición imposible.

Habría aprendido más sobre Elena Poniatowska si hubiera tomado el curso de literatura hispanoamericana.

(acción que no se pudo realizar, ya que la condición necesaria no fue posible: No tomé el curso de literatura hispanoamericana, por tanto no aprendí más sobre Elena Poniatowska.)

• Futuro perfecto

El hablante se refiere a un momento <u>futuro anterior</u> al tiempo futuro mencionado.

Antes de cumplir 65 años, habré leído las obras de Alfonso X.

(Primero leeré las obras de Alfonso X y después cumpliré 65 años).

SUBJUNTIVO

• Pretérito perfecto de subjuntivo

En frases subordinadas, después de expresiones que requieren subjuntivo, corresponde al pretérito perfecto de indicativo.

–Son las diez, yo creo que Luis ha llegado ya a la universidad.

–No creo que haya llegado aún, hay mucho tráfico.

• Pretérito pluscuamperfecto de subjuntivo

Con expresiones de subjuntivo en oraciones subordinadas, corresponde al pluscuamperfecto de indicativo.

–Antes de llegar aquí había estudiado en México.

–¿En serio? No pensaba que hubieras estado en el extranjero.

En frases condicionales con **si** expresa la condición irrealizable que no permitió llevar a cabo una acción.

Si hubiera tenido más tiempo, habría estudiado más para el examen de historia.

(No tuve más tiempo, por tanto no pude estudiar más.)

CORRELACIÓN DE TIEMPOS CON EXPRESIONES QUE REQUIEREN SUBJUNTIVO (II)

The following chart is an advanced version of the one that appears in the **Brújula** of **Tema 18**. After having studied the conditional and compound verb tenses, students are ready to understand these agreement rules more broadly.

Frase principal (indicativo)	Frase subordinada (subjuntivo)
presente *Pido que...* pretérito perfecto *He pedido que...* futuro *Pediré que...* futuro perfecto *Habré pedido que...* imperativo *Pida usted que...*	presente *...los empresarios <u>respeten</u> los derechos de los trabajadores.*
imperfecto *Pedía que...* pretérito *Pedí que...* pluscuamperfecto *Había pedido que...* condicional *Pediría que...* condicional perfecto *Habría pedido que...*	imperfecto *...los empresarios <u>respetaran</u> los derechos de los trabajadores.*

PRÁCTICA GRAMATICAL

Actividad 1   Responda a las siguientes preguntas utilizando los tiempos compuestos de los verbos:

1.   ¿Qué cambios administrativos y sociales había experimentado Latinoamérica antes de 1900?

_____

2.   ¿Qué cosas han cambiado en los últimos años?

_____

3.   ¿Cómo se habrá transformado la sociedad latinoamericana en el año 2050?

_____

Actividad 2   En grupos reaccionen a las siguientes declaraciones. Utilicen expresiones de emoción u opinión como: *es una pena que, qué lástima que, es verdad que, no creo que.*

1.   Las mujeres no han obtenido todavía la igualdad de salario respecto a los hombres.

_____

_____

2.   Durante el siglo XIX, los esclavos habían sido utilizados sistemáticamente como mano de obra en las plantaciones.

_____

_____

3.   Algunos grupos minoritarios han mejorado su situación a través de la solidaridad y la lucha por sus derechos.

_____

_____

4.   Antes de la alfabetización masiva del siglo XIX, leer y escribir había estado restringido a ciertos grupos sociales.

_____

_____

Actividad 3 Utilizando el futuro compuesto y los verbos que se dan a continuación hagan hipótesis sobre los avances tecnológicos y sociales que se habrán logrado en las próximas décadas.

| clonar | controlar | descubrir | inventar | superar |
| conseguir | curar | formular | morir | votar |

_____

_____

_____

_____

_____

_____

_____

_____

_____

_____

_____

_____

_____

_____

_____

_____

_____

_____

UN POCO MÁS LEJOS

Actividad oral Se ha discutido acerca de la distribución mundial de las riquezas y de las relaciones entre países con diferentes niveles de industrialización. ¿Cómo son las relaciones entre estos países? ¿Qué intereses tienen en común? ¿Cómo se resuelven los conflictos? ¿Cómo afectan al individuo? Comenten en grupos y den ejemplos específicos.

You may want to have students do some research outside of class before engaging in this activity.

Actividad escrita Ustedes son cronistas del siglo XX. Elijan uno de los siguientes temas y escriban una crónica de los acontecimientos más destacados. Utilicen los tiempos pasados simples y compuestos.

You may want to have students work in pairs and collaborate on this activity. A possible follow-up would include a presentation to the class.

a. la carrera espacial durante la Guerra Fría

b. la lucha contra las injusticias sociales en América Latina

c. la intervención estadounidense en Centroamérica

d. las relaciones comerciales entre Latinoamérica y otros países

Colaboración estadounidense y soviética en el proyecto espacial Apollo-Soyuz, 1974

_____

_____

_____

_____

_____

_____

EXTENSIÓN: REPASO DE LAS FORMAS NO PERSONALES DEL VERBO

Las formas no personales del verbo (infinitivo, gerundio y participio) no pueden expresar tiempo, modo ni persona. A menudo dependen de otros verbos a los que acompañan para precisar su significado o realizan diferentes funciones sintácticas, como ocurre, por ejemplo, en los siguientes casos:

Infinitivo	*correr*	*Correr es bueno para la salud.* (el infinitivo realiza la función de sujeto)
Gerundio	*corriendo*	*Salió corriendo de clase.* (el gerundio depende del verbo *salir* y actúa como adverbio para precisar cómo se realizó la acción)
Participio	*corrido*	*Esta semana he corrido por el parque tres veces.* (el participio es parte del tiempo pretérito perfecto)

INFINITIVO

El infinitivo se considera la forma "neutra" del verbo. Termina en **-ar**, **-er** o **-ir** dependiendo de la conjugación verbal.

primera conjugación	hablar, cantar
segunda conjugación	comer, tener
tercera conjugación	vivir, dormir

El infinitivo puede cumplir las siguientes funciones:

- Forma parte de perífrasis verbales como:

    querer + inf. (deseo): *quiero dormir.*

    preferir + inf. (preferencia): *prefiero quedarme en casa.*

    soñar con + inf. (deseo): *sueño con viajar a México.*

    tener que + inf. (obligación): *tengo que estudiar esta tarde.*

ir a + inf. (**futuro próximo**): *voy a <u>llamar</u> a Luis para ir al museo.*

volver a + inf. (**acción repetida**): *no me vuelvo a <u>enamorar</u>.*

- Complementa a sustantivos: *la decisión de <u>salir</u>, trabajo para <u>hacer</u>, cosas de <u>comer</u>...* o adjetivos: *encantado de <u>verte</u>, difícil de <u>saber</u>, lento para <u>trabajar</u>...*

- Tiene función nominal (de **sujeto** u **objeto directo**) en oraciones como:

  <u>Viajar</u> es un placer que todo el mundo debería experimentar.

  Quiero <u>viajar</u>.

- En algunos casos, la función nominal del infinitivo se hace **permanente** y, así, encontramos sustantivos como *el <u>poder</u>, el <u>deber</u>, el <u>ser</u>.*

You may want to emphasize the difference between English and Spanish regarding this kind of construction. **Viajar es un placer**. (Traveling is a pleasure.)

Actividad   Complete las oraciones siguientes con los verbos dados.

encontrar	luchar	trabajar	estar	respetar	vivir

1. __Trabajar__ fuera de casa estaba muy mal visto para las mujeres antes.

2. __Estar__ en casa todo el día significaba una obligación para la mujer.

3. __Luchar__ por la Patria era un trabajo sólo para hombres.

4. Para muchos especialistas, es muy conveniente __respetar__ la igualdad entre hombre y mujer en todos los campos profesionales.

5. Es bastante fácil __encontrar__ gente que aún piense que los sexos no son iguales y que la mujer es más débil que el hombre.

6. __Vivir__ en paz es lo que quieren todas las personas de buena voluntad.

GERUNDIO

El gerundio se forma sustituyendo la terminación de infinitivo por **-ando** o **-iendo**.

hablar	→	-ando	hablando
comer	→	-iendo	comiendo
vivir			viviendo

Las funciones más comunes del gerundio son:

- Funciona como adverbio de **modo**: *me contestó llorando* (indica cómo me contestó).

- Puede expresar también otras circunstancias: *viendo que no podíamos mover el piano, llamamos a varios amigos* (**causa**: llamamos a varios amigos porque vimos que no podíamos mover el piano) o *teniendo un poco de paciencia podrás lograrlo* (**condición**: si tienes paciencia podrás lograrlo).

- Junto con el verbo **estar**, sirve para expresar acciones en **progreso**: *Juan está comiendo ahora mismo, no puede ponerse al teléfono.*

- El gerundio aparece también el las siguientes perífrasis verbales:

  llevar + ger. (tiempo desde el que se hace algo): *llevo tres años viviendo en Madrid.*

  quedarse + ger. (permanencia): *me quedé estudiando toda la noche.*

  seguir + ger. (continuidad): *sigue durmiendo, todavía son las cuatro.*

  venir + ger. (acción reciente repetida): *vengo pensando en ello...* (he pensado en ello varias veces en los últimos días...).

You may want to refer your students to the **Brújula** of **Tema 1** (**estar**) in order to remind them of this construction with **estar**.

Actividad   Transforme los siguientes infinitivos en gerundios. A continuación escriba una frase con cada uno de ellos, para expresar las ideas que aparecen entre paréntesis.

Infinitivo	Gerundio	Frase
gritar	gritando	(modo) *Ana siempre habla gritando*
escribir		(tiempo desde el que se hace algo)
decir		(acción reciente repetida)
ducharse		(acción en progreso)
trabajar		(condición)

PARTICIPIO

El participio se forma sustituyendo la terminación de infinitivo por **-ado** o **-ido**.

hablar	→	-ado	hablado
comer			comido
vivir	→	-ido	vivido

For the irregular past participle forms refer your students back to the chart in **Tema 9**.

¡Atención! Recuerde que algunos verbos como **decir** o **hacer** tienen participios irregulares (*dicho, hecho*).

El participio se emplea en distintas construcciones:

- Para formar los **tiempos compuestos** de cualquier verbo. Aquí el participio no concuerda en número o género con la persona verbal: *nosotras hemos <u>hablado</u>, vosotros habíais <u>viajado</u>, ellas y nosotros habríamos <u>vivido</u>.*

- Cuando se usa como parte de la voz **pasiva con ser**. Aquí sí que hay concordancia con el sujeto gramatical al que se refiere: *Las casas son <u>renovadas</u> cada año por sus propietarios.*

- Para expresar el **resultado de un proceso** o acto con el verbo **estar**. El participio concuerda con el sujeto de la oración: *la habitación está <u>pintada</u>, la cocina está <u>amueblada</u>.*

- Como **adjetivo** con valor "pasivo". También hay concordancia de género y número: *<u>cansado</u>, <u>aburrido</u>, <u>decidido</u>.*

Actividad Pase los verbos entre paréntesis a la forma correcta del participio. Recuerde las diferencias en su uso y forma.

Modelo

Llevamos _____ (escribir) veinte solicitudes y todavía no las hemos _____ (poder) enviar.

Llevamos <u>escritas</u> veinte solicitudes y todavía no las hemos <u>podido</u> enviar.

1. Tus problemas quizá están ___<u>resueltos</u>___ (resolver), pero los míos han ___<u>crecido</u>___ (crecer) sin parar.

2. Nosotros hemos ___<u>visto</u>___ (ver) todas las películas ___<u>hecho</u>___ (hacer) sobre la Guerra Civil.

3. Los hombres han ___<u>abierto</u>___ (abrir) los archivos y se llevaron todos los documentos ___<u>guardados</u>___ (guardar) dentro sobre los crímenes de guerra.

4. En las guerras han ___<u>muerto</u>___ (morir) millones de personas, pero nadie parece haber ___<u>apprendido</u>___ (aprender) demasiado de esa experiencia tan terrible.

5. La historia de cualquier país está ___<u>pintada</u>___ (pintar) de momentos tristes, experiencias casi ___<u>olvidadas</u>___ (olvidar) que han ___<u>hecho</u>___ (hacer) llorar a mucha gente.

La narrativa latinoamericana de los años sesenta y setenta ha sido identificada como un momento culminante en la historia de la literatura. Reunió a autores de diversos países y estilos, como Carlos Fuentes (México), Gabriel García Márquez (Colombia), Mario Vargas Llosa (Perú), Julio Cortázar (Argentina) y Jorge Luis Borges (Argentina) entre otros. Los críticos discuten los alcances de este periodo pero concuerdan en que significó una renovación en la producción literaria. Estos escritores mostraron una profunda devoción por la palabra, rompieron con los modelos establecidos y asociaron la cultura popular y la letrada creando así un nuevo público lector.

Así viven muchos amigos míos, sin hablar de un tío y dos primos, convencidos del amor-que-sienten-por-sus-esposas... Lo que mucha gente llama amar consiste en elegir a una mujer y casarse con ella. La eligen, te lo juro, los he visto. Como si se pudiese elegir en el amor, como si no fuera un rayo que te parte los huesos y te deja estaqueado en la mitad del patio. Vos dirás que la eligen porque-la-aman, yo creo que es al verse. A Beatriz no se la elige, a Julieta no se la elige. Vos no elegís la lluvia que te va a calar hasta los huesos cuando salís de un concierto. Pero estoy solo en mi pieza, caigo en artilugios de escriba, las perras negras se vengan cómo pueden, me mordisquean desde abajo de la mesa. ¿Se dice abajo o debajo? Lo mismo te muerden. ¿Por qué, por qué, pourquoi, why, warum, perchè este horror a las perras negras? Miralas ahí en ese poema de Nashe, convertidas en abejas. Y ahí, en dos versos de Octavio Paz, muslos del sol, recintos del verano. Pero un mismo cuerpo de mujer es María y la Brinvilliers, los ojos que se nublan mirando un bello ocaso son la misma óptica que se regala con los retorcimientos de un ahorcado. Tengo miedo de ese proxenetismo, de tinta y de voces, mar de lenguas lamiendo el culo del mundo. Miel y leche hay debajo de tu lengua... Sí, pero también está dicho que las moscas muertas hacen heder el perfume del perfumista. En guerra con la palabra, en guerra, todo lo que sea necesario aunque haya que renunciar a la inteligencia, quedarse en el mero pedido de papas fritas y los telegramas Reuter, en las cartas de mi noble hermano y los diálogos del cine. Curioso, muy curioso que Puttenham sintiera las palabras como si fueran objetos, y hasta criaturas con vida propia. También a mí, a veces, me parece estar engendrando ríos de hormigas feroces que se comerán el mundo.

REFLEXIONES

(a) Las ideas principales del texto: Decida con su compañero si estas frases son verdaderas o falsas.

__V__ Es imposible elegir en al amor.

__F__ El narrador cree que los hombres se casan con las mujeres porque las aman.

__V__ El narrador encuentra en el cine una fuente de evasión.

__V__ El proceso de escritura implica soledad y provoca miedo.

b ¿Qué son para el narrador las perras negras?

a. animales imaginarios   b. personajes literarios   c. las letras que forman palabras

PERSPECTIVAS

Actividad oral Discutan la relación que existe entre las siguientes frases y las ideas principales del texto.

a. "Vos no elegís la lluvia que te va a calar hasta los huesos cuando salís de un concierto".

b. "En guerra con la palabra, en guerra, todo lo que sea necesario aunque haya que renunciar a la inteligencia... ".

Actividad escrita Este fragmento es famoso por las ideas que desarrolla, particularmente resume un concepto del amor discutible, algunas personas creen en una búsqueda activa y consciente de otra persona, mientras otros creen que el amor "llega" y no se elige, es inevitable y mágico. Escriban su hipótesis al respecto y sosténganla con evidencia personal o artística (libros, películas). ¿Se puede elegir en amor?

_____

_____

_____

_____

_____

_____

_____

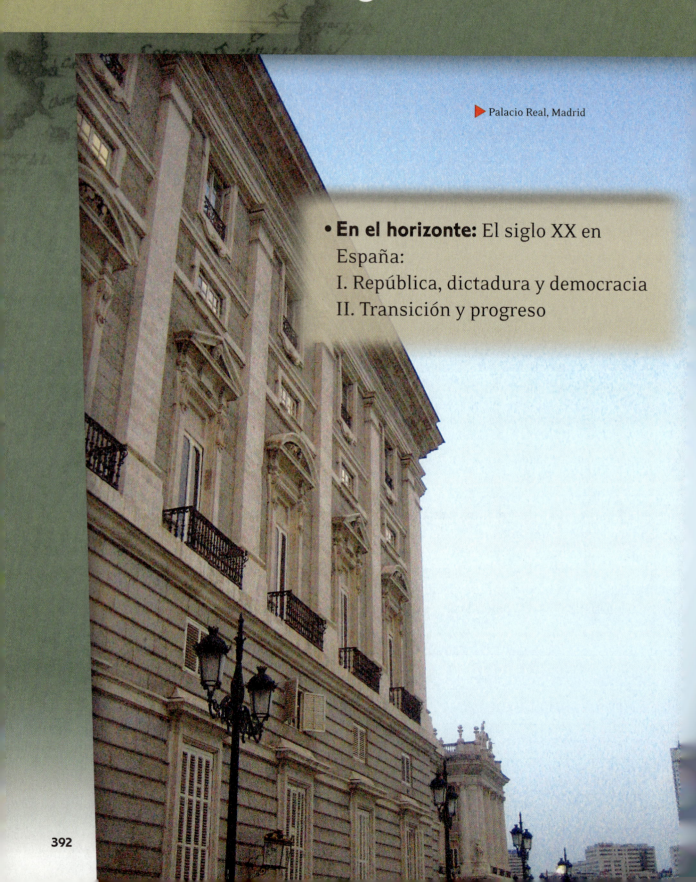

Palacio Real, Madrid

- **En el horizonte:** El siglo XX en España:
  I. República, dictadura y democracia
  II. Transición y progreso

España

1. Traten de definir los tres conceptos que titulan la primera parte del texto: república, dictadura y democracia.

2. ¿Aproximadamente cuándo se introdujeron en su país las siguientes reformas civiles: voto femenino, matrimonio civil, divorcio? ¿Qué otras reformas sociales (y ampliaciones de derechos civiles) importantes han tenido lugar en los últimos años y décadas?

3. ¿Qué quiere decir el concepto "resistencia"? ¿En qué contexto lo empleamos? ¿Conocen algún artista (cantante, escritor, cineasta...) "de resistencia" en su propio país? ¿Y en otros países o contextos?

Spain, Second Republic, 1931–36. Cortes elections, February 1936. Victory by the left-wing People's Front of republicans, socialists, communists and syndicalists.

I. República, dictadura y democracia

A principios del siglo XX, la monarquía parlamentaria se encontraba frente a grandes problemas, muchos de ellos derivados de la industrialización. El enfrentamiento entre los sindicatos y la patronal (los dueños de las fábricas y empresas) propició que estallaran numerosos conflictos, los cuales culminaron en la gran huelga general de 1917. Mientras que los obreros pedían que se respetaran sus derechos básicos (salario digno, horario razonable...), los empresarios reiteraban que era imposible atender a sus reivindicaciones, alegando que las ganancias disminuirían y las fábricas no serían competitivas.

Por otro lado, resultó inevitable la inestabilidad parlamentaria y que existieran fuertes diferencias entre los absolutistas, que estaban a favor de la monarquía y el Antiguo Régimen (el conjunto de reglas e instituciones tradicionales españolas) y los liberales, partidarios de un gobierno parlamentario más democrático. Estas diferencias desembocaron en la dictadura de 1923. Sin embargo, la mayor parte de los españoles deseaban un gobierno democrático que atendiera a las necesidades de todos. La república (régimen parlamentario no monárquico) era apoyada por gran parte de los ciudadanos, entre ellos intelectuales como el filósofo José Ortega y Gasset. En 1931 se celebraron elecciones democráticas, a fin de que la población expresara sus preferencias.

José Ortega y Gasset (1883–1955): Spanish philosopher and essayist, known for his humanistic criticism of modern civilization.

Después de que la coalición republicana-socialista obtuviera el triunfo en prácticamente todas las ciudades españolas, la República fue instaurada democráticamente. Inmediatamente se comenzaron a realizar un serie de reformas para que todos los ciudadanos pudieran disfrutar de los mismos privilegios. Algunas de estas reformas propiciaron que España se convirtiera en uno de los gobiernos más progresistas y avanzados de toda Europa. Se estableció el voto femenino, se aprobó el matrimonio civil (no religioso) y el divorcio. Se crearon escuelas en los ámbitos rurales donde eran necesarias, se impulsó la investigación en las universidades. Se nacionalizaron (fueron compradas por el estado) industrias que estaban en manos privadas.

Estas reformas no fueron posibles sin que hubiera gran descontento por parte de los sectores más conservadores de la sociedad, como la Iglesia y los terratenientes. Uno de los puntos más conflictivos fue la reforma agraria. Para poder dar tierras a los labradores que las necesitaban, el gobierno expropió a la Iglesia y a los latifundistas, a cambio de indemnizaciones que éstos a menudo consideraban insuficientes. En otras ocasiones, el gobierno permaneció impasible ante la ocupación ilegal de tierras por parte de algunos grupos de campesinos. Por otro lado, la instauración de un estado laico (separado de la Iglesia) no fue aceptada por el clero y los más conservadores, quienes perdían así su influencia política y temían que España se convirtiera en un país que perdiera sus "buenas costumbres" y cayera en la "inmoralidad".

El descontento de los más poderosos desembocó en la sublevación militar, en 1936, de una serie de generales que a su vez llevó a una guerra civil entre las "dos Españas" (la conservadora y la progresista). El ejército republicano luchó junto con los hombres y mujeres que apoyaban la República, y que decidieron tomar armas para defender la democracia. Los republicanos contaron además con la ayuda de voluntarios extranjeros (las Brigadas Internacionales). Sin embargo, fue imposible que el ejército sublevado español, ayudado por el fascismo alemán e italiano, desistiera de sus intenciones. Cuando terminó la guerra en 1939, el general Francisco Franco proclamó la dictadura y llevó a cabo una fuerte represión hacia republicanos e intelectuales de izquierda. Ejecuciones, encarcelamientos, desapariciones, exilios y hambre constituyeron el panorama social de la posguerra. Si este conflicto bélico no hubiera existido, España no habría perdido a pensadores y artistas de la talla de Federico García Lorca.

Francisco Franco (1892–75): Military dictator and politician who ruled Spain 1939–75.

Republicanos: those in favor of a Republic.

Federico García Lorca (1898–1936): Spanish poet and playwright assassinated during the Spanish Civil War.

Barcelona

Durante los cuarenta años que duró la dictadura los españoles vieron mermadas sus libertades físicas y mentales bajo el lema "España: una, grande y libre" y sufrieron la imposición de un estado homogéneo que anulaba toda diversidad religiosa, lingüística o social. Sin embargo, poco a poco, se fue gestando una fuerte resistencia ciudadana. Artistas, intelectuales y, en general, ciudadanos ávidos de recobrar sus derechos civiles se reunían clandestinamente y participaban en diferentes actividades de oposición al régimen.

II. Transición y progreso

A causa de la fuerte represión franquista, las relaciones de España con el resto de la comunidad internacional empeoraron. En este sentido, uno de los momentos de mayor tensión fue la ejecución en 1975 de cinco presos acusados de terrorismo, a pesar de que muchos países habían presionado para que se conmutara la pena de muerte a los condenados. Este trágico acontecimiento tuvo nefastas consecuencias para España, como el cese de las negociaciones para su ingreso en la Comunidad Económica Europea. Además, catorce embajadores europeos abandonaron el territorio español y hubo fuertes protestas en varias embajadas y consulados españoles. México, por su parte, solicitó la expulsión de España de las Naciones Unidas.

> Today called the European Union

Poco después de estos incidentes Franco falleció de muerte natural. Juan Carlos, el nieto del monarca Alfonso XIII, fue nombrado jefe del estado. En el marco de la monarquía parlamentaria, España avanzó hacia la democracia. El rey depositó el poder en los partidos políticos y en 1977 se volvieron a celebrar elecciones. Poco después, se redactó la constitución de 1978, que continúa vigente en la actualidad. Esta constitución supuso un gran paso hacia las libertades individuales y contribuyó a la tolerancia entre los diferentes grupos étnicos y culturales de España, ya que reconocía el derecho a la autonomía de las diferentes regiones que integran la Península Ibérica. La pena de muerte fue abolida y se reconoció el derecho de los trabajadores a organizarse en sindicatos, entre otros muchos avances. Sin embargo, la joven y frágil democracia fue amenazada por acontecimientos como la matanza en 1977 de varios abogados izquierdistas madrileños por un grupo radical de derecha o el golpe de estado militar que tuvo lugar en 1981 sin que sus protagonistas lograran restituir la dictadura.

> You may want to remind your students of the formal "symbolic" nature of the monarch in the parliamentary monarchy system. It can be useful to draw a parallel with the British political system.

> Ethnic groups such as Basques, Catalonians, Galicians.

Durante los años ochenta España vivió una época de esplendor sin precedentes. Cantautores como Joaquín Sabina, Javier Krahe, Joan Manuel Serrat o Luis Eduardo Aute, quienes habían sufrido la censura franquista, podían por fin cantar abiertamente a la libertad. Artistas como el cineasta Pedro Almodóvar participaron de la apertura intelectual y la liberación sexual y contribuyeron a crear la "movida madrileña", todo un movimiento sociocultural que revolucionó la música, el cine, el arte y la forma de pensar de los españoles.

> It would be a good idea to bring songs by these singer-songwriters to class.

Estatuas de la Plaza
de Colón, Madrid

Los últimos veinticinco años estuvieron marcados por la apertura de
España hacia Europa y América. Se reanudaron las negociaciones para la
entrada del país en la Comunidad Europea y España entró a formar parte de la
OTAN, a condición de que Estados Unidos mantuviera sus bases militares
españolas libres de armas nucleares. El año 1992 fue especialmente
significativo, puesto que no sólo se celebraron los Juegos Olímpicos de
Barcelona y la Exposición Universal de Sevilla, sino que se organizaron una
serie de acontecimientos y conferencias en torno al Quinto Centenario de la
llegada de los españoles a América. Estos acontecimientos, agrupados bajo el
título de "Encuentro de dos mundos", propiciaron el diálogo entre España y los
países Latinoamericanos, provocando todo tipo de emociones (tanto positivas
como de crítica) entre sus participantes.

El fin de siglo se caracterizó por la progresiva modernización del país y la creciente diversificación de la sociedad española, debido a la inmigración proveniente de Europa, América y África, entre otros lugares. Desgraciadamente, continuaron las tensiones internas entre algunas de las regiones españolas, agravadas por los nacionalismos radicales y los atentados terroristas del grupo ETA. El nuevo milenio comenzó con la puesta en marcha del sistema monetario europeo basado en el euro y el apoyo de España a la política exterior estadounidense.

Marzo de 2004 es un mes que todos los españoles recordarán con tristeza e indignación, a causa de los violentos atentados que fueron perpetrados en la red de trenes de Madrid. Muchos ciudadanos opinaron que los sangrientos actos terroristas del 11-M nunca habrían ocurrido si el gobierno no hubiera apoyado la guerra de Irak en contra del deseo de la mayoría de los españoles. Finalmente, la ambigüedad de las investigaciones oficiales, que en un principio señalaron a ETA como autora de los atentados, provocaron un fuerte escándalo político que culminó con el fracaso del Partido Popular en las elecciones generales.

Torre-observatorio de la Moncloa, Madrid

Recientemente, el gobierno socialista legalizó el matrimonio entre parejas homosexuales e instituyó la paridad de sexos en el Consejo de Ministros (ocho ministros y ocho ministras). Para que la violencia doméstica pueda ser atajada, se aprobó la "ley integral contra la violencia de género". El diálogo y la cooperación con la América Latina fueron impulsados en la "XV Cumbre Iberoamericana" que tuvo lugar en Salamanca en 2005. Sin embargo, aún quedan por resolver cuestiones fundamentales y controvertidas como la reforma de los estatutos de las autonomías (regiones administrativas) que algunos consideran urgente y necesaria, mientras que otros ven como una peligrosa puerta hacia la desigualdad y a la desintegración nacional. Otro de los grandes retos a los que se enfrenta el estado español es la puesta en práctica de una ley de inmigración que garantice enteramente los derechos de los trabajadores extranjeros. Si antes de que termine la década se logra consolidar esta ley, España habrá conseguido acercarse un poco más al ideal de convivencia y tolerancia entre todos los seres humanos que habitan la Península Ibérica.

The **estatutos** are laws granted by the national government that regulate the autonomous regions.

The **estatutos de las autonomías** are the regulations of each particular region or state (called **autonomía** in the Spanish administrative system). It would be useful to bring to class a map of the current administrative division of Spain.

National disintegration is another sensitive issue in Spanish domestic affairs. Whereas some believe that regions like Catalonia, stripped of their rights under Franco's regime, must have their autonomy restored, others think that excessive privileges and independence over other Spanish regions would lead to a political imbalance.

PREGUNTAS DE COMPRENSIÓN

1. ¿Cuáles fueron los problemas laborales, derivados de la industrialización, que sufrió España a principios del siglo XX?

2. ¿Qué reformas sociales se realizaron durante los años treinta bajo la República? ¿Qué puntos de la reforma resultaron conflictivos y por qué?

3. ¿A qué se refiere la expresión "las dos Españas"?

4. ¿En qué consistió la represión al finalizar la guerra?

5. ¿Cuál era el lema de la España franquista?

6. ¿Qué quiere decir "imposición de un estado homogéneo"?

7. ¿Qué transformaciones políticas tuvieron lugar después de la muerte de Franco?

8. ¿Qué avances recogía la constitución de 1978?

9. Mencione dos trágicos acontecimientos que oscurecieron la transición democrática en España.

10. ¿En qué consistió la "movida madrileña"?

11. ¿Por qué fue 1992 una fecha importante en la historia reciente de España?

12. ¿Qué acontecimientos marcaron el comienzo del nuevo milenio en la Península?

13. ¿Qué consecuencias tuvieron los atentados del 11-M en Madrid?

14. Nombre tres medidas recientemente tomadas por el gobierno en materia de género.

15. ¿A qué desafíos se enfrenta España en la actualidad?

Sustantivos

el atentado	el horario	el propietario
el empresario	la huelga	el salario
el exilio	el lema	el sindicato
la fábrica	el partidario	el triunfo
la ganancia	la patronal	el voto

Adjetivos

agigantado	inevitable	razonable
ávido	nefasto	sublevado
derivado	proveniente	

Verbos

abolir	disminuir	perpetrar
alegar	durar	reanudar
anular	estallar	recobrar
apoyar	expropiar	restituir
conmutar	gestar	solicitar
desembocar	instaurar	
desistir	instituir	

Actividad 1 En grupos de tres, anoten las palabras de la lectura que correspondan a las siguientes órbitas conceptuales.

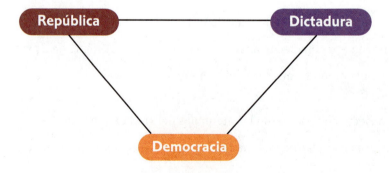

Actividad 2 Utilicen las palabras del mapa semántico que acaban de crear para describir los tres periodos más importantes de la historia española del siglo XX. A continuación, resuman sus ideas en un breve párrafo.

This activity may also be done orally. Have each student (in groups of 3) present one of the 3 periods studied.

_____

_____

_____

_____

_____

_____

_____

Actividad 3 Busquen en la lista de vocabulario un sinónimo para las palabras siguientes. A continuación, escriban una oración relacionada con el tema del capítulo. No repitan las oraciones del texto.

Palabra	Sinónimo de la lista	Oración
pedir	*solicitar*	*Debemos solicitar que todos los gobiernos respeten los derechos humanos.*
morir		
reestablecer		
anular		
procedente		

ITINERARIOS

Spanish Civil War, 1936–39. Bombardment of the northern Spanish town of Guernica by the German "Condor Legion," 24 April 1937, which completely destroyed the town. Photo taken 7 June 1937.

You may want to bring an illustration of Pablo Picasso's *Guernica* to class, to stimulate discussion and show the connection of art and history.

Actividad 1 Contemplen la fotografía y descríbanla con ayuda de las siguientes palabras.

avión	edificios	fachada	ruinas
bombardear	ejército	guerra	sepultado
destruir	escombros	morir	ser humano

Have students read the entire paragraph before beginning the activity.

Actividad 2 Conjuguen los verbos que aparecen entre paréntesis para reconstruir el trágico episodio acontecido en Guernica. Pongan atención a la variedad de tiempos y modos verbales.

La ciudad vasca de Guernica <u>fue bombardeada</u> (bombardear) por el ejército alemán el 26 de abril de 1937, cuando la Guerra Civil española se encontraba en pleno desarrollo. Aunque <u>se trataba</u> (tratarse) de un objetivo civil, Franco <u>autorizó</u> (autorizar) el bombardeo para que los alemanes <u>pudieran</u> (poder) probar la capacidad destructora de su armamento. Por otro lado, con la devastación de una ciudad entera, Franco pretendía que las fuerzas de la República finalmente <u>se rindieran</u> (rendirse). Se calcula que unas 1500 personas <u>murieron</u> (morir) en este ataque sorpresa sobre la ciudad, que se perpetró sin que sus habitantes <u>tuvieran</u> (tener) tiempo de abandonar la ciudad. Hoy en día este episodio <u>es recordado</u> (recordar) por los españoles con indignación.

Hitler se reúne con Franco en los pirineos

Actividad 3 ¿Conocen otros ejemplos históricos en los que un gobierno o ejército haya empleado el bombardeo de una población civil como táctica militar? En grupos, reflexionen sobre las motivaciones y consecuencias de este tipo de acción bélica.

You may want to follow up with an open class discussion.

Práctica gramatical (Repaso)

Actividad 1 Tiempos compuestos

Complete el siguiente párrafo con el tiempo compuesto adecuado de los verbos entre paréntesis:

El régimen de Franco, que la Organización de las Naciones Unidas (ONU) __había condenado__ (condenar) en 1946, mantuvo muy pobres relaciones con el resto de Europa. Años antes, en 1940, Franco _se había entrevistado_ (entrevistarse) con Hitler, quien entonces __le había prometido__ (prometerle) ayuda militar y financiera e incluso la devolución de Gibraltar. Franco dudaba, sin embargo, que Hitler _hubiera conquistado_ (conquistar) ya Inglaterra y prefirió aferrarse a la neutralidad del país. Si España ____hubiera roto____ (romper) esa neutralidad y ___hubiera entrado___ (entrar) en la guerra, la situación social ___se habría vuelto___ (volverse) imposible. Recordemos que de 1936 a 1939 la Península ____había vivido____ (vivir) uno de los más grandes horrores de su historia, la Guerra Civil, en la que gran parte de la población ____había muerto____ (morir). Todavía hoy, los españoles recuerdan con rencor y tristeza este grave episodio, del que todavía no _se ha descubierto_ (descubrirse) toda la evidencia. Aún quedan fosas comunes que no ____se han abierto____ (abrirse) y cuerpos que no _se han identificado_ (identificarse). Posiblemente, antes de que termine el siglo XXI, los españoles _habrán conseguido_ (conseguir) reconstruir su memoria histórica y podrán enfrentarse al futuro.

Actividad 2 Subjuntivo

Usted y su compañero o compañera de clase son dos ciudadanos españoles que vivieron la transición democrática en España durante los años setenta. Utilicen las expresiones y conjunciones que aparecen en la tabla para recordar las aspiraciones que tenían y los acontecimientos históricos que presenciaron. Escriban en pasado y pongan atención a la diferencia indicativo-subjuntivo. Deben emplear como mínimo cinco expresiones y cinco conjunciones.

Expresiones	Conjunciones
buscar que	a pesar de que
creer que	antes de que
intentar que	cuando
lamentar que	en caso de que
parecer difícil que	hasta que
querer que	para que
resultar incomprensible que	porque
ser evidente que	sin que
ser mejor que	tan pronto como

Modelo

Cuando murió Franco, los españoles queríamos que el nuevo gobierno nos devolviera nuestras libertades. Todos luchamos juntos para que se redactara una nueva constitución que reconociera nuestros derechos y que...

_____

_____

_____

_____

_____

_____

_____

_____

_____

_____

_____

Actividad 3 Voz pasiva

Utilizando los elementos clave que aparecen en la columna de la izquierda, rellene la siguiente tabla con una oración activa, una pasiva con *ser* y una pasiva con *se*, dependiendo del elemento en que se quiera poner el énfasis.

Elementos clave para formar la oración	Oración activa (Énfasis en quién realiza la acción. Sujeto explícito al principio de la frase.)	Oración pasiva con *ser* (Énfasis en el objeto de la acción. El sujeto aparece al final como complemento agente.)	Oración pasiva con *se* (Énfasis en la acción. Sujeto impersonal, no interesa quién realizó la acción.)
➡ los terroristas ➡ perpetrar ➡ los atentados de Madrid ➡ el 11 de marzo	*Los terroristas* perpetraron *los atentados de Madrid el 11 de marzo.*	*Los atentados de Madrid fueron perpetrados por los terroristas el 11 de marzo.*	*Se perpetraron los atentados de Madrid el 11 de marzo.*
➡ el Estado español ➡ organizar ➡ los Juegos Olímpicos ➡ en 1992			
➡ los diplomáticos españoles ➡ impulsar ➡ el diálogo y la cooperación con América Latina ➡ en la XV Cumbre Iberoamericana			
➡ el gobierno socialista ➡ legalizar ➡ el matrimonio entre parejas homosexuales ➡ en 2005			

Actividad 4 Sintaxis (Coordinación)

Las siguientes conjunciones sirven para enlazar dos proposiciones (frases independientes o simples) formando una oración coordinada (frase compuesta en la que los dos componentes tienen la misma importancia). Las conjunciones coordinantes pueden expresar:

- Adición: y, además, también

- Elección: o

- Oposición: pero, no obstante, sin embargo, a diferencia de

- Explicación: es decir, o sea, esto es, porque

- Distribución: bien... bien, uno... otro, por un lado... por otro

Con sus propias palabras, hagan oraciones coordinadas para comentar la situación política del siglo XX en su país. Construyan dos frases sobre los siguientes acontecimientos: elecciones, movimientos de derechos humanos, relaciones internacionales, guerras, inmigración, efecto invernadero, las grandes empresas y el medio ambiente... No repitan conjunciones.

You may want to have the class brainstorm ideas before beginning this activity in groups or assigning as homework.

_____

_____

_____

_____

_____

_____

_____

_____

_____

_____

_____

_____

_____

Un poco más lejos

Actividad oral En grupos, expliquen en qué consiste la democracia. ¿Es un sistema perfecto o tiene fallos? ¿Cuáles son las ventajas y desventajas de este sistema político? ¿Hay otras alternativas viables a la democracia? ¿Cuáles son? ¿Es necesario que un país sea democrático para poder participar en la comunidad global?

The Abraham Lincoln Brigade fought alongside the Spanish **republicano**s from 1937 to 1938 in an attempt to stop the international spread of fascism.

Actividad escrita Dentro de las Brigadas Internacionales (voluntarios provenientes de más de cincuenta países que lucharon en la Guerra Civil contra el fascismo) se encontraba la Brigada Lincoln. Investiguen la historia de esta formación y elaboren un pequeño ensayo utilizando la mayor variedad de tiempos pasados posible.

La Brigada Lincoln

La Gran Vía, una de las calles principales de Madrid

APÉNDICE UNO

SILABIFICACIÓN Y ACENTUACIÓN DEL ESPAÑOL

1. Silabificación

Es importante recordar que saber dividir palabras del español en sílabas nos ayudará a aplicar las reglas ortográficas para su acentuación.

a. Consonantes

<u>Consonantes intervocálicas simples.</u> Una consonante entre dos vocales se une a la vocal que la sigue. Así, el orden CV (consonante - vocal) representa la estructura silábica predominante del español. Recuerde que **ch**, **ll** y **rr** equivalen a una consonante. Ejemplos:

ca - fé	me - sa	pa - lo - ma
ca - rro	lla - ma - da	chá - cha - ra

<u>Dos consonantes intervocálicas.</u> Estas consonantes se suelen separar:

pós - ter	pan - ta - lla	per - so - na
puer - ta	dic - cio - na - rio	cal - man - te

Los casos de consonantes unidas que no se pueden separar son los grupos con **l** (**bl, cl, fl, gl, pl**) y con **r** (**br, cr, dr, fr, gr, pr, tr**):

ta - bla	pro - gra - ma	ha - blar
te - tra - ple - jia	flo - re - ro	a - cla - mar

<u>Tres consonantes intervocálicas o más.</u> Sólo la última consonante de estos grupos se une a la vocal siguiente (con la excepción de los grupos consonánticos con **l** o con **r**):

ins - ta - lar	in - glés	com - pra - dor
cons - truc - ción	hom - bre	es - truc - tu - ra

b. Vocales

Vocales fuertes	Vocales débiles	Combinaciones de vocales
a	i	Hiato: dos vocales – dos sílabas
e	u	Diptongo: dos vocales – una sílaba
o		Triptongo: tres vocales – una sílaba

<u>Hiato.</u> Es una combinación de vocales con la misma fuerza que da lugar a dos sílabas, cada una con su propia vocal:

ca - er	Bil - ba - o	em - ple - a - do
a - ho - rrar	re - ha - cer	a - hi - ja - do

<u>Diptongo.</u> Es una combinación de dos vocales, una fuerte y otra débil, o las dos débiles, que dan lugar a una sola sílaba:

bai - le	ciu - dad	cuo - ta
re - me - dio	ran - cia	suer - te
tam - bién	die - ci - séis	na - ció

Si en un diptongo la vocal débil recibe el acento natural de la palabra, esta vocal se hará fuerte, llevará acento gráfico y creará un hiato:

ca - í - da	re - ír	tí - a
pro - hí - be	te - ní - an	grú - a

<u>Triptongo.</u> Es una sílaba formada por tres vocales:

a - ve - ri - guáis	lim - piéis

Como se vio, hay combinaciones de tres vocales que pueden dar lugar a dos sílabas:

cu - brí - ais	se - áis	re - í - a - mos

2. Acentuación

Es importante recordar que todas las palabras del español con más de una sílaba tienen una sílaba que se pronuncia con mayor énfasis, o acento natural. Las normas ortográficas indican los casos en que el acento natural se debe convertir en ortográfico.

a. Clases de palabras según su acento

Clase de palabra	Sílaba que recibe el acento natural	Ejemplos
aguda	última	por-tal, rom-per, ca-mi-né, tra-ba-jó, can-ción
llana	penúltima	va-so, car-ta, can-cio-nes, lá-piz, pós-ter
esdrújula	antepenúltima	es-drú-ju-la, an-te-pe-núl-ti-ma, mé-di-co
sobreesdrújula	anteantepenúltima	dí-ga-me-lo, con-sí-ga-se-las, re-tén-ga-nos-los

b. Reglas de acentuación

Agudas | Este grupo de palabras presenta acento gráfico solamente si terminan en **vocal, n** o **s**:

can - tó	ja - po - nés	ca - mión
ha - blé	vi - ví	pa - pás

Llanas | Este grupo de palabras presenta acento gráfico solamente si terminan en cualquier consonante excepto **n** o **s**:

ca - rác - ter	im - bé - cil	tú - nel
ár - bol	cés - ped	es - tán - dar

Esdrújulas | Este grupo de palabras y el de las sobreesdrújulas siempre presentan acento gráfico:

prác - ti - ca	nú - me - ro	diá - lo - go
pá - ja - ro	tér - mi - no	pá - gi - na

c. Casos especiales

- Diptongos - hiatos. Como se mencionó en el apartado sobre la silabificación de las vocales, la vocal débil que recibe acento natural se convierte en vocal fuerte, convierte el diptongo en hiato, y presenta acento gráfico en cualquier posición:

pa - ís	pa - í - ses	ten - drí - a - mos
ta - húr	ba - úl	grú - a

- Adverbios terminados en *-mente*. Estos adverbios resultan de la combinación de un adjetivo más la partícula **-mente**. Se marcan con acento gráfico si el adjetivo original lo presenta:

rápido - rápidamente		lento - lentamente
difícil - difícilmente	**vs.**	aplicado - aplicadamente
cómodo - cómodamente		tonto - tontamente
frío - fríamente		absurdo - absurdamente

- Palabras monosilábicas (una sílaba). En su mayoría, las palabras con una sílaba no tienen acento natural ni necesitan acento gráfico: *a*, *al*, *del*, *dio*, *vio*, *fue*, *da*, *Dios*, *mar*, *sur*, *tras*, *por*, *con*, *me*, *vi*.

Sin embargo, hay casos en que existen dos palabras monosilábicas con significados diferentes (palabras homófonas = mismo sonido, significado o función distintos), y aquí es necesario marcar una de ellas con acento:

de	preposición	dé	subjuntivo de **dar**
el	artículo definido	él	pronombre personal
mas	conjunción adversativa	más	adverbio de cantidad
mi	adjetivo posesivo	mí	pronombre
se	pronombre	sé	presente de **saber**
si	conjunción	sí	partícula afirmativa
te	pronombre	té	sustantivo
tu	adjetivo posesivo	tú	pronombre personal

- <u>Palabras homófonas con más de una sílaba.</u> Hay algunos casos de palabras que también necesitan un acento gráfico para marcar una diferencia de significado o función gramatical:

Adjetivos demostrativos	Pronombres demostrativos
este	éste
ese	ése
aquel	aquél

aun	= incluso	aún	= todavía
solo	= sin compañía	sólo	= solamente

- <u>Palabras exclamativas e interrogativas.</u> En este grupo se encuentran palabras como *que, quien, cuando, como, cuanto, donde, por que*. Según su función en el texto, estas palabras reciben o no acento gráfico:

Palabras exclamativas	
función como pronombre	*función como conjunción*
¡Qué calor!	¡Que te vaya bien!
¡Cuánto comes!	¡Que tengas suerte!
¡Cómo cantan!	¡Que Dios te bendiga!

Palabras interrogativas (con acento gráfico)		No interrogativas (sin acento gráfico)
discurso directo	*discurso indirecto*	
¿qué quieres?	no sabía qué quería	quiero que pienses
¿por qué me molestas?	no sé por qué me molesta	molesta porque quiere
¿cómo lo ves?	no entiendo cómo está así	está como puede estar
¿dónde vas?	no sabemos dónde va	va adonde haya paz
¿cuánto dinero llevas?	me dijo cuánto y no recuerdo	nos dio cuanto tenía
¿cuándo llega?	me dijo cuándo venía	lo vimos cuando entró
¿quién llega?	adivina quién llegó	ese tipo es con quien llegó

Apéndice dos

Tiempo, aspecto y modo verbales

El tiempo, el aspecto y el modo son tres categorías gramaticalizadas o morfologizadas en el verbo, es decir, constituyen su definición básica.

El **tiempo** es una categoría que sitúa el evento con respecto al momento del habla u otro punto temporal ya establecido. Pasado, presente y futuro son tiempos absolutos, porque se orientan con respecto al momento real del habla. Los tiempos relativos son los que necesitan otro punto temporal de referencia para expresar el evento. Por ejemplo, en la oración "Nos *entró* frío después de que mi padre *hubo apagado* la calefacción", el pasado perfecto *hubo apagado* no podría aparecer de manera independiente en la oración, sino que se entiende con la referencia del pretérito *entró*.

El **aspecto** es una categoría que define cómo percibimos o visualizamos el evento que describe la oración. Podemos ver el evento con mayor énfasis en el principio, el final, en su desarrollo o en su totalidad. Los eventos cerrados o perfectivos son los que vemos desde la perspectiva de alguno de sus límites (principio, final o totalidad). Los eventos abiertos o imperfectivos son los que vemos internamente, sin referencia a sus límites. En español, el aspecto verbal sólo se presenta en el pasado: el pretérito (indefinido) tiene aspecto perfectivo y el (pretérito) imperfecto tiene aspecto imperfectivo. Por ejemplo, en la oración "José *habló* en el congreso de lingüística" el hablante percibe el evento como "terminado", o sea con principio y fin. En la oración "La gente no *parecía* prestar mucha atención", el hablante también percibe el evento en el pasado, pero en este caso sin hacer referencia al principio, ni al final, ni a la totalidad de la acción que menciona.

El **modo** es la gramaticalización de la modalidad, es decir la categoría con la que el hablante plantea un evento con respecto al mundo real. En una oración como "el profesor *intenta / intentó / intentaba / va a intentar* explicar el subjuntivo de nuevo", el acto de explicar se aprecia como algo real: existe un proceso por el que el profesor lleva a cabo una acción concreta en uno u otro tiempo o aspecto verbal. En cambio, en una oración como "el profesor *quiere* que sus estudiantes *entiendan* el subjuntivo", la comprensión por parte de los estudiantes no se puede considerar algo real, sólo un deseo o una voluntad del profesor. El modo verbal del español se expresa con el indicativo y el subjuntivo. Fíjese en el contraste entre la oración (a) "aunque ellos *entienden* la explicación, los estudiantes no le dicen nada al profesor", y la oración (b) "aunque ellos *entiendan* la explicación, los estudiantes no le dirán nada al profesor". En (a) la acción subrayada se presenta como real ("los estudiantes entienden"), en (b) no se puede afirmar que la acción subrayada sea o no cierta ("quizá la entienden después, quizá no").

FORMAS VERBALES NO PERSONALES

1. Infinitivo

El infinitivo es la forma convencional para denominar un verbo, y los podemos encontrar de tres tipos distintos según su terminación:

- verbos terminados en **-ar**, como *tolerar*
- verbos terminados en **-er**, como *merecer*
- verbos terminados en **-ir**, como *vivir*

El infinitivo es la forma verbal más neutra porque sirve para expresar la acción verbal sin ofrecer mayor detalle temporal, aspectual o modal. Entre otras funciones, el infinitivo forma parte de perífrasis verbales (como se menciona en la segunda Extensión del Tema 11) o de complementos preposicionales, o convertirse en un sustantivo:

- En perífrasis verbales, el infinitivo sigue a la forma verbal que puede ser conjugada, por ejemplo, *querer* + inf., *preferir* + inf., *pensar en* + inf., *soñar con* + inf., *tener que* + inf., *ir a* + inf., *volver a* + inf., *dejar de* + inf., *disponerse a* + inf., *comenzar a* + inf., *acordarse de* + inf.

- En complementos preposicionales, el infinitivo puede complementar a sustantivos ("la decisión de salir pronto", "trabajo para hacer", "cosas de comer") o adjetivos ("encantado de verte", "difícil de entender", "lento para trabajar").

- Como sustantivo, en oraciones como "viajar es un placer que todo el mundo debería experimentar", "fumar representa un lujo cada vez menos apreciado", "el respirar aire puro hace la vida mucho mejor". En algunos casos, la función como sustantivo del infinitivo se hace permanente, como en las expresiones "el quehacer", "el poder" (notarial), "el deber", "el haber" (bancario) y "el ser".

2. Participio

La composición de esta forma no verbal la podemos encontrar en la Brújula del Tema 9.

	hablado, comido
	cerrado, reído, pedido
-ar = -ado	cantado, establecido, sentido
-er = -ido	trabajado, traído, vivido
-ir = -ido	bailado, corrido, dormido
	pensado, bebido, ido

Algunos verbos tienen formas irregulares en su participio:

Infinitivo	Participio	Infinitivo	Participio
abrir (reabrir)	abierto, reabierto	hacer (rehacer, deshacer)	hecho, rehecho, deshecho
cubrir (descubrir, recubrir)	cubierto, descubierto, recubierto	morir	muerto
decir (desdecir)	dicho, desdicho	poner (posponer, anteponer)	puesto, pospuesto, antepuesto
escribir (transcribir, reescribir)	escrito, transcrito, reescrito	volver (resolver, revolver)	vuelto, resuelto, revuelto

El participio se emplea para expresar distintas ideas:

- Para formar los tiempos compuestos de cualquier verbo. Aquí el participio no concuerda en número o género con la persona verbal: *nosotras hemos hablado, vosotros habíais viajado, ellas y nosotros habríamos vivido.*

- Para expresar la voz pasiva con el verbo auxiliar **ser**. Aquí sí que hay concordancia con el sujeto gramatical al que se refiere: *las casas son renovadas cada año por sus propietarios.*

- Para expresar el resultado de un proceso o acto con el verbo **estar**: *la habitación está pintada, la cocina está amueblada.*

- Como adjetivo con valor "pasivo": *cansada, aburrido, decidido.*

3. Gerundio

El gerundio aparece en la Brújula del Tema 2. Se forma sustituyendo las terminaciones **-ar**, **-er**, **-ir** del infinitivo por **-ando** o por **-iendo** según el cuadro:

Formación del gerundio		
-ar	→	-ando (estudiando, trabajando, pensando, soñando)
-er	→	-iendo (bebiendo, viviendo, escribiendo)
-ir		vocal + -yendo (leyendo, cayendo, trayendo)

El siguiente cuadro presenta un pequeño grupo de verbos irregulares en gerundio: los verbos en **-ir** con una **e** o una **o** en la raíz, que cambian dichas raíces en **i** y **u** respectivamente:

pedir		pidiendo
sentir		sintiendo
venir	→	viniendo
decir		diciendo
preferir		prefiriendo

El gerundio se emplea para expresar distintas ideas:

- Para formar parte de algunas perífrasis verbales, como *continuar / seguir* + gerundio, *andar* + gerundio, *llevar* + gerundio.

- Para expresar acciones inmediatas con el verbo **estar**: *estamos hablando, estaba escribiendo, habíamos estado comiendo.*

APÉNDICE CUATRO

TABLA DE CONJUGACIÓN DE VERBOS REGULARES E IRREGULARES

1. Verbos regulares: Tiempos simples

Infinitivo Participio Gerundio	INDICATIVO					SUBJUNTIVO		IMPERATIVO
	Presente	Imperfecto	Pretérito	Futuro	Condicional	Presente	Imperfecto	
hablar hablado hablando	hablo hablas habla hablamos habláis hablan	hablaba hablabas hablaba hablábamos hablabais hablaban	hablé hablaste habló hablamos hablasteis hablaron	hablaré hablarás hablará hablaremos hablaréis hablarán	hablaría hablarías hablaría hablaríamos hablaríais hablarían	hable hables hable hablemos habléis hablen	hablara hablaras hablara habláramos hablarais hablaran	habla hable hablemos hablad hablen
comer comido comiendo	como comes come comemos coméis comen	comía comías comía comíamos comíais comían	comí comiste comió comimos comisteis comieron	comeré comerás comerá comeremos comeréis comerán	comería comerías comería comeríamos comeríais comerían	coma comas coma comamos comáis coman	comiera comieras comiera comiéramos comierais comieran	come coma comamos comed coman
vivir vivido viviendo	vivo vives vive vivimos vivís viven	vivía vivías vivía vivíamos vivíais vivían	viví viviste vivió vivimos vivisteis vivieron	viviré vivirás vivirá viviremos viviréis vivirán	viviría vivirías viviría viviríamos viviríais vivirían	viva vivas viva vivamos viváis vivan	viviera vivieras viviera viviéramos vivierais vivieran	vive viva vivamos vivid vivan

2. verbos regulares: Tiempos compuestos

A todas las formas verbales que aparecen a continuación hay que añadir el participio pasado del verbo que se quiera conjugar: *cantado, comido, dicho, escrito, hablado, leído, trabajado, vivido.*

INDICATIVO					SUBJUNTIVO	
Pres. perfecto	Pluscuamperfecto	Pret. perfecto	Futuro perf.	Condicional perf.	Pres. perfecto	Pluscuamperfecto
he	había	hube	habré	habría	haya	hubiera
has	habías	hubiste	habrás	habrías	hayas	hubieras
ha	había	hubo	habrá	habría	haya	hubiera
hemos	habíamos	hubimos	habremos	habríamos	hayamos	hubiéramos
habéis	habíais	hubisteis	habréis	habríais	hayáis	hubierais
han	habían	hubieron	habrán	habrían	hayan	hubieran

3. Verbos irregulares: Cambios en raíz y vocales

Infinitivo Participio Gerundio	INDICATIVO					SUBJUNTIVO		IMPERATIVO
	Presente	Imperfecto	Pretérito	Futuro	Condicional	Presente	Imperfecto	
destruir (y)	destruyo	destruía	destruí	destruiré	destruiría	destruya	destruyera	
destruido	destruyes	destruías	destruiste	destruirás	destruirías	destruyas	destruyeras	destruye
destruyendo	destruye	destruía	destruyó	destruirá	destruiría	destruya	destruyera	destruya
	destruimos	destruíamos	destruimos	destruiremos	destruiríamos	destruyamos	destruyéramos	destruyamos
	destruís	destruíais	destruisteis	destruiréis	destruiríais	destruyáis	destruyerais	destruid
	destruyen	destruían	destruyeron	destruirán	destruirían	destruyan	destruyeran	destruyan
dormir (ue, u)	duermo	dormía	dormí	dormiré	dormiría	duerma	durmiera	
dormido	duermes	dormías	dormiste	dormirás	dormirías	duermas	durmieran	duerme
durmiendo	duerme	dormía	durmió	dormirá	dormiría	duerma	durmiera	duerma
	dormimos	dormíamos	dormimos	dormiremos	dormiríamos	durmamos	durmiéramos	durmamos
	dormís	dormíais	dormisteis	dormiréis	dormiríais	durmáis	durmierais	dormid
	duermen	dormían	durmieron	dormirán	dormirían	duerman	durmieran	duerman

Infinitivo Participio Gerundio	INDICATIVO					SUBJUNTIVO		IMPERATIVO
	Presente	Imperfecto	Pretérito	Futuro	Condicional	Presente	Imperfecto	
pedir (i, i) pedido pidiendo	pido pides pide pedimos pedís piden	pedía pedías pedía pedíamos pedíais pedían	pedí pediste pidió pedimos pedisteis pidieron	pediré pedirás pedirá pediremos pediréis pedirán	pediría pedirías pediría pediríamos pediríais pedirían	pida pidas pida pidamos pidáis pidan	pidiera pidieras pidiera pidiéramos pidierais pidieran	pide pida pidamos pedid pidan
pensar (ie) pensado pensando	pienso piensas piensa pensamos pensáis piensan	pensaba pensabas pensaba pensábamos pensabais pensaban	pensé pensaste pensó pensamos pensasteis pensaron	pensaré pensarás pensará pensaremos pensaréis pensarán	pensaría pensarías pensaría pensaríamos pensaríais pensarían	piense pienses piense pensemos penséis piensen	pensara pensaras pensara pensáramos pensarais pensaran	piensa piense pensemos pensad piensen
producir (zc) producido produciendo	produzco produces produce producimos producís producen	producía producías producía producíamos producíais producían	produje produjiste produjo produjimos produjisteis produjeron	produciré producirás producirá produciremos produciréis producirán	produciría producirías produciría produciríamos produciríais producirían	produzca produzcas produzca produzcamos produzcáis produzcan	produjera produjeras produjera produjéramos produjerais produjeran	produce produzca produzcamos producid produzcan
reír (i, i) reído riendo	río ríes ríe reímos reís ríen	reía reías reía reíamos reíais reían	reí reíste rió reímos reísteis rieron	reiré reirás reirá reiremos reiréis reirán	reiría reirías reiría reiríamos reiríais reirían	ría rías ría riamos riáis rían	riera rieras riera riéramos rierais rieran	ríe ría riamos reíd rían

Infinitivo Participio Gerundio	INDICATIVO					SUBJUNTIVO		IMPERATIVO
	Presente	Imperfecto	Pretérito	Futuro	Condicional	Presente	Imperfecto	
seguir (i, i, g) seguido siguiendo	sigo sigues sigue seguimos seguís siguen	seguía seguías seguía seguíamos seguíais seguían	seguí seguiste siguió seguimos seguisteis siguieron	seguiré seguirás seguirá seguiremos seguiréis seguirán	seguiría seguirías seguiría seguiríamos seguiríais seguirían	siga sigas siga sigamos sigáis sigan	siguiera siguieras siguiera siguiéramos siguierais siguieran	sigue siga sigamos seguid sigan
sentir (ie, i) sentido sintiendo	siento sientes siente sentimos sentís sienten	sentía sentías sentía sentíamos sentíais sentían	sentí sentiste sintió sentimos sentisteis sintieron	sentiré sentirás sentirá sentiremos sentiréis sentirán	sentiría sentirías sentiría sentiríamos sentiríais sentirían	sienta sientas sienta sintamos sintáis sientan	sintiera sintieras sintiera sintiéramos sintierais sintieran	siente sienta sintamos sentid sientan
volver (ue) vuelto volviendo	vuelvo vuelves vuelve volvemos volvéis vuelven	volvía volvías volvía volvíamos volvíais volvían	volví volviste volvió volvimos volvisteis volvieron	volveré volverás volverá volveremos volveréis volverán	volvería volverías volvería volveríamos volveríais volverían	vuelva vuelvas vuelva volvamos volváis vuelvan	volviera volvieras volviera volviéramos volvierais volvieran	vuelve vuelva volvamos volved vuelvan

4. Verbos irregulares: Otras irregularidades

Infinitivo / Participio / Gerundio	INDICATIVO Presente	Imperfecto	Pretérito	Futuro	Condicional	SUBJUNTIVO Presente	Imperfecto	IMPERATIVO
andar / andado / andando	ando	andaba	anduve	andaré	andaría	ande	anduviera	
	andas	andabas	anduviste	andarás	andarías	andes	anduvieras	anda
	anda	andaba	anduvo	andará	andaría	ande	anduviera	ande
	andamos	andábamos	anduvimos	andaremos	andaríamos	andemos	anduviéramos	andemos
	andáis	andabais	anduvisteis	andaréis	andaríais	andéis	anduvierais	andad
	andan	andaban	anduvieron	andarán	andarían	anden	anduvieran	anden
caer / caído / cayendo	caigo	caía	caí	caeré	caería	caiga	cayera	
	caes	caías	caíste	caerás	caerías	caigas	cayeras	cae
	cae	caía	cayó	caerá	caería	caiga	cayera	caiga
	caemos	caíamos	caímos	caeremos	caeríamos	caigamos	cayéramos	caigamos
	caéis	caíais	caísteis	caeréis	caeríais	caigáis	cayerais	caed
	caen	caían	cayeron	caerán	caerían	caigan	cayeran	caigan
dar / dado / dando	doy	daba	di	daré	daría	dé	diera	
	das	dabas	diste	darás	darías	des	dieras	da
	da	daba	dio	dará	daría	dé	diera	dé
	damos	dábamos	dimos	daremos	daríamos	demos	diéramos	demos
	dais	dabais	disteis	daréis	daríais	deis	dierais	dad
	dan	daban	dieron	darán	darían	den	dieran	den
decir / dicho / diciendo	digo	decía	dije	diré	diría	diga	dijera	
	dices	decías	dijiste	dirás	dirías	digas	dijeras	di
	dice	decía	dijo	dirá	diría	diga	dijera	diga
	decimos	decíamos	dijimos	diremos	diríamos	digamos	dijéramos	digamos
	decís	decíais	dijisteis	diréis	diríais	digáis	dijerais	decid
	dicen	decían	dijeron	dirán	dirían	digan	dijeran	digan

Infinitivo Participio Gerundio	INDICATIVO Presente	Imperfecto	Pretérito	Futuro	Condicional	SUBJUNTIVO Presente	Imperfecto	IMPERATIVO
estar estado estando	estoy estás está estamos estáis están	estaba estabas estaba estábamos estabais estaban	estuve estuviste estuvo estuvimos estuvisteis estuvieron	estaré estarás estará estaremos estaréis estarán	estaría estarías estaría estaríamos estaríais estarían	esté estés esté estemos estéis estén	estuviera estuvieras estuviera estuviéramos estuvierais estuvieran	está esté estemos estad estén
hacer hecho haciendo	hago haces hace hacemos hacéis hacen	hacía hacías hacía hacíamos hacíais hacían	hice hiciste hizo hicimos hicisteis hicieron	haré harás hará haremos haréis harán	haría harías haría haríamos haríais harían	haga hagas haga hagamos hagáis hagan	hiciera hicieras hiciera hiciéramos hicierais hicieran	haz haga hagamos haced hagan
ir ido yendo	voy vas va vamos vais van	iba ibas iba íbamos ibais iban	fui fuiste fue fuimos fuisteis fueron	iré irás irá iremos iréis irán	iría irías iría iríamos iríais irían	vaya vayas vaya vayamos vayáis vayan	fuera fueras fuera fuéramos fuerais fueran	ve vaya vayamos id vayan
oír oído oyendo	oigo oyes oye oímos oís oyen	oía oías oía oíamos oíais oían	oí oíste oyó oímos oísteis oyeron	oiré oirás oirá oiremos oiréis oirán	oiría oirías oiría oiríamos oiríais oirían	oiga oigas oiga oigamos oigáis oigan	oyera oyeras oyera oyéramos oyerais oyeran	oye oiga oigamos oíd oigan
poder podido pudiendo	puedo puedes puede podemos podéis pueden	podía podías podía podíamos podíais podían	pude pudiste pudo pudimos pudisteis pudieron	podré podrás podrá podremos podréis podrán	podría podrías podría podríamos podríais podrían	pueda puedas pueda podamos podáis puedan	pudiera pudieras pudiera pudiéramos pudierais pudieran	puede pueda podamos poded puedan

Infinitivo Participio Gerundio	INDICATIVO					SUBJUNTIVO		IMPERATIVO
	Presente	Imperfecto	Pretérito	Futuro	Condicional	Presente	Imperfecto	
poner puesto poniendo	pongo pones pone ponemos ponéis ponen	ponía ponías ponía poníamos poníais ponían	puse pusiste puso pusimos pusisteis pusieron	pondré pondrás pondrá pondremos pondréis pondrán	pondría pondrías pondría pondríamos pondríais pondrían	ponga pongas ponga pongamos pongáis pongan	pusiera pusieras pusiera pusiéramos pusierais pusieran	pon ponga pongamos poned pongan
querer querido queriendo	quiero quieres quiere queremos queréis quieren	quería querías quería queríamos queríais querían	quise quisiste quiso quisimos quisisteis quisieron	querré querrás querrá querremos querréis querrán	querría querrías querría querríamos querríais querrían	quiera quieras quiera queramos queráis quieran	quisiera quisieras quisiera quisiéramos quisierais quisieran	quiere quiera queramos quered quieran
saber sabido sabiendo	sé sabes sabe sabemos sabéis saben	sabía sabías sabía sabíamos sabíais sabían	supe supiste supo supimos supisteis supieron	sabré sabrás sabrá sabremos sabréis sabrán	sabría sabrías sabría sabríamos sabríais sabrían	sepa sepas sepa sepamos sepáis sepan	supiera supieras supiera supiéramos supierais supieran	sabe sepa sepamos sabed sepan
salir salido saliendo	salgo sales sale salimos salís salen	salía salías salía salíamos salíais salían	salí saliste salió salimos salisteis salieron	saldré saldrás saldrá saldremos saldréis saldrán	saldría saldrías saldría saldríamos saldríais saldrían	salga salgas salga salgamos salgáis salgan	saliera salieras saliera saliéramos salierais salieran	sal salga salgamos salid salgan

Infinitivo Participio Gerundio	INDICATIVO					SUBJUNTIVO		IMPERATIVO
	Presente	Imperfecto	Pretérito	Futuro	Condicional	Presente	Imperfecto	
ser sido siendo	soy eres es somos sois son	era eras era éramos erais eran	fui fuiste fue fuimos fuisteis fueron	seré serás será seremos seréis serán	sería serías sería seríamos seríais serían	sea seas sea seamos seáis sean	fuera fueras fuera fuéramos fuerais fueran	sé sea seamos sed sean
tener tenido teniendo	tengo tienes tiene tenemos tenéis tienen	tenía tenías tenía teníamos teníais tenían	tuve tuviste tuvo tuvimos tuvisteis tuvieron	tendré tendrás tendrá tendremos tendréis tendrán	tendría tendrías tendría tendríamos tendríais tendrían	tenga tengas tenga tengamos tengáis tengan	tuviera tuvieras tuviera tuviéramos tuvierais tuvieran	ten tenga tengamos tened tengan
traer traído trayendo	traigo traes trae traemos traéis traen	traía traías traía traíamos traíais traían	traje trajiste trajo trajimos trajisteis trajeron	traeré traerás traerá traeremos traeréis traerán	traería traerías traería traeríamos traeríais traerían	traiga traigas traiga traigamos traigáis traigan	trajera trajeras trajera trajéramos trajerais trajeran	trae traiga traigamos traed traigan
venir venido viniendo	vengo vienes viene venimos venís vienen	venía venías venía veníamos veníais venían	vine viniste vino vinimos vinisteis vinieron	vendré vendrás vendrá vendremos vendréis vendrán	vendría vendrías vendría vendríamos vendríais vendrían	venga vengas venga vengamos vengáis vengan	viniera vinieras viniera viniéramos vinierais vinieran	ven venga vengamos venid vengan
ver visto viendo	veo ves ve vemos veis ven	veía veías veía veíamos veíais veían	vi viste vio vimos visteis vieron	veré verás verá veremos veréis verán	vería verías vería veríamos veríais verían	vea veas vea veamos veáis vean	viera vieras viera viéramos vierais vieran	ve vea veamos ved vean

SPANISH-ENGLISH GLOSSARY

All words can be found in the Compás section of the corresponding chapter.

abanderar	to defend, to support (18)	aliviar	to alleviate (9)
abarcar	to cover (1)	almacenamiento	storage (4)
abertura	opening (2)	altiplano	high plateau (4)
ablandar	to soften (9)	alto	tall (11)
abolir	to abolish, to put an end to a practice (22)	aludir	to allude (13)
abundar	to abound (1)	amanecer	to dawn (2)
abuso	abuse (13)	ambiente	atmosphere, ambiance (2)
acabar	to end up, to finish (15)	ámbito	realm (14)
acercarse	to approach, to get close (2)	amenaza	threat, menace (14)
acicalarse	to do oneself up (2)	amoroso	amorous (7)
aconsejar	to give advice (9)	amplio	wide, broad (9)
acontecimiento	event (18)	anciano	old (person) (2)
acrecentar	to increase (19)	angosto	narrow (11)
acreedor	creditor (21)	anterior	previous (17)
actual	current, present (4)	antigüedad	antiquity (4)
acudir	to go, to attend (18)	antiguo	ancient, old (8)
acuerdo	agreement (3)	anular	to annul (22)
adelantar	to advance (21)	apartado	separated, secluded, marginalized (14)
adeudar	to owe or to have a debt of (20)	apertura	opening (14)
adinerado	rich (16)	aplicar	to apply (9)
adjudicar	to associate with (7)	apoderarse	to take over, to overcome (10)
adoptar	to adopt (20)	apogeo	peak (12)
adquirir	to acquire (16)	aporte	contribution (9)
afectado	affected (15)	apoyar	to support (22)
afirmar	to affirm (13)	apresar	to imprison, to arrest (19)
afrontar	to face (4)	apresurarse	to hurry up (2)
afueras	outskirts of the city (1)	aprobar	to approve (20)
agigantado	gigantic (22)	aprovechar	to take advantage (10)
agitado	agitated (20)	aprovecharse	to take advantage of something or someone (13)
agotamiento	exhaustion, end (20)	argumento	justification (13)
agravar	to worsen (10)	arma	weapon (21)
agravarse	to become worse (21)	armónico	harmonious (18)
agua dulce	fresh water (4)	arqueólogo	archaeologist (4)
agudizado	sharpened (14)	arruinado	ruined (17)
agudizar	to sharpen (20)	articularse	to be articulated (11)
alabar	to worship, to praise (5)	asemejar	to relate, to make something seem like (8
alarmante	alarming (13)	asentarse	to settle (11)
alberca	water pool (2)	asesorar	to advise (21)
alboroto	commotion (2)	asolar	to devastate (10)
alcantarillado	sewer (21)	áspero	rough (2)
alcanzar	to reach (12)	atender	to attend (9)
alegar	to allege (22)	atentado	attack (22)
alianza	alliance (20)	atraer	to attract (15)
alienado	alienated (15)	atravesar	to cross (6)
alimentación	food, nourishment (4)	atrocidad	atrocity (13)
alimentado	fed (1)		

atropello	abuse (20)	clérigo	cleric (6)
auge	boom (17)	clero	clergy (14)
aumentar	to increase (15)	clima	climate, weather (4)
aumento	increase (17)	coalición	coalition (21)
autoabastecerse	to supply oneself (17)	cobrar	to charge, to collect money or taxes (11)
autoridad	authority (11)		
avanzar	to advance (3)	cobre	copper (21)
ávido	avid (22)	cobro	collection (money or taxes) (17)
axila	armpit (10)	códice	codex (8)
bajo	short (11)	coerción	coercion (21)
bancarrota	bankruptcy (15)	colonizar	to colonize (19)
bárbaro	savage, barbarian (13)	comerciante	merchant (2)
barca	boat (6)	competir	to compete (14)
barro	mud (5)	compilar	to compile (7)
bélico	warlike (19)	componer	to compose (7)
bellas artes	fine arts (17)	comportamiento	behavior (20)
beneficiario	beneficiary (16)	comportarse	to behave (18)
beneficio	benefit (15)	comunicar	to communicate (6)
benevolencia	benevolence (3)	comunidad	community (11)
bienes	goods (1)	condenado	condemned (16)
brotar	to break out, to sprout up (19)	confeccionar	to make (4)
buscar	to look for (3)	conmutar	to exchange a punishment for a lesser one (22)
búsqueda	search (20)		
caballero	gentleman (10)	conocido	known (6)
cacique	ruler (11)	conocimiento	knowledge (1)
calle	street (7)	conquistador	conqueror (13)
calor	heat (3)	conseguir	to get (1)
calzada	path, road (1)	consejo	advice (8)
campaña	campaign (20)	considerar	to consider (4)
campesino	farmer (1)	consistir en	to be about (20)
campo	field (15)	contagiar	to infect, to spread a disease (10)
canción	song (7)	contaminar	to contaminate (9)
cantar	to sing (7)	contar	to count (11)
cantidad	quantity (11)	contar con	to count on (14)
cantiga	a musical composition (7)	contener	to stop, to impede (13)
caos	chaos (20)	contenido	content (5)
carecer	to lack (16)	contribuir	to contribute (16)
cargo	official post, responsibility (12)	contundente	blunt, straightforward (19)
caridad	charity (12)	convivir	to coexist, to live together (12)
caries	cavity (9)	convulsión	convulsion (10)
carne	flesh (5)	corona	crown (12)
casta	caste (9)	corresponder	to correspond (11)
castigo	punishment (6)	corriente	water stream (1)
casualidad	coincidence (20)	corte	court (12)
caza	hunt (1)	corteza	bark (8)
censura	censorship (15)	cosecha	harvest (1)
centuria	century (17)	costumbre	custom, habit (3)
cercano	nearby, close (3)	cotidiano	everyday (1)
científico	scientific (10)	crear	to create (5)
cima	top, high point (14)	crecer	to grow (14)
circular	to circulate (14)	creciente	increasing (21)
cirugía	surgery (10)	crecimiento	growth (17)
civilizar	to civilize (13)		

creer	to believe (4)	descubrir	to discover (4)
criado	servant (2)	desembocar	to flow into, to lead to (22)
criollo	Creole (of Spanish descent born in the colonies) (16)	desestabilizar	to destabilize (21)
		desgajarse	to break apart (20)
crítico	critical (16)	desgraciado	unfortunate (8)
crónica	chronicle (7)	deshidratación	dehydration (4)
cronología	chronology (5)	desigualdad	inequality (12)
cruzarse	to cross, to coincide (4)	desistir	to give up (22)
cuadrado	square (1)	desolado	desolated (10)
cuadro	painting (15)	desorbitado	exorbitant, disproportionate (21)
cuello	neck (10)	destacarse	to stand out (17)
cuerpo	body (6)	destruido	destroyed (8)
cuestionar	to question (13)	destruir	to destroy (5)
cuidadoso	careful (13)	deterioro	deterioration (8)
culminar	to culminate (13)	determinado	certain (9)
culpa	guilt (6)	detestar	to detest (16)
cultivar	to grow, to farm (1)	detractor	opponent (13)
culto	educated (7)	deuda	debt (15)
cumplir	to comply, to observe a law, to respect an agreement (3)	devastador	devastating (10)
		devolver	to return, to give back (13)
curación	cure (6)	diablo	devil (8)
curativo	curative (9)	diáfano	clear, diaphanous (2)
dama	lady (7)	diario	daily (4)
datar	to date something (5)	dibujo	drawing, picture (8)
dato	datum, fact (10)	dicho	mentioned (18)
débil	weak (10)	difundir	to spread (14)
debilitado	weakened (17)	difundirse	to be spread (knowledge, news) (10)
debilitamiento	weakening (20)	dios	god (1)
decapitar	to decapitate, to behead (6)	dirigir	to direct (7)
decidir	to decide (7)	discutir	to discuss, to debate, to argue (5)
dedicarse	to dedicate oneself (16)	diseminar	to disseminate (20)
defensor	defender (18)	disfrutar	to enjoy (18)
dejar	to leave behind (11)	disminuir	to decrease (22)
dejar de	to stop doing something (12)	distanciamiento	distance (19)
dentadura	teeth (9)	distinto	different (2)
denuncia	protest (20)	disturbio	disturbance (16)
denunciar	to denounce (13)	diversificación	diversification (21)
depender de	to depend on (18)	divino	divine (9)
depositar	to put (6)	doblar	to fold (8)
derecho	a person's right to do something (3)	dolencia	illness (9)
derivado	derived from (22)	dolor	pain (9)
derrocamiento	fall (of a regime) (21)	domesticar	to domesticate (4)
derrota	defeat (19)	dramaturgo	playwright (18)
derrotar	to defeat (20)	durar	to last (22)
desacuerdo	disagreement (19)	dureza	hardness (muscle, callus) (9)
desafiar	to challenge, to defy (13)	edificio	building (1)
desaparición	disappearance (8)	eficaz	efficient (9)
desarrollar	to develop (4)	ejercer	to exercise (17)
desatar	to untie (15)	elaborar	to elaborate (18)
descendiente	descendent (11)	elegir	to choose (9)
descenso	decline (17)	élite	elite (16)
descontento	discontent (21)	emigrar	to emigrate (16)
descontrolado	uncontrolled (21)	empeorar	to get worse (14)

empinado	steep (1)	fábrica	factory (22)
emplasto	poultice (9)	falta	lack (10)
empleado	employed, used, utilized (5)	favorecer	to favor (17)
emprender	to begin (6)	favorecido	favored (21)
empresario	employer, businessman (22)	fechar	to date something (8)
encabezar	to lead (14)	felicidad	happiness (18)
encajar	to fit (15)	feudal	feudal, related to feudalism (12)
encaminado	on the way (21)	fiebre	fever (10)
encarcelar	to imprison (14)	figurar	to appear (14)
encomendar	to entrust (13)	fijar	to establish (8)
encontrarse	to find oneself, to be found (4)	financiar	to finance (15)
endeudamiento	debt (21)	firmar	to sign (3)
enfermedad	sickness (9)	físico	physical (8)
enfermo	sick person (9)	flor	flower (2)
enfrentado	opposed, confronted (18)	florecer	to flourish (15)
enorme	huge, enormous (15)	florecimiento	flourishing (16)
enriquecer	to enrich (14)	fondo	bottom (4)
entrenar	to train (18)	formación	training, education (17)
entretener	to entertain (7)	formalizar	to formalize (12)
entretenimiento	entertainment (15)	fortuna	fortune (16)
envuelto	wrapped (9)	fracasado	failed (5)
equilibrado	balanced (9)	fracasar	to fail (18)
escalera	staircase (1)	fraile	friar (5)
escasez	shortage (10)	fray	friar (5)
escena	scene (15)	frenado	stopped (21)
escenario	stage (17)	frenar	to stop (14)
esclavitud	slavery (16)	fronterizo	related to the border (10)
esclavizar	to enslave (13)	fuego	fire (5)
esclavo	slave (13)	fuente	fountain (2)
escribir	to write (7)	fuerza	force (13)
escuchar	to listen (7)	funcionario	government employee (11)
esforzarse	to make an effort (16)	fundamental	fundamental (18)
esfuerzo	effort (12)	fusilar	to shoot, to execute (19)
espectáculo	public entertainment, show (18)	ganancia	earning (22)
esplendor	splendor (4)	ganglio linfático	lymph node (10)
estabilizarse	to become stable (16)	garantizado	guaranteed (20)
establecido	established (16)	garrote	stick (21)
estallar	to break out, to erupt (22)	gasto	expense (15)
estamento	social class (12)	gestar	to gestate (22)
estética	aesthetic (20)	girar	to revolve around (12)
estilizado	stylized (7)	gobernar	to govern (18)
estrato	stratum (15)	golpe de estado	coup d´etat (21)
eterno	eternal (14)	gozar	to enjoy (16)
evangelización	evangelization (13)	grabado	engraving, carving (19)
evitar	to avoid (9)	granja	farm (16)
exilio	exile (22)	grito	scream (2)
éxito	success (15)	guerra	war (19)
explotar	to exploit (16)	guerrilla	guerrilla war (19)
exponente	exponent (14)	guía	guide book (6)
expropiar	to expropriate (22)	habitante	inhabitant (13)
expulsar	to expel (12)	habitar	to inhabit (4)
exterminio	extermination (5)	hacendado	landowner (of the hacienda) (17)
extranjero	foreigner, foreign (14)	hacinamiento	overcrowding, accumulation (10)

hallarse	to find oneself (12)	intercambio	exchange (1)
hambre	hunger (10)	interés	interest (16)
hegemonía	hegemony, preponderance (12)	interesado	interested (8)
herbolario	herbolary (9)	interminable	unending (19)
heredar	to inherit (14)	íntimo	intimate (14)
heredero	heir (4)	inundar	to flood (4)
herradura	horseshoe (2)	invasión	invasion (19)
hidalgo	nobleman (15)	invasor	invader (2)
hierba	herb (9)	invertir	to invest (21)
higiene	hygiene (9)	irrigado	irrigated (4)
hinchazón	swelling (10)	juglar	minstrel (7)
historia	history (5)	justificar	to justify (13)
histórico	historical (6)	justo	fair, just (18)
horario	schedule (22)	ladera	slope, mountainside (1)
hueco	hollow, empty (5)	laico	lay, secular (18)
huelga	strike (22)	lana	wool (4)
huella	trace (11)	largo	long (8)
iconográfico	iconographic (8)	latifundio	a vast extension of land (12)
idealizado	idealized (20)	lectura	reading (18)
ideológico	ideological (20)	leer	to read (7)
iglesia	church (7)	lema	slogan (22)
ilustrado	enlightened (18)	letras	humanities (20)
imperar	to prevail (21)	levantamiento	uprising (17)
imperio	empire (4)	leyenda	legend (4)
importancia	importance (4)	libertad	liberty, freedom (20)
impuesto	tax (17)	literario	literary (15)
impulsar	to push forward (14)	llanura	plateau (6)
incapaz	unable (17)	llegar	to arrive (3)
incipiente	incipient, upcoming (12)	locura	madness (20)
incorporado	incorporated (21)	lograr	to achieve (13)
incrementarse	to increase itself (21)	lucha	fight, struggle (14)
incultura	lack of culture (18)	lugar	place (6)
independencia	independence (20)	madera	wood (5)
indígena	indigenous, indigenous person (11)	mal	ailment (9)
inevitable	inevitable (22)	malabares	juggling games (7)
infinidad	infinity (14)	malestar	uneasiness, discomfort, unrest (20)
influyente	influential (16)	manera	manner, way (5)
informe	report (13)	mano de obra	workforce (16)
infrahumano	infrahuman (19)	mantener	to maintain (4)
ingle	groin (10)	mantenido	maintained (11)
ingresar	to enter (21)	mantenimiento	maintenance (11)
ingreso	income (15)	maquillarse	to put on makeup (2)
injusticia	injustice (21)	máquina	machine (21)
inquietar	to make worry (16)	marco	frame (13)
instaurar	to establish (22)	mareo	dizziness (10)
instigar	to instigate (20)	marginado	excluded, marginalized (15)
instituir	to establish (22)	masacre	massacre (21)
instruir	to instruct (13)	masaje	massage (9)
integrante	member (8)	materias primas	raw materials (21)
intendencia	administrative department (17)	matrimonio	marriage (8)
intensificar	to intensify (17)	mayoría	majority (18)
intentar	to try (8)	mediar	to mediate (19)
intento	attempt (5)	medicamento	drug, medicine (10)

médico	doctor (3)
medida	measure (17)
medio	a means of (12)
mejora	improvement (15)
mejorar	to improve (9)
mendigo	beggar (12)
mensajero	messenger (11)
mente	mind (8)
mercancía	merchandise (2)
mermado	diminished, reduced (22)
mermar	to decrease (17)
mestizaje	a mixture of races (16)
mezquita	mosque (2)
milagroso	miraculous (6)
minero	related to mining (17)
minoría	minority (18)
miseria	misery (21)
misionero	related to the missions (17)
mitad	half (1)
mito	myth (4)
molido	ground (9)
monarca	king, ruler (7)
monasterio	monastery (7)
monje	monk (10)
mostrar	to show (1)
muchedumbre	crowd (2)
mueble	furniture (1)
muerto	dead person (6)
mutuo	mutual (18)
nacimiento	birth (14)
nacionalizar	to nationalize (21)
nefasto	harmful, ill-fated (22)
negocio	business (3)
nieto	grandchild (14)
nivel	level (4)
nobleza	nobility (12)
nutritivo	nutritive (4)
obedecer	to obey (20)
obispo	bishop (13)
obligar	to force (15)
obra	work (5)
obrero	worker, related to workers (21)
ocupado	occupied (13)
ocuparse de	to take care of (20)
oficio	trade (3)
olor	odor, smell (2)
operar	to function, to operate (11)
oprimido	oppressed (12)
orar	to pray (2)
orden	religious order; order (17; 20)
ordenanza	ordinance (13)
ordenar	to order (13)
orgullo	pride (3)

orientado	oriented (18)
originario	native of (4)
orilla	shore (6)
oro	gold (4)
paciente	patient (9)
pagano	pagan (13)
pago	payment (11)
paisaje	landscape (6)
palillo	toothpick (9)
paño	cloth (9)
papel	role (3)
parecido	similar (9)
partera	midwife (9)
partidario	supporter (22)
partido político	political party (12)
partir de	to depart from (20)
parto	birth (9)
paterno	paternal (14)
patria	motherland (16)
patronal	management, employers (22)
pecado	sin (6)
pedir	to ask for (1)
peligroso	dangerous (14)
penitencia	penitence (6)
pensamiento	thought (intellectual, philosophical) (2)
peregrinación	pilgrimage (6)
periférico	peripheral (11)
periodismo	journalism (18)
permitir	to allow (3)
perpetrar	to perpetrate, to commit a crime (22)
perpetuo	perpetual (21)
personaje	character (15)
pertenecer	to belong (4)
piedra	stone (1)
pieza	piece (7)
piñón	pine nut (9)
plano	flat (1)
planta	story, floor (1)
planteamiento	approach, proposal (18)
plata	silver (4)
plaza	town square (7)
plomo	lead (4)
poblar	to populate (5)
poder	power (11)
poderoso	powerful (1)
poseer	to possess (9)
posta	mail (11)
potable	drinkable (21)
potencia	state power (17)
pozo	well (1)
práctica	practice (9)
precario	precarious (18)

precedente	precedent (21)	recobrar	to regain (22)
precioso	precious (3)	recoger	to collect (1)
precolombino	pre-Columbian (8)	recopilado	compiled (8)
predicar	to preach (6)	recopilar	to compile (4)
predominio	predominance (20)	recorrer	to cover a distance (11)
preferido	preferred (20)	recuento	recount (19)
preso	prisoner (15)	recurrir	to appeal to, to resort to (21)
prestación	benefit (11)	recurso	resource (16)
prestamista	moneylender (15)	recursos naturales	natural resources (4)
principio	beginning (15)	red	network (11)
privilegio	privilege (16)	redistribuir	to redistribute (11)
procedente	coming from (15)	reflejo	reflection (20)
profundidad	depth (4)	reformista	reformist (18)
promedio	average (6)	refugiarse	to take refuge (16)
promover	to promote (17)	régimen	regime (18)
pronunciado	pronounced (12)	reina	queen (12)
propaganda	propaganda (17)	reino	kingdom (6)
propagarse	to propagate (10)	relato	story (4)
propiciar	to be conducive to, to make happen(10)	relevo	relief (11)
		reliquia	relic (6)
propiedad	property (9)	remedio	remedy (9)
propietario	owner (22)	renovación	renovation (20)
propósito	purpose (8)	renunciar	to renounce (21)
prorrogar	to prorogate (21)	repartir	to distribute (12)
protagonizar	to lead, to be responsible for (16)	reprimir	to repress (21)
protegerse	to protect oneself (3)	resfriado	a cold (9)
proveniente	that comes from a place (22)	residir	to live, to reside (11)
próximo	next (14)	restablecer	to reestablish (21)
proyectar	to project (20)	restituir	to restore (22)
pueblo	village (7)	restringir	to restrict (21)
puesto	kiosk; post, job (2; 16)	reto	challenge (19)
pulga	flea (10)	reunir	to bring together (8)
pulpa	pulp of a plant or fruit (5)	revuelta	protest (20)
pureza	purity (14)	rey	king (7)
purga	purgative (9)	ridiculizado	ridiculed (17)
pústula	pustule (10)	rienda	rein (16)
quebrado	broken (9)	riqueza	richness (4)
quedarse	to stay, to remain (2)	rito	rite (8)
quema	burning (1)	rodeado	surrounded (4)
quemar	to burn (8)	ropa	clothing (4)
raíz	root (9)	ruido	noise (2)
rama	branch (10)	sabio	wise (7)
razón	reason (20)	sacerdote	priest (1)
razonable	reasonable (22)	sacrificio	sacrifice (8)
real	royal (12)	sagrado	sacred (4)
realizar	to carry out, to do (12)	salario	salary (22)
reanudar	to resume (22)	salida	exit (16)
rebelde	rebellious (16)	salvaje	wild (1)
recalcar	to emphasize (11)	sangría	blood-letting (9)
recelo	suspicion (16)	sangriento	bloody (19)
recetar	to prescribe (9)	satisfacer	to satisfy (16)
recibir	to receive (7)	seguidor	follower (6)
recitar	to recite (7)	seguir	to follow (6)

selva	jungle (1)	tercio	a third (14)
semejante	similar (15)	terrateniente	landowner (19)
semilla	seed (1)	terraza	terrace (4)
sendero	path (11)	terrenal	earthly (4)
sepultar	to bury (6)	tibio	lukewarm (2)
serie	series (17)	tierra	earth (1)
servir	to serve (1)	tinte	shade, characteristic (16)
siglo	century (1)	tira	strip (8)
significativo	meaningful, important (5)	tiranía	tyranny (20)
silvestre	wild, natural (4)	torre	tower (2)
simpatizar	to sympathize (19)	traducir	to translate (3)
sindicato	workers' union (22)	traductor	translator (7)
síntoma	symptom (10)	traer	to bring (6)
soberanía	sovereignty (19)	trágico	tragic (20)
sobrevivir	to survive (12)	traidor	traitor (19)
sofisticado	sophisticated (7)	tranquilizador	calming, soothing (2)
soldado	soldier (2)	transcribir	to transcribe (8)
soledad	solitude, loneliness (20)	transitado	frequented, traveled (6)
soler	to do something habitually, to tend to (9)	tránsito	transit (14)
		transporte	transportation (4)
solicitar	to request (22)	trasladarse	to move (21)
solidaridad	solidarity (20)	traslado	transport, movement (11)
solucionar	to solve (21)	tratado	treaty (7)
sombra	shadow (15)	tratar	to be about (8)
sometimiento	subjugation (13)	trazar	to trace (8)
soñar	to dream (20)	tribunal	judicial court (12)
soporte	medium, support (8)	tributo	tax, tribute (11)
sorprendente	surprising (15)	triunfo	triumph (22)
sospechar	to suspect (15)	trovador	troubadour (7)
sospechoso	suspicious (14)	tumulto	disturbance, unrest (12)
sostener	to maintain, to hold (5)	ubicar	to locate (20)
sublevado	insurgent (22)	unido	united, close (3)
sublevarse	to rise up, to rebel (21)	unificar	to unify (6)
suceder	to happen, to occur (9)	untarse	to anoint, to spread, to rub oneself (9)
sucesión	succession (19)	utilizar	to utilize (4)
sumir	to sink into (19)	utópico	utopian (20)
superado	overcome (17)	valor	value; courage (8)
superficie	surface (1)	variar	to vary (4)
supervivencia	survival (15)	vasto	vast, broad (11)
suponer	to entail, to mean (14)	velo	veil (2)
supuesto	tenet (15)	venado	deer (8)
surgir	to emerge (4)	venta	sale (16)
sustituir	to substitute (16)	viaje	trip (6)
tablilla	brace (9)	vigente	in use (13)
tardar	to take (time) (6)	violar	to violate (12)
tarea	work, duty (7)	virreinato	viceroyalty, territorial division of the Spanish American colonies (17)
tejido	fabric, textile (1)		
temor	fear (8)	virrey	viceroy (17)
templo	temple (1)	voto	vote (22)
tenebrismo	tenebrism, a style of painting characterized by the contrast between light and shadow (15)	yugo	yoke (16)
		zoco	town's main square (2)
		zona	area (4)

BIBLIOGRAPHIC SOURCES

Gonzalo de Berceo. *Milagros de nuestra señora* ("El ladrón devoto"). Biblioteca Virtual Miguel de Cervantes. http://www.cervantesvirtual.com. Texto adaptado.

José Cadalso. "Los eruditos a la violeta." *Cartas marruecas*. Madrid: Colección Crisol, 1944, p. 377.

Antoni de Carbonell. "Historia de la medicina en la corona d'Aragó." En AA.VV. *Geografía e historia de España*. Madrid: Anaya, 1990, p. 25. Texto adaptado.

Bartolomé de las Casas. *Obra indigenista*. Edición de José Alcina Franch. Madrid: Alianza, 1985, p. 216.

Bartolomé de las Casas. *Brevísima relación de la destrucción de las Indias*. Edición de André Saint-Lu. Madrid: Cátedra, 1982, p. 68.

Julio Cortázar. *Rayuela*. Buenos Aires: Editorial Sudamericana, 1963, p. 93.

Sor Juana Inés de la Cruz. *Obra selecta* ("Villancico IX"). Selección y prólogo de Margo Glantz. Caracas: Biblioteca Ayacucho, 1994, pp. 60-61.

Isabel de Guevara. "Carta a la princesa doña Juana." *Madres del Verbo. Mothers of the Word: Early Spanish American Women Writers*. A Bilingual Anthology. Nina M. Scott (ed.) Albuquerque: University of New Mexico Press, 1999, pp. 9-11.

El libro del consejo. Traducción y notas de George Raynaud, J. M. González de Mendoza y Miguel Ángel Asturias. México: ediciones de la Universidad Nacional Autónoma, 1939, pp. 6-7. Texto adaptado.

Bernardino de Sahagún. *Historia general de las cosas de Nueva España*. Madrid: Hauser y Menet, 1905. Texto adaptado.

INDEX

...t 1 opener: Nova Hispania. Yale University Map ...lection.

...na 1: Page 4, Casa de las Monjas, Chichén Itzá. ... Page 5, El Castillo, Chichén Itzá. SG. Page 6, ...serpiente emplumada, Chichén Itzá. SG. Page 7, ...Observatorio, Chichén Itzá. SG. Page 8, ...averas, Chichén Itzá. SG. Page 10, Mapa de ...chén Itzá. Rich Pashby, Pangea Design. Page ...El Cenote Sagrado, Chichén Itzá. Alamy ...ages. Page 15, La cancha del juego de pelota, ...chén Itzá. SG. Page 17, Detalle de un edificio de ...chén Itzá. SG. Page 20, Templo de los ...erreros, Chichén Itzá. SG. Page 23, La Iglesia, ...chén Itzá. SG.

...na 2: Page 24, Interior de la Mezquita de ...rdoba. IJ. Page 25, Puerta, Mezquita de Córdoba. ...Page 26, Arcos de la Mezquita de Córdoba. IJ. ...ge 27, Mezquita de Córdoba, fachada exterior. IJ. ...ge 28, Celosía andalusí. IJ. Page 30, Mercado ...dalusí. IJ. Page 32, Virgen, Mezquita de Córdoba. ...Page 34, Altar cristiano dentro de la Mezquita ...Córdoba. IJ. Page 37, Calle del centro de ...nada. IJ. Page 39, Calle andaluza. IJ.

...na 3: Page 40, Mezquita toledana. IJ. Page 41, ...e Almohadan governor of Seville, holding a ...ncil of war in the Alcazar, 12th century ...nuscript). Monasterio del Escorial, Madrid. ...dgeman Art Library. Page 42, Una tienda de ...edo. IJ. Page 43, Patio de mezquita musulmana ...Toledo. IJ. Page 44, Antiguo Hospital de León, ...aña. SG. Page 46, Dionisio Baixeras-Verdaguer ...52-1943), *Abd al-Rahman III* [891-961] *Receiving ... Ambassador*, 1885 (oil on canvas). University of ...celona, Spain. Bridgeman Art Library. Page 47, ...Alhambra, Granada. Julien Simon. Page 51, ...golas. IJ. Page 53, Astrologer with an astrolabe, ...cribe, and a mathematician, from the psalter of ...Louis and Blanche of Castile, Ms 1186 f.1, 1225- ...o (vellum). Bibliotheque de L'Arsenal, Paris. ...dgeman Art Library. Page 54, *Cronica del (...)* ..., 1552. akg-images. Page 57, Arcos de Santa ...ría la Blanca, Toledo. IJ. Page 61, La Alhambra, ...nada. Julien Simon.

...na 4: Page 62, Fraile monument, Kalasasay, ...huanaco, Bolivia. Katie Attenborough / ...dgeman Art Library. Page 63, Aymara man ...oeing, Lake Titicaca, Peru. Frans Lemmens / ...ty Images. Page 64, The Gateway of the Sun, ...huanaco. Kenneth Garrett / Getty Images. Page ...The floating islands of the Uros people, Lake ...caca. Bridgeman Art Library. Page 66, Detail of ...ap of the world, Arabic, 1513. Yale University ...p Collection. Page 68, A Tiahuanaco Indian ...sk. Kenneth Garrett / Getty Images. Page 74, El ...mpo. SG. Page 77, Plaza de Armas, Santiago de ...le. SG.

...na 5: Page 80, Diego Rivera (1886-1957), *The ...ation of Man*, detail (watercolor on paper). ...seo Casa Diego Rivera (INBA), Guanajuato,

Mexico. Bridgeman Art Library. Page 82, Templo maya, Chichén Itzá. SG. Page 83, Ruinas mayas. SG. Page 84, Representación de Kukulcán. SG. Page 86, Francisco Castro Pacheco, mural, Palacio de Gobierno de Mérida, Yucatán. SG. Page 87, Edificación maya. SG. Page 90, Templo de los Guerreros, Chichén Itzá. SG. Pages 95 and 97, Detail from a Mayan codex, pre-Columbian (vellum). Museo de America, Madrid. Bridgeman Art Library.

Tema 6: Page 98, José María Acuña, Peregrino (bronze), El alto de San Roque, Galicia, Spain. SG. Page 99, Letrero, Camino de Santiago. SG. Page 100, Estatua de Santiago, Catedral de Santiago de Compostela. SG. Page 101, Iglesia en el Camino de Santiago. SG. Page 102, Monasterio de Samos, Camino de Santiago. SG. Page 104, Detalle de la portada de la catedral de León. SG. Page 108, Peregrinos, La Rioja. SG. Page 110, Puente, Hospital de Órbigo. SG. Page 111, Fachada de la catedral de Santiago. SG. Page 113, Catedral de Santiago. SG.

Tema 7: Page 114, A Moor and a Christian playing the lute, miniature from the *Cantigas* of Alfonso X the Wise (1221-84) (manuscript). Monasterio del Escorial, Madrid. Bridgeman Art Library. Page 115, A Moor and a Christian playing chess in a tent, from the *Book of Games, Chess, Dice, and Boards*, 1282 (vellum). Monasterio del Escorial, Madrid. Bridgeman Art Library. Page 116, The court of Alfonso X the Wise (1221-84), King of Castile and Leon, miniature from the *Cantigas de Santa Maria*, Fol.5r, 13th century (vellum). Monasterio del Escorial, Madrid. Bridgeman Art Library. Page 117, Claustro de San Juan de los Reyes, Toledo. IJ. Page 118, Nave de la catedral de Toledo. IJ. Page 120, Conversion of a Jewish Woman, Cantiga 89, *Cantigas de Santa Maria*, 13th century. Bridgeman Art Library. Page 121, Vista de Toledo. IJ. Page 123, Fresco románico. Julien Simon. Page 125, Biblioteca de San Lorenzo del Escorial. IJ. Page 127, Jaufre Rudel, Seigneur de Blaye, poet from Provence (12th century), and his wife, from *Recueil des poesies de troubadours contenans leurs vies*, Ms. français 854, fol.121 v, 13th century (manuscript). Bibliothèque Nationale, Paris. akg-images.

Tema 8: Page 134, The gods Xiuhtecuhtli and Itztapaltotec, from Codex Borbonicus. Bibliothèque National, Paris. akg-images. Page 135, Replica of the first page of the Codex Boturini. Private Collection. Ian Mursell, Mexicolore / Bridgeman Art Library. Page 136, Codex Matritense, Fol. 4. akg-images. Pages 137 and 138, Facimile of the Codex Mexicanus of Vienna, pre-Columbian (vellum). Private Collection. Jean-Pierre Courau / Bridgeman Art Library. Page 140, Guerreros. Rich Pashby, Pangea Design. Page 144, Padres e hijo. Rich Pashby, Pangea Design. Page 147, Los Picos de Europa, León, España. SG.

Tema 9: Page 150, *Herbs & Spices*. Guy Marche / Getty Images. Page 151, Aztec midwife administering herbs, from an account of Aztec crafts written and illustrated by Bernardino de

Sahagun, Ms. Palat. 218-220 Book IX, mid-16th-century. Biblioteca Medicea-Laurenziana, Florence, Italy. Bridgeman Art Library. Page 152, A physician letting blood, from the Luttrell Psalter, Add. Ms. 42130, fol.61., c. 1340 (manuscript). British Library. akg-images. Page 154, Quetzalcoatl, Tenochtitlán, México. SG. Page 156, El cuerpo humano. Rich Pashby, Pangea Design. Page 158, Médica azteca. Rich Pashby, Pangea Design. Page 159, Escultura azteca, la Ciudad de México. SG. Page 165, Aztec calendar, colored wood etching, c. 1880, after the stone found in 1790. National Museum, Mexico City. akg-images. Page 167, Templo azteca, Tenochtitlán, México. SG.

Tema 10: Page 168, Hans Holbein the Younger (1497/8-1543), *Head of a Young Man*, 1523 (chalks, ink, and wash on paper). © Fogg Art Museum, Harvard University Art Museums. Gift of Paul J. Sachs as a testimonial to F. M. Warburg. Bridgeman Art Library. Page 169, Smallpox epidemic, from Bernardino de Sahagun, *Historia de las cosas de Nueva España* (1569-75), pub. by F. del Paso y Troncoso, Florence, 1926/27. akg-images. Page 170, Tintoretto (1518-94), *St. Rochus Healing Victims of the Plague*, 1549 (oil on canvas). Chiesa di San Rocco, Venice. akg-images / Cameraphoto. Page 171, Antiguo Hospital de León, Parador Nacional. SG. Page 174, Arnold Böcklin (1827-1901), *Die Pest* (*The Plague*), 1898 (varnished tempera on pine wood), Kunstmuseum, Basel. akg-images. Page 180, Gustave Doré (1832-83), "The Plague on Livestock," wood engraving after the drawing by Gustave Doré, from the series *Pictures of the Bible*, 1865. German edition, Stuttgart (E.Hallberger), undated. akg-images. Pages 185, 186, and 187, Escudo riojano. IJ.

Tema 11: Page 188, Machu Picchu, Peru, built 15th century. Paul Maeyaert / Bridgeman Art Library. Page 189, Machu Picchu. Adalberto Ríos Szalay, Sexto Sol / Getty Images. Page 190, Landscape in the Andes near Junin, Peru, undated photo. akg-images / Paul Almasy. Page 191, Alberto Feballos Franchi (fl.1905), *The Inca Procession*, 1905 (watercolor on card). Private Collection. © Bonhams, London, UK / Bridgeman Art Library. Page 193, View of Santiago de Chile. SG. Page 194, Indigenous workers (cheese production), undated watercolor, from Baltasar Martínez Compañón, *Trujillo del Peru*, v.2, fol. E80. akg-images. Page 199, The Peruvian Incas, copper engraving from Bertuch, *Bilderbuch für Kinder*, vol.6, Weimar (Landes-Industrie-Comptoir), 1809(?). akg-images. Page 203, Gerolamo Fumagalli (19th century), "Clemency of Mayta-Capac: offers pardon to conquered tribal chiefs of Caeyaviri [Peru]," color lithograph from Jules Ferrario, *Le Costume Ancien et Moderne*, vol. I, plate 18, c.1820-30. Private Collection. The Stapleton Collection / Bridgeman Art Library.

Part 2 opener: Mapa universal. Yale University Map Collection.

Tema 12: Page 206, Vicente Lopez y Portana (1772-1850), *The Catholic King and Queen with an Embassy from the King of Fez*. Real Academia de Bellas Artes de San Fernando, Madrid. Bridgeman

Art Library. Page 207, The Council of Toledo, from the Codex of the Council of Abelda, fol. 142, 9th century (manuscript). El Escorial, Real Monasterio. akg-images / Joseph Martin. Page 209. *Ferdinand II with His Wife Isabella of Castile*, unsigned painting,16th century. akg-images. Page 211, Emilio Sala Frances (1850-1910), *The Expulsion of the Jews from Spain in 1492*, 1889 (oil on canvas). Prado, Madrid. Bridgeman Art Library. Page 212, *Columbus at the Court of Ferdinand*, colored woodcut after a painting (1884/85) by Wenzel von Brozik (1851-1901). akg-images. Page 213, *Columbus before King Ferdinand and Queen Isabella after his Return from America, March 1493*, color lithograph, educational poster for schools, 1914. akg-images. Page 216, Limbourg brothers (fl. 1400-1416), March (peasants at work on a feudal estate), from the Très Riches Heures du Duc de Berry, early 15th century. Victoria and Albert Museum, London, UK / Bridgeman Art Library. Page 218, Columbus at Hispaniola, colored engraving after Theodore de Bry (1528-98), from *The Narrative and Critical History of America*, ed. Justin Winsor, London, 1886. Private Collection. Bridgeman Art Library. Page 219, Gutenberg (1397-1468) invents letterpress printing at Strasbourg, c.1450, etching by C. G.Geyser after Bernhard Rode (1725-97), later colored, from Schroeck, *Weltgeschichte*, 1779/84. akg-images.

Tema 13: Page 222, Bartolomé de las Casas (1474-1566) condemning the cruel treatment of the Indians by the conquistadors, engraving by Theodore de Bry (1528-98) from *Narratio Regionum Indicarrum per Hispanos*. Bibliothèque Nationale, Paris. Giraudon / Bridgeman Art Library. Page 223, P. J. Crook (b. 1945), *Cowboys and Indians* (acrylic on wood). Bridgeman Art Library / Getty Images. Page 225, Bartolomé de las Casas, late 17th-century painting. akg-images. Page 227, Miguel and Juan Gonzalez (17th century), *Conquest of Mexico: the Spaniards Retreating, 1st July 1520*, 1698 (oil on panel). Museo de America, Madrid. Giraudon / Bridgeman Art Library. Page 228, Hernando Cortes (1485-1547). Getty Images. Page 235, The cruel slaughter by the Spanish on the island Hispaniola, copper engraving from Bartolomé de las Casas, *Bericht der Hispanier greewlich und abschewlich Tyrannen*, Frankfurt a. M., 1613. akg-images. Page 236, The Spanish State Council in 1518. Brother Juan de Quevedo (d.1519) and Bartolomé de las Casas (1474-1566) defending the cause of the Indians before Charles V (1500-58), color engraving, 19th century. Private Collection. Bridgeman Art Library. Page 238, Adalberto Ríos Szalay, Sexto Sol. *Fuente de la Patria*. Getty Images. Page 241, Mapa de Venezuela. Yale University Map Collection.

Tema 14: Page 246, Fernando Alvarez de Sotomayor y Zaragoza (1875-1960), *Cardinal Jimenez de Cisneros (1436-1517) Embarks for the Conquest of Oran with Captain Pedro of Navarre in 1508* (oil on canvas). Museo de Arte, Pontevedra, Galicia, Spain. Bridgeman Art Library. Page 247, Interior of the library, University of Salamanca (built 1415-33), Spain. Photo, 1963. akg-images / Paul Almasy. Page 248, The circulatory system, woodcut by Jan Stephan von Calcar (1499-1546/50), from Andreas Vesalius (1514-64), *De humani corporis fabrica*, Basel (Joh.

Oporinus), 1543. akg-images. Page 249, El Escorial, Madrid. IJ. Page 251, Fachada de la catedral de León. SG. Page 252, Execution and burning of heretics in Spain, copperplate engraving by Bernard Picart (1673-1734), later colored, from *Ceremonies et coutumes religieuses, vol.1: Ceremonies en usage chez les Catholiques*, Amsterdam (J.F.Bernard), 1723. akg-images.

Tema 15: Page 260, Gerrit Pietersz (1566-c.1612), *An Allegory of the Tyranny of the Duke of Alba*. Roy Miles Fine Paintings. Bridgeman Art Library. Page 261, Duel of Chevaliere d'Eon with Chevalier de Saint-Georges in Carlton House on 9 April 1787, etching by James Gillray (1757-1815) after a painting by Charles Jean Robineau. akg-images. Page 262, Charles V (1500-1558), Holy Roman Emperor (1519-56) and King of Spain (1516-56), colored woodcut, c. 1530, by Christoph Amberger (c.1500/05-1561/62). akg-images. Page 265, Diego Velázquez (1599-1660), *Portrait of a Dwarf of Philip IV* (Don Antonio el Ingles), c. 1651/60 (oil on canvas). Prado, Madrid. akg-images. Page 266, Diego Velázquez, *The Forge of Vulcan*, 1630 (oil on canvas). Prado, Madrid. akg-images. Page 270, Catedral de Madrid. IJ.

Tema 16: Page 276, Hacienda, Yucatán, México. SG. Page 277, Jose Benito de Churriguera (1665-1725), retable of the Sacrament Chapel, Segovia Cathedral, Spain. Bridgeman Art Library. Page 278, Sor Juana de la Cruz (d. 1661), 17th-century painting. akg-images. Page 279, Hacienda, Yucatán. SG. Page 280, Iglesia colonial, Yucatán. SG. Page 282, San Francisco, Acatepec, Puebla, México, 1730-90. Bridgeman Art Library. Page 287, Catedral de México. SG. Page 288, Santa Maria, Tonantzintla, Puebla, Mexico (detail of interior). Robert Frerck / Getty Images. Page 290, El zócalo, Mérida, México. SG. Page 292, Collage of head shots. Bavaria / Getty Images. Page 294, Giovanni di Niccolo del Biondo (fl.1356-92), *St. Catherine of Alexandria* (tempera on panel). Museo dell'Opera del Duomo, Florence, Italy. Bridgeman Art Library.

Tema 17: Page 298, Miguel Cabrera (1695-1768), *A Spaniard and his Mexican Indian Wife and Their Child* (oil on canvas). Museo de America, Madrid. Bridgeman Art Library. Page 299, C. Bauer (fl.1850), *A Sugar Plantation in the South of Trinidad*, c.1850 (oil on canvas). Private Collection. Bridgeman Art Library. Page 301, Feast day in the Jesuit Reduction of St. Xavier de Mocobies, Paraguay, 18th century. Bridgeman Art Library. Page 303, Catedral, Santiago de Chile. SG. Page 304, *Dominicans Baptize Indians*, undated painting. Castillo de Chapultepec, Mexico City, Mexico. akg-images. Page 313, Profession of faith in hieroglyphics, 17th century (pokerwork/pyrography on parchment). akg-images / Gilles Mermet.

Tema 18: Page 314, Antonio Joli (1700-1777), *A View of the Calle de Alcala, Madrid*, c.1750 (oil on canvas). Private Collection, © Rafael Valls Gallery, London, UK. Bridgeman Art Library. Page 315, Eugene Delacroix (1798-1863), *Liberty Leading the People, 28 July 1830*, 1830 (oil on canvas). Louvre, Paris. akg-images / Bridgeman Art Library. Page 317, Francisco de Goya (1746-1828), *The Family of the Infante Don Luis de Borbon*, 1783-84. Fondazione Magnani-Rocca, Parma, Italy. Bridgeman Art Library. Page 318,

Francisco de Goya, *Charles IV [1748-1819] and His Family*, 1800 (oil on canvas). Prado, Madrid. Giraudon / Bridgeman Art Library. Page 320, Francisco de Goya, "Of what ill will he die?," from the series *Los Caprichos*, 1799. Bridgeman Art Library. Page 327, Francisco de Goya, *Dance on the Banks of the River Manzanares*, 1777. Prado, Madrid. Bridgeman Art Library Giraudon.

Tema 19: Page 332, Triumphant entry of the French into Madrid, 4th December 1808, colored engraving, 19th century. Bibliothèque Nationale, Paris. Lauros / Giraudon / Bridgeman Art Library. Page 333, The vote, 10 November 1992. M. Tzovaras / akg-images / UNO. Page 335, Napoleon at Somosierra, 30 November 1808, color lithograph, 19th century. akg-images. Page 338, "The flesh-eating vulture," etching and aquatint, c.1815/20, by Francisco de Goya, from the series *Disasters of War*,1810-20. akg-images. Page 343, Wilhelm Leibl (1844-1900), *Strickendes Mädchen* (*Girl Knitting*). akg-images. Page 346, Biblioteca Nacional, Madrid. IJ.

Tema 20: Page 348, Francisco de Paula Alvarez (fl.1829), *Simon Bolivar [1783-1830] and Francisco de Paula Santander [1792-1840] Traveling to Bogota with the Army of the Libertador after the Victory of Boyaca, 10th August 1819* (oil on canvas). Private Collection. Archives Charmet / Bridgeman Art Library. Page 349, Gustave Courbet (1819-1877), *Le Désespéré (The Desparing Man)*, 1841 (oil on canvas). Private collection. akg-images / Archives CDA. Page 350, Carl Friedrich Lessing (1808-80), *Castle on a Rock*, 1828 (oil on canvas). museum kunst palast, Düsseldorf. akg-images. Page 353, *Simon Bolivar and a Native American Woman* (oil on canvas). Private Collection. Archives Charmet / Bridgeman Art Library. Page 354, La Casa Rosada, Buenos Aires. SG. Page 356, Johann Hamza (1850-1927), *A Romantic Marriage Proposal* (oil on canvas). © Sotheby's. akg-images. Page 363, Buenos Aires in the 1860s. Bridgeman Art Library. Page 365, Monumento a la revolución del 25 de mayo de 1810, Buenos Aires. SG.

Tema 21: Page 370, Plaza de mayo, Buenos Aires. SG. Page 371, Eyre Crowe (1824-1910), *The Dinner Hour, Wigan*, 1874 (oil on canvas). © Manchester Art Gallery, UK / Bridgeman Art Library. Page 373, A Mexican Revolutionary (photo). Chihuahua City Museum, Mexico. Sean Sprague Mexicolore / Bridgeman Art Library. Page 374, Calle Florida, Buenos Aires. SG. Page 375, Hombre con acordeón, Buenos Aires. SG. Page 376, Plaza de Armas, Santiago de Chile. SG. Page 378, Printing machine room, woodcut, c.1870. akg-images. Page 385, Preparations for the American-Soviet docking manoeuver in space, 1974. NASA / Manchester Art Gallery, UK / Bridgeman Art Library.

Tema 22: Page 392, Palacio Real, Madrid. IJ. Page 393, View of a polling station in Madrid, 1936. akg-images. Page 395, View of Barcelona. SG. Page 397, Plaza de Colón, Madrid. IJ. Page 398, Torre de la Moncloa, Madrid. IJ. Page 402, Ruins of bombed houses in Guernica after the air raid, 1937. akg-images. Page 403, Hitler (left) greeting Franco, October 1940. akg-image Page 408, Lincoln Brigade. akg-images. Page 409, La Gran via, Madrid. IJ.